I LIBRI DI ENZO BIAGI

ENZO BIAGI

Due Romanzi e Ventisette Racconti

Rizzoli

ISBN 88-17-85054-3

Prima edizione: aprile 1991

Quasi una confessione

La mia è una piccola storia di giornalista. Ho cominciato che ero ancora studente, prima dei diciotto anni: chiuderò quando Dio vorrà. Per l'insistenza ho una giustificazione: non so fare altro, e il mestiere è la mia compagnia. Ogni giorno una nuova avventura, e anche il cronista, in qualche triste momento, ha preso il posto dei protagonisti.

Sono cresciuto in un mondo in cui nelle redazioni c'erano Malaparte e Montanelli, Vergani e Buzzati, Barzini jr e Monelli, Alvaro e Lilli, Piovene ed Emanuelli. Qualche nome è già cancellato dalla memoria della gente.

Non so che cosa resterà della loro opera narrativa, perché di solito l'autore italiano muore due volte: per l'anagrafe e in libreria. Però sono certo che i nipoti, se vorranno sapere qualcosa della nostra terribile epoca, troveranno nei loro resoconti (una battaglia, un processo, una corsa ciclistica, uno spettacolo) molte verità.

Per me sono stati dei modelli: qualcuno anche di vita, tutti della professione. Hanno testimoniato con lealtà, e spesso nelle loro pagine ci sono intuizioni che sfuggirono agli «specialisti» e che i fatti hanno confermato.

Se qualcuno, ad esempio, vuole conoscere i precedenti della crisi dell'Unione Sovietica si rilegga il *Il Volga nasce in Europa* di Malaparte, o *L'uomo è forte* di Alvaro.

Ho l'orgoglio del mio lavoro; anche in questi momenti di riepiloghi e di bilanci (perché so che il mio tempo è preso a prestito) mi sento appagato. Ho avuto numerose occasioni per partecipare da vicino al bene e al male della stagione che mi è toccato di vivere.

Ho scritto un paio di romanzi, ma non rientro di certo nella onorata e ristretta categoria degli scrittori. Dei miei colleghi, forse solo Alvaro e Buzzati lo erano davvero; tra gli altri, c'erano degli aspiranti alla letteratura. Ma giornalista, per un Montanelli, un Vergani, o un Monelli, può bastare. Figuratevi per me.

Se ripenso alle letture dell'adolescenza, quelle che contano e influenzano anche un destino, rivivono nel ricordo le imprese di *Martin Eden* di Jack London (di London mi piaceva tutto, anche la sua leggenda umana). Morì suicida, lasciando cinquanta libri, vissuti prima che scritti, fece tutti i mestieri, il mozzo e il cercatore d'oro, sognò, da socialista anarchico, la rivoluzione mondiale, affogò la sconfitta nell'alcol e nel nulla. Una vocazione appagata con tanta infelicità.

Poi, i racconti di Dublino di Joyce. Quando il lavoro mi ha portato in Irlanda, ho ripercorso i suoi itinerari.

Ho ritrovato i poetici e decadenti marciapiedi che costeggiano il fiume Liffey, con le bottegucce dei robivecchi, dove si ammucchiano gli oggetti più inverosimili, umili e quotidiani: una brocca col catino di smalto, una stampa che riproduce una scena di caccia, i cani latrano all'inseguimento di un cervo dagli occhi impazziti, un pacco di cartoline al platino...

Andai una volta a cena da Baley, e mi mostrarono la porta dalla quale uscì Leopold Bloom per vivere la sua intensa e lunghissima giornata, e sul cammino incontravo chiesa, negozi, bordello, spiagge che scatenavano nella memoria sogni lubrichi.

Andai alla bettola di Davy Byrnes, dove servivano birre dense e scure e «whiskey» distillato con la torba delle campagne e con acque gelide e pure. Vidi le vetrine di Brown Thomas, maglioni intrecciati da mogli di pescatori, selle di lucido cuoio e stivali da cavaliere. Gli uomini sembrano disegnati dal vento, che li abitua a reggersi diritti; le donne hanno capelli e facce rosse, e indossano abiti colorati. Il motto degli irlandesi è «Sinn Fein» che vuol dire «Noi soli». Mi piace.

Nelle case dove c'è un morto si canta con la fisarmonica, e dalle maniglie d'ottone lucido delle belle porte pende una coroncina di primule.

Quelle piogge, quei paesaggi, questi strani tipi dai pullover di lana bianca, dai pantaloni di fustagno e dal berretto di pezza, personaggi di crudeli e inesorabili trame o di teneri incontri, hanno segnato la mia fantasia di adolescente.

E infine Knut Hamsun, ciabattino, carbonaio, maestro di scuola, spaccapietre, commesso, venditore ambulante, redattore fallito, viaggiatore curioso, pellegrino sulla terra, ma sempre preso dal richiamo dei suoi boschi e dei suoi laghi. *Fame* mi affascinò con le sue imprese di vagabondo e sconfitto; e una volta sono passato a Nerholmen, un borgo della Norvegia meridionale, per vedere la casa dove ha vissuto a lungo e dove è morto.

I suoi compatrioti lo consideravano un traditore: era stato dalla parte dei tedeschi invasori. Aveva quasi cent'anni quando se ne è andato. L'hanno cremato, e la sua tomba è nell'orto, sotto un albero dai fiori gialli.

Attorno ci sono degli aceri, delle rose, delle viole mammole, e poi delle rocce, il mare dei tronchi che flotteggiano nella corrente azzurra. Il paesaggio è incorrotto nella sua solitudine. «Egli» ha detto Henry Miller «sapeva come creare musica dall'infelicità.»

Disonora il padre racconta le vicende di un ragazzo della mia generazione, nato in un villaggio, cresciuto in provincia; non sono io, ma mi assomiglia. Almeno nei sentimenti, credo, e nella rassegnazione. Un balilla che un giorno andò alla guerra, uno che sarà sempre battuto.

E poi un mondo che ho conosciuto da vicino: un caseggiato operaio, una redazione, una caserma, tante piccole figure e sullo sfondo i «grandi nomi», quelli che decidono per tutti. Sottoscrivo ancora le ultime parole della mia favola: «Sono curioso di vedere come vado a finire».

Una signora così così ha riempito le lunghe ore che hanno preceduto e seguito un difficile intervento chirurgico: almeno a una persona, dunque, queste pagine sono servite; e spero che anche a qualcun altro facciano compagnia.

Del resto, io mi sono dedicato ai contemporanei; pochi saranno considerati dai posteri, e non lo sanno. Ho il senso del provvisorio e del relativo: sono come l'attore che sta sul palcoscenico, e parla a un pubblico che non vede, seduto nel buio.

Completano il volume alcuni racconti minimi: un paio furono pubblicati da *Primato*, un'importante rivista letteraria del ventennio mussoliniano, che era diretta da Giuseppe Bottai. Mario Alicata li apprezzò; e pareva che una piccola raccolta potesse essere stampata da Einaudi, in una collezione che aveva lanciato uno smilzo libretto di Alessandra Tornimparte, che diventò famosa col suo vero nome di Natalia Ginzburg. Altri da *Sette giorni*, un rotocalco di Rizzoli, molti sono inediti.

Da allora tante cose sono cambiate, ma per me è sempre vero che, in un modo o in un altro, tutti debbono pagare il loro debito ai tempi in cui vivono.

Due Romanzi
e
Ventisette Racconti

DISONORA IL PADRE

a Duccio

Volarono anni corti come giorni.

MONTALE

Voglio dirvi un grande segreto, mio caro:
non aspettate il giudizio finale,
perché si celebra ogni giorno.

CAMUS, *La caduta*

Resta con noi, perché si fa sera
e il giorno è già alla fine.

LUCA, 24-29

Questo racconto è immaginario. Ogni riferimento a istituzioni o a personaggi esistenti o scomparsi è, come sempre, occasionale. Di alcune vicende l'autore è stato testimone: con molti altri, del resto. Sarebbe augurabile che, come talvolta prodigiosamente accade, le figure fantastiche risultassero le più vere.

I

Pianaccio non è neanche un paese. Ottanta cristiani, forse. Ma la mia famiglia, se lo posso dire, è importante. Nella lapide che, accanto alla porta della chiesa, ricorda i caduti della guerra '15-18, almeno sei hanno il mio nome. C'è anche un sergente.

Due congiunti che la salute cagionevole, o la chiamata di Dio, spinse in seminario, lasciarono più di cinquecento scudi da un notaio perché fosse celebrata, nei giorni di festa, una messa per i pastori. Un'iscrizione ai lati dell'altare esalta la loro generosità, ma dai discendenti non li ho mai sentiti ricordare con simpatia.

Alla curva della strada provinciale hanno inciso sulla pietra una dedica riconoscente al nostro cavalier Tommaso, che fu sindaco benemerito, e si mangiò i castagneti per avere più voti.

Una delle mie nonne era maestra, l'altra morì giovane, sotto i ferri del chirurgo. Pare bevesse. Nei ritratti, è una donna dalla faccia severa, gli occhi un po' allucinati; raccontano che tutti la temevano.

A Pianaccio abbiamo un paio di torrenti, una pineta, un camposanto, una scuola e una canonica. Non c'è più il prete. Mancano anche gli alunni e nel cimitero maschi e femmine sono divisi, come durante le funzioni: ognuno dalla sua parte. Si ritrovano a tavola, a letto e, da ragazzi, sotto i faggi o in mezzo alle felci.

Avevo otto anni quando ce ne siamo andati, ma ho ancora qualche ricordo. La Ludgarda era una vecchia che faceva stregonerie: anche d'inverno nel suo orto i pomodori erano rossi, addomesticava le civette, sosteneva che durante la notte non bisogna bere alle fontane perché è il turno degli spiriti. Diventò matta e vennero a prenderla i carabinieri. Era nuda, mi pareva che avesse il seno azzurro. La caricarono sulla carrozza del macellaio, le buttarono addosso un cappotto, e lei gridava: «Evviva, si parte».

Una volta mio padre portò da Bologna un settimanale illustrato e disse: «Hanno ammazzato Matteotti».

Chi sa perché restano in testa certe frasi: «Che penna quel Rastignac», «Vattelo a prendere dove lo pigliava Maria Luigia», e allora io non sapevo nulla del giornalismo romano, né di certe abitudini attribuite alla duchessa di Parma.

Sono immagini e parole confuse. Nell'armadio, in camera della mamma, era nascosto un bastone: a svitarlo scattava fuori una lama. Non bisognava toccarlo. Con quell'arma un mio antenato aveva ucciso, davanti all'osteria, un tizio che non la pensava come lui, e si era permesso di dire male di Garibaldi. Poi era scappato in Argentina, e nessuno ne aveva sentito più niente. «Tornerà una volta o l'altra ricchissimo» dicevano.

Ho passato degli anni ad aspettarlo. Speravo anzi che da laggiù mi portasse un cavallo delle pampas.

Ho in mente i funerali dell'aviatore compagno di Baracca; si era ammazzato buttandosi dalle scale. Abitava nella casa più nuova, veniva d'estate, e una volta ero entrato a portare dei funghi. Nella stanza da pranzo c'erano molte istantanee dell'«aquilotto», come diceva sghignazzando Ulisse, il calzolaio, che era stato riformato: sull'aereo dalle ali di tela, il casco e gli occhialoni, lo sguardo fisso come se il nemico fosse dietro l'hangar, e accanto alla cloche teneva una cagnetta, che probabilmente non voleva saperne.

Intervenne anche un plotone di avieri con la banda, suonarono l'*Inno al Piave*, e mia madre si mise a piangere. Mormorò: « Una sera mi aveva chiesto di sposarlo ».

L'altro avvenimento che fece chiacchierare fu l'improvvisa fuga del parroco, don Vincenzo Montanari, sacerdote di studi profondi e di grande pietà (andava anche a predicare il quaresimale a Porretta), con l'Alma, che molti ritenevano la più bella ragazza. Recitava infatti nell'ex camera mortuaria adibita a teatrino la tragedia di Giovanna d'Arco e io, pure ancora fanciullo, rimasi colpito, oltre che dalla voce del sacrestano, che si prestava a far la parte di Dio, dalle cosce della Pulzella, e dai ciuffi di pelo che le spuntavano da sotto le ascelle ogni volta che brandiva minacciosa la spada contro gli invasori inglesi. Tutti applaudivano.

Ci furono anche i due assiderati dalla tempesta, mentre andavano a prendere olio in Toscana. Li portarono in piazza dentro a dei sacchi, sui muli, ma nessuno li conosceva, e mi sembra che il solo commento della gente fosse: « Bisogna essere dei bei coglioni per andare in giro con questo tempo ».

Imparai a leggere presto perché mia nonna mi insegnò prima che agli altri, e perché mi ero bruciato una gamba e dovevo restare immobile. Affrontai, capendo ben poco, *La Bibbia* e *I miserabili*, ma non avevo molto da scegliere.

Trovavo spregevole Abramo che era pronto a sacrificare il figlio Isacco per fare piacere al Signore, e mi è rimasta la convinzione che fosse un gran farabutto, e alla mia innocente fantasia non dispiaceva quel miscuglio di patriarchi barbuti e di giovanette che ballavano con pochi veli.

Già l'Elide, dietro la stalla, mi aveva slacciato i pantaloncini invitandomi decisamente a giocare al dottore, mi aveva spiegato perché le bambine non possono pisciare stando diritte, e aveva messo un po' di disordine nelle mie idee sui compiti della medicina. « È un apostolato » diceva infatti mia madre.

Gavroche, il monello che va a morire sulle barricate, mi entusiasmava, e anche monsignor Myriel, che regalava al perseguitato Jean Valjean i candelieri d'argento, aveva la mia approvazione: del resto, rubare quando si ha fame non sarà mai peccato.

Confondevo un po' tutti quei personaggi, Cosetta e la Maddalena, Lazzaro che risuscita e Javert, il tremendo poliziotto che non molla mai: la giustizia che non ha cuore.

Lazzaro mi sgomentava: e se uno lo seppelliscono che, magari, respira ancora? Urla, ma le palate di terra coprono i suoi disperati richiami.

Fui il primo bambino iscritto all'Opera Nazionale Balilla, e mi fecero anche la divisa. Non mi piaceva: ho sempre odiato il panno grigioverde — anche se nei libri veniva definito «glorioso» — perché punge e irrita la pelle. Può cominciare così la vicenda di un antimilitarista.

Mio padre, allora, non era nel partito, ma si parlava spesso del cugino Domenico, l'avvocato, abitava a Roma, e Mussolini gli assegnava incarichi importanti, diventò anche ministro.

C'era una sua fotografia con dedica tra due stampe colorate che rappresentavano scene dell'*Aida*: indossava una bellissima giacca nera con guarnizioni d'argento, teneva appoggiata sul petto una feluca con il pennacchio sottile e scintillante, e così nascondeva un po' le decorazioni. La foto era stata scattata da Ghitta Carrel, la stessa artista, diceva la mamma, che per i Savoia ha sempre avuto un debole, incaricata di mettere in posa anche la regina Elena.

Domenico veniva per le vacanze, ma solo di passaggio. Accorrevano tutti i parenti, ed era costretto a baciarli, anche la Serafina, baffuta e un po' sporca, che a vederlo scendere dall'auto governativa emetteva lamenti di gioia.

Ma poi ripartiva per il capoluogo, dove andavano a trovarlo signori di riguardo, il prefetto, il regista Forzano, Dina Galli, e un'attrice meno brava, ma più giovane che, pare, lui proteggeva.

L'unico che non si agitava era mio nonno Marco: piccolo e grosso, il collo breve che reggeva un testone, rimaneva a guardare la scena da sotto il melo, continuando a fumare la pipa. Era, forse, un po' dispettoso, non voleva umiliarsi al potere. «Me ne fotto» diceva «di Domenico e del suo duce.»

E mia madre, indignata: «Ma ci sono i ragazzi!».

E lui: «Me ne fotto lo stesso».

Domenico era, francamente, molto brutto, il naso storto, chi diceva per una ferita inferta dai sovversivi, chi per una bomba scoppiata sul Carso, chi per una sassata tiratagli, in giovinezza, da un birichino, e molti si rallegravano che, in quelle condizioni, avesse una storia d'amore, anche se la relazione era condannata dalla morale cattolica e dalla severità del regime. Sentii la mamma che ne alludeva, con appropriato linguaggio, «forse un attimo di debolezza», col nonno Marco. «Fa bene a trombare,» disse il vecchio «anche perché è cornuto.»

Gli avversari, lo capii più tardi, avevano sparso la voce che la signora Margherita, «donna Margherita» la chiamavano allora, se la intendeva con un otorinolaringoiatra conosciuto alle cure termali, sordo ma dalle maniere compite, e la malignità ebbe larga diffusione, senza che si potesse però stabilire con certezza se Domenico doveva considerarsi becco per una cattiveria politica o per cause più banali.

Lo zio Gigi era, anche lui, fascista della prima ora, per essere precisi della seconda, squadrista nell'ordinamento gerarchico, ma credo che nessuno, tranne me, che lo immaginavo impavido, un guerriero, lo prendesse sul serio. Mi deluse quando seppi che, pure essendo stato nei bersaglieri, sveniva regolarmente davanti al trapano del dentista.

Sentii dire che aveva fatto la marcia su Roma perché un amico lo aveva invitato: «Ma dài, salta su, che ci facciamo il viaggio senza pagare il biglietto».

Era diventato poi guardia giurata, stava sulle palle ai cacciatori e ai bottegai, perché controllava anche i prezzi, metteva fez e stivali il 28 ottobre, il 4 novembre e il 21 aprile, e tornò ancora nella capitale per la celebrazione dell'Impero. Parlò a lungo e con enfasi della sfilata dei dubat; soprattutto fu colpito dalla corsa dei cammelli.

Di quel tempo io ritrovo le lunghe giornate, il succedersi delle stagioni quasi inavvertito, il ruggine e il giallo delle macchie nell'autunno, la neve che spegneva ogni rumore e al mattino, vicino al pollaio, c'erano sempre le impronte della volpe, la nebbia sui pascoli, si sentivano soltanto i campani delle mandrie.

D'estate, io andavo con l'Elide lungo i fossi, le pigre bisce d'acqua non ci facevano ribrezzo. Inventavamo dei racconti per farci compagnia: «Una ha sulla testa una bandierina tricolore. A chi la trova danno un milione». La cercavamo per ore e ore.

C'erano due persone che io amavo, oltre al nonno Marco: Primo e il seggiolaio. Mi dispiace, ma non so più come si chiamava.

Nonno Marco per me era tutto; mio padre arrivava solo alla fine del mese e quella notte io non dormivo con la mamma. Mi portava dei piccoli confetti colorati, delle scatole di cacao dalla marca difficile, che io sillabavo: Bensdorp, una volta le scarpe di pelle lucida.

Era, in fondo, un estraneo, che andava a lavorare in città, capitava ogni tanto, mangiava con noi, mi faceva traslocare in un'altra camera e io mi sentivo solo, faticavo ad addormentarmi.

Spesso con mia madre litigavano: lei lo guardava con troppa attenzione, faceva molte domande, si accorse che non aveva più la catena d'oro. «Te la sei goduta con qualche puttana» gridava, insolitamente con poca finezza «e noi facciamo fatica a tirare avanti. Pancotto e castagne, guarda.»

Lui buttava tutto per aria, tovaglia, piatti, salvava solo, all'ultimo momento, con straordinaria prontezza, il fiasco del vino: «L'ho dimenticata nel cesso, in fabbrica, un attimo, e non c'era più. Siamo circondati dai ladri».

È sempre stato sfortunato.

Nonno Marco non si turbava, continuava a caricare il tabacco, fissava la fiamma del camino: «Ha l'ulcera,» tentava di giustificarlo «per questo è nervoso».

La prendeva alla larga, tracciando con le molle strani segni sulla cenere. «Io» raccontava «ho preso moglie due volte. Anche la povera Carolina aveva un certo carattere. La seconda possedeva un forno, a Cagliari. Io commerciavo in carbone. Era una mora che sembrava la Carmen, col garofano tra i denti. Una mattina sono partito, lei non mi ha più cercato, io neanche. Per la verità mi mandò gli auguri per l'anno nuovo. Poi più nulla. Non bisogna fare drammi. Passa, è roba che passa.»

Mi parlava di quando a Pianaccio capitavano i banditi, scappavano dallo Stato pontificio per andare a cercare rifugio verso Modena o verso Pistoia. Alloggiavano alla locanda dell'Olimpia, avevano barbe nere e lo sguardo di chi ha la febbre, mangiavano senza alzare gli occhi dal piatto. Suo fratello Battista era piccolo, ma li aveva visti.

Una notte, capitò un giovane biondo, che i gendarmi cercavano, aveva tentato di rapire una monaca dal convento di clausura della beata Imelde, ma era stato scoperto e per fuggire aveva ammazzato una sentinella al Cassero di Porta Saragozza. Tremava per la stanchezza e per la tensione. Teneva infilata nella cinghia la pistola, ogni volta che s'apriva la porta ci metteva sopra una mano. Raccontava quello che era accaduto senza emozione. «Dovevo difendermi» disse. «Lei era d'accordo, ma adesso chi sa dove la manderanno.»

Lo presero, sfinito, in una capanna di boscaioli, verso i Bagnatori. Una spiata. Lo riportarono indietro legato. Tutti finsero di non conoscerlo. Lui tacque. Soltanto quando passò accanto all'Olimpia, le diede un morso a una tetta. Lei lanciò un grido, il biondo si inchinò: «Una vacca non si lamenta se uno succhia».

Lo impiccarono a Vergato, al balcone del municipio. Un frate gli chiese se voleva i conforti.

«Salsicce, se possibile arrosto, e un bicchiere di grappa.»

«E a Dio, a Dio vogliamo dire qualcosa perché ti conceda misericordia?»

«Non è il caso di disturbare, dicono che è il suo mestiere.»

Nonno Marco rideva di gusto. Quel finale gli andava bene. Aveva anche conosciuto Giuseppe Garibaldi, a Caprera, stava col poncho e un berretto rotondo sui boccoloni, seduto su un sasso, a contemplare il mare. «Era un uomo» diceva.

«E Giuseppe Mazzini?» chiedeva mia madre.

«Uno scapolo, un furbacchione, si faceva le mogli degli amici, ne mise incinta anche una, predicando però la letizia della famiglia. Vittorio Emanuele II, ostia, ecco uno che, anche a letto, non perdonava. E Cavour giurava che il culo della contessa Castiglione poteva fare per l'Italia più dei reggimenti di La Marmora.»

Aveva del Risorgimento una visione un po' particolare, ma abbastanza suggestiva.

Guardarlo mangiare era uno spettacolo, avrebbero dovuto venirlo a vedere da fuori. Ricordo quando ammazzavano il maiale. Cominciava con le salsiccette con le olive, che tolgono il grasso, poi le costoline con la verza, i fagioli con le cotiche, la lonza ai ferri con le patate al forno, il parmigiano con la pera, un caffè con l'acquavite di albicocca, che sembrava di essere al buffet della stazione.

«Stanotte la sua pressione fa saltare l'apparecchio del dottor Burchi» diceva la mamma, che aveva innato il senso della battuta inopportuna.

Lui non reagiva, continuava a masticare lo stuzzicadenti: «Vorrei un assaggio di ciccioli. Calma. Ho visto morire anche dei magri».

Mi portava alla messa, avevamo una panca davanti a san Giacomo che, da cent'anni, era la nostra. Mi avevano regalato un libretto dalla copertina di madreperla con le preghiere per i Genitori, il Maestro, la Patria, il Re e il Duce. Gli apostoli, ai quattro cantoni dell'abside, avevano un'aria incazzata: soltanto Giovanni, il vergine, sorrideva dolcemente, forse non sapendo quello che aveva perduto.

« Ragazzo, » diceva nonno Marco « non dargli retta quando dicono che il Padre Eterno sta lassù per castigarci: se non lo capisce lui, che ci ha fatti, come vanno le cose, vuoi che lo sappiano i preti? »

I suoi discorsi mi agitavano: « Uno muore e chi sa dove va. Io dico: né all'inferno né in paradiso; c'è già tutto sulla terra. Alla fine si pareggia, e se l'hai combinata grossa poi arriva l'amnistia. Per favore, non andare a riferire queste nostre confidenze a tua mamma, perché odio litigare, mi piace discutere solo con quelli che sono d'accordo. Io mi considero, più che altro, un libero pensatore, ma senza la vocazione del rogo: sai, agli infedeli, perché raggiungessero l'eterna felicità, scaldavano i piedi ».

Se ne andò nel sonno: il premio che compete ai giusti. E all'ufficio funebre c'erano tre arcipreti coi paramenti viola, venuti da fuori.

Mi sembrò di avvertire, per la prima volta, il senso della morte: nella cantoria polverosa, nelle sete color oro sbiadito del baldacchino che marcivano, e odoravano di muffa, nelle stazioni della Via Crucis di gesso, grigie e sbocconcellate. Di lui mi è rimasto un orologio Roskov, che non va, e un nome che non utilizzo.

Primo aveva sessant'anni, ma è il mio amico di allora. Indimenticabile. A Bologna aveva una friggitoria: produceva « Krapfen », precisava « con licenza tedesca », e li vendeva agli spacci delle caserme. Tutti dicevano con rispetto che sapeva molte cose perché era stato a studiare dai francescani, ma poco prima di cantare messa aveva saltato il muro. Leggeva il latino, conosceva l'astronomia e la botanica: cominciava a primavera ad andare a raccogliere erbe e frutti selvatici e io lo accompagnavo.

Mi insegnava a distinguere l'aglio selvatico dal mughetto, a scoprire l'anemone che, con la testa piumata, scherza col vento. Con l'arnica si fa una tintura che cura le cadute, i piccoli grappoli dell'assenzio vanno seccati per preparare un diuretico.

«Che cosa vuole dire diuretico?» domandavo.

«Si piscia a volontà.»

Il biancospino, colto dalle siepi che si caricano di brina, dà un tonico per il cuore, con il sambuco si distilla un infuso per guarire l'influenza. E un branco di tordi, sui cespugli del corbezzolo, indaffarati a divorare le bacche, erano l'ultimo saluto della montagna che si preparava all'inverno.

Primo aveva delle belle tavole colorate e me le mostrava con pazienza: «Vediamo se conosci questo: cos'è?».

«Il rosolaccio, la borragine, la melissa, la genziana.»

«Anche le piante e i fiori» diceva Primo «piangono e soffrono; vanno raccolti, non strappati.»

Era vegetariano, per motivi igienici e umanitari, niente vitello o coniglio o gallina, vittime della nostra crudeltà, ma mangiava trote in umido o le cuoceva sulla brace, col prezzemolo. Chi sa perché si è indotti a pensare che il luccio, il branzino o la carpa patiscano meno del colombo o del porco.

Dai frati, Primo aveva studiato anche la musica, e suonava il pianoforte e l'organo. Mi confidava che stava componendo un'opera; probabilmente l'avrebbero rappresentata in un grande teatro; pensava di mandarla al maestro Toscanini. «Sai chi è Arturo Toscanini? Il meglio. Conosci la storia di Cleopatra? Già, non la conosci. Se avesse avuto un naso diverso chi sa come sarebbe andata,» (anche lei, come il cugino Domenico, pensavo) «era molto bella, una regina, parlava sei lingue, stava in Egitto, sedusse, fece innamorare, insomma, Giulio Cesare, poi Ottaviano, poi Antonio, ogni romano che si presentava finiva nel suo letto. I palazzi della reggia erano profumati da ciuffi di iris e di asfodeli. Gli schiavi bruciavano aromi sconvolgenti. Non aveva scrupoli. Morì, sconfitta, facendosi mordere un capezzolo da un rettile velenoso, questo sarà il finale, tutto buio e una luce che batte proprio lì.»

«Si vedrà il serpente?» chiedevo.

«Certo, e l'agonia della sovrana. Credo che, se tua madre permette, ti porterò. C'è una romanza che attacca:

"In una foglia di papiro
sta scritto il mio amore
che l'acqua non cancella."

Ti piace?»

Chiudeva gli occhi e suonava. Io ero convinto che Primo fosse un genio, come Flavio Gioia, l'inventore della bussola, la cui effigie era appesa nella nostra scuola con quella di Guglielmo Marconi, quasi un compaesano, che aveva inventato la radio, permettendo così al Signor Podestà di sentirla e di dirci, ogni tanto, che cosa stava accadendo.

Non ho mai saputo dov'è finito il suo spartito, se lo mandò al maestro Toscanini, se ricevette una qualunque risposta.

Primo era tornato a Bologna, andava a piazzare le sue paste fritte, ma dicevano che era diventato cupo e silenzioso. Una sera, prima di ritirarsi, preparò un decotto di belladonna (*Atropa belladonna*), una pianta che fa dei chicchi neri, qualche volta giallastri, cresce in luoghi disboscati, fa bene per il mal di pancia, tranquillizza, aiuta a dormire, ma bisogna stare molto attenti. Le nobili del Rinascimento la usavano come belletto, da qui il nome.

Quando gli portarono il caffè per svegliarlo scoprirono che il grande erborista aveva sbagliato dose.

Il seggiolaio arrivava, di solito, verso Natale. Portava sulle spalle covoni di paglia, possedeva soltanto un mantello, una roncola e una copia della *Divina commedia*, che sapeva a memoria.

Veniva dal Friuli, diceva che a casa aveva lasciato la moglie, un figlio e due mucche. Sorrideva sempre, era la persona più felice che io abbia mai conosciuto. Rifiutava di dormire sul materasso, si distendeva sui mannelli da intrecciare, non beveva vino, chiedeva, come sta scritto, una onesta mercede.

Non partecipava alle funzioni, e il curato non lo chiamava a impagliare qualche sedia della chiesa o in canonica.

Nonno Marco spiegava che quell'uomo pregava Dio senza necessità di intermediari, era di un'altra religione.

Il seggiolaio sosteneva che non c'era alcun bisogno che la Madonna dicesse sempre di no a Giuseppe per meritare la nostra devozione, che tutti dobbiamo considerarci figlioli del Signore, che Gesù aveva di sicuro altri fratelli, che ognuno poteva ascoltare la confessione di un altro e anche assolvere i peccatori.

Molta gente veniva a veglia. Il seggiolaio lavorava, recitava Dante, e parlava della sua fede. Sorrideva, la sua voce era serena, adesso mi chiedo se una vita può sfuggire alla tristezza.

Una sera si mise al centro della stanza, le donne filavano la canapa o spannocchiavano il granturco, si inginocchiò, e battendo i pugni sul petto, parlò: « Fratelli, ascoltate. Ho mancato al sesto comandamento e non posso tacere, e chiedo perdono a colei che è l'involontaria ragione delle mie miserie, per averla mescolata nei miei torbidi pensieri, e soprattutto a Dio. Meglio perdere gli occhi se c'è malizia nel cuore ».

Nonno Marco, pensando a quante volte avrebbe potuto rischiare la cecità, scuoteva il testone, l'Armida diventò di fiamma, il seggiolaio continuava a percuotersi con energia, il capo chino come oppresso da un peso insopportabile.

Da quella volta molte sedie a Pianaccio sono rimaste spagliate. Non tornò più. L'Armida non capì mai il perché; quando da Chicago rimpatriò il vecchietto che chiamavano Luki Luki, l'americano, confortò la sua solitudine, e aggiunse alla croce che pendeva dalla catenina un dollaro d'oro, con il profilo di Theodore Roosevelt.

II

Il trasloco a Bologna lo fece Annibale col biroccio. Due giorni di viaggio. Niente di prezioso, soltanto, credo, la macchina da cucire: The Singer Manufactory, c'era scritto sul pedale.

Andammo ad abitare in via Pietralata, un grande càseggiato con al centro il cortile, dove stendevano la biancheria.

Era, per essere precisi, il 1929: un anno memorabile, anche per noi. Lasciamo stare il crollo di Wall Street, ma cadde tanta neve ed era difficile trovare il carbone. Io ebbi la scarlattina. Stavo molto male; sentii il dottore che diceva: « È una brutta faccenda, può lasciare anche dei segni ». Mia madre, di nascosto, singhiozzava. Venne la Nina, una parente, a consolarla, ma era proprio disperata: « Vuole anche cinque lire per ogni visita ».

Pensavo che sarei morto e una notte, nel delirio della febbre, mi alzai in piedi sul letto e cominciai a gridare: « È entrato Tarquinio Prisco, mandatelo fuori ».

Di quella malattia mi è rimasto dentro l'odore di buccia d'arancia bruciata sulla cucina economica, il vago ricordo di un romanzo a puntate che usciva sul *Corriere dei Piccoli*: *Gli eredi del circo Alicante*, immagini viste dietro un vetro: bambini che giocano, donne con secchi di antracite, un uomo in un angolo del portone che alza una sottana, ma lei scappa correndo.

La città non mi piaceva, non potevo capirla, mi pareva che noi tre fossimo troppo piccoli, troppo soli per i tram che passavano sferragliando, per la folla che usciva dai cinema, per tutte quelle botteghe.

I suoni, soprattutto, che regolavano ogni ora, ogni fatto, mi opprimevano: la campanella a scuola, la tromba dello spazzino, col cavallo lucido di sudore che si fermava a ogni casa, la sirena dello zuccherificio e quella della Croce Rossa che portava i matti di fronte a noi, al numero 90.

Feci amicizia con Giobatta e con Enrico; Giobatta faceva la mia stessa classe, dal maestro Dallari. Era il più bravo, io invece faticavo anche a capire quello che dicevano: « Preparate la cartella », e rimasi fermo, poi mi giustificai: « Da noi si dice borsa ».

Enrico era figlio del portiere, andava già a lavorare come garzone da un salumaio, e riusciva anche a portar via qualche pezzo di parmigiano. Soltanto una volta esagerò; scappò con una forma e il padrone voleva andare a denunciarlo.

Una parte dello stabile, che apparteneva al comune, era prima adibita a Ufficio di leva: si vedevano, al di là delle vetrate opache, curiosi balletti di ombre, file di giovanotti nudi con i pendagli al vento, allineati intorno a un tavolo. « Beato l'ultimo » diceva Enrico.

Riuscimmo a portar via dei timbri, quando i soldati di servizio dormivano, ed Enrico si divertiva a stampare sugli abiti chiari delle signore che passeggiavano la scritta: RIVEDIBILE.

Poi i militari andarono via e arrivò il Dispensario celtico. « Rubinetti che perdono » gridavamo dietro agli infermi, e quelli si vergognavano, e infilavano il corridoio di mattonelle bianche correndo.

Giobatta era, secondo me, tutto testa: mi confidò che

stava scrivendo un poema, *Bononia*, e aveva messo giù più di ottocento versi. Il padre faceva il farmacista e ci teneva che i figli studiassero con onore. Mandava anche qualche bottiglia di olio di fegato di merluzzo agli insegnanti con prole linfatica.

Ci teneva anche il mio, ma con meno pretese. «Se mi ascolti,» diceva «cerca di diventare ufficiale della Finanza. Io li vedo mentre ispezionano i nostri magazzini, non fanno un cazzo. Oppure il commissario di bordo. Quando stavamo a Cagliari, salivo sulle navi; sono pieni di soldi, possono arrangiarsi quanto vogliono.»

Povero babbo, l'ho sempre deluso.

Con Giobatta andavamo a comperare i libri usati sotto il Portico della Morte, o dalla signorina Veronese. Mi prestò *Martin Eden*, *I bassifondi* di Gor'kij, e *La fossa* di Kuprin.

Tre storie che sembravano mie, che mi affascinavano. Quel giovanotto che voleva diventare scrittore a ogni costo, tanta fame e poi arriva il successo, ma cosa conta, e lui sparisce nell'infinito mare. Quei vinti, quegli sconfitti, che potevano anche abitare in via Pietralata, e le generose prostitute di Kuprin, e quando una fu sul punto di morire, dice il romanziere, lo ricordo benissimo, «il medico non accorse, ma venne».

Con Giobatta andavamo anche al Circolo San Gabriele dell'Addolorata; Enrico era più indipendente e frequentava altre compagnie.

Servivamo messa, accompagnavamo monsignore per le benedizioni pasquali, e anche quando andava a celebrare dalle suore canossiane. Davano due lire e il caffelatte con la ciambella. Facevano la processione nell'orto, tra pianticelle di ribes, attorno a una statua di Maria, che schiacciava la testa al serpente. C'erano le collegiali, fanciulle pallide col cappellino di paglia adorno di nastri, che ci guardavano con eccessiva curiosità. Tutti quegli occhi davano un po' disagio.

Andavamo anche, per i funerali, al manicomio. Il generale era in divisa, con tante medaglie sul petto. Un fazzoletto gli teneva la bocca chiusa, ma un occhio era rimasto spalancato. Aveva terminato la carriera dando ordini agli infermieri. Da dietro le sbarre le pazze gridavano a don Giulio, il cappellano: «Vieni qui, bel morettino». La banda attaccò una marcia funebre, Chopin, penso, quella che accompagna anche i pompieri caduti nell'adempimento del dovere. E le matte applaudivano contente. Il generale è il primo morto che ho visto. Non mi fece paura.

Gherardi lo accompagnammo il giorno del matrimonio della principessa Mafalda. Eravamo in quinta, lo vestirono da balilla ma non ce lo fecero vedere. «Mi dispiace,» diceva il padre al maestro e al signor direttore didattico «mi dispiace che si siano disturbati per questa luttuosa cerimonia e in una giornata di festa nazionale».

Pioveva sulle mantelline, noi eravamo tristi ma fieri, mi sarebbe piaciuto portare il gagliardetto. Solo quando il signor direttore disse: «Dite addio al vostro compagno Francesco Gherardi, che era il più studioso e il più buono», gridammo: «Presente», ma qualcuno si mise a piangere.

Il Circolo San Gabriele disponeva di una biblioteca con l'intera collezione dei *Tre boy-scouts*, tutto *Arsenio Lupin*, oltre alcune vite di santi e di giovanetti che si erano distinti per virtù cristiane, come Pier Giorgio Frassati, che era molto ricco e andava a scalare le montagne con le ragazze, e quando arrivavano in cima si inginocchiava e recitava il rosario. C'era il ping-pong e nelle stanze umide gravava l'odore pesante del petrolio bruciato.

Un quadro, nella sala delle riunioni, rappresentava una martire, magra, molto bellina, che rivolgeva lo sguardo al cielo, e mostrava al Signore un vassoio sul quale erano deposte due tettine rosa, circondate da ilari angioletti, che un centurione bieco, sul fondo, aveva strappate alla fanciulla, per indurla a rinnegare la fede. Senza riuscirci, evidentemente.

Il più vecchio di noi si chiamava Amleto. Era molto serio e molto dolce, aveva un impiego in banca, e frequentava l'università.

Ci aiutava anche a risolvere i problemi, a fare i temi o le traduzioni dal tedesco, ci spiegava quello che accadeva nel mondo.

Allora, sui giornali, si leggeva una polemica tra fascisti e Vaticano per l'educazione della gioventù, e sull'*Assalto* avevano pubblicato un articolo intitolato: «Vale più un balilla che cento chierici».

La mia posizione, è intuibile, risultava assai equivoca: io, però, in parrocchia ci andavo volentieri, mi facevano giocare da terzino, avevo anche la maglia della Juventus.

E poi c'era Amleto. Amleto non era come gli altri. Una sera disse: «A Vienna hanno ucciso il cancelliere Dollfuss. Sono stati i nazisti. Lo hanno lasciato dissanguare su un divano, sotto l'immagine della Madonna. Mussolini ha mandato le divisioni alpine al Brennero».

Allora i settimanali umoristici scherzavano su Hitler: «In Germania» dicevano «ognuno deve portare la sua croce (uncinata)».

Anni dopo le truppe del Reich invasero l'Austria, Mussolini non si mosse e Amleto commentò: «È sempre stato un buffone. Non ha, non hanno morale».

Fu il primo dubbio.

Poi, tra i nostri compagni c'era Longhi, Longhi Mario. L'unico che non veniva alle adunate e che usciva durante le ore di religione. Era senza madre; suo padre, il ragioniere, lo aspettava all'uscita, un omone immenso, come certi cuochi delle cartoline illustrate, o certi bassi del melodramma. Portava, invece della cravatta, un fiocco, e non voleva che Mario sfilasse con gli avanguardisti.

Dicevano: «È un repubblicano e ha studiato a Forlimpopoli col duce, ma non vuole saperne».

Quando ci fu il plebiscito, Longhi Mario mancò alle lezioni. Il ragioniere era stato di quei pochi che avevano scelto la scheda dei no e gliele diedero senza riguardo. Il ragazzo doveva fargli gli impacchi.

Io pensavo che Mario, l'escluso, fosse avvilito, perché non era come tutti, credevo gli dispiacesse non partecipare alla distribuzione dei pacchi per la befana, al saggio ginnico, o alla gita a San Luca che facevamo col professore di religione. Prima la comunione, poi la merenda.

Una volta mi invitò a casa sua, con Callegari, che stava in piazza De Marchi, nel casermone. Li avevano trasferiti coi camion, una trentina di famiglie di Molinella, tutti socialisti che non si decidevano a convertirsi, e a una certa ora, come al confino, la porta si chiudeva e dovevano andare a letto.

Longhi ci portò nello studio del padre, ci mostrò i libri. «Se volete, ve li do da leggere» disse; le opere di Maupassant, Carducci, gli scritti e i discorsi di Cavour e di Mazzini.

Prese una scala e salì in alto, dove era il reparto «galante»: narrativa francese, dame in crinolina scaraventate sui canapè da composti gentiluomini in parrucca con le brache a mezza gamba, che mostravano pance rotonde e levigate, servette e signore a letto coi palafrenieri, moschettieri del re che inseguivano gaie monachelle con la cuffia candida e niente addosso. Uno spasso. «Questi,» avvertì «dovete accontentarvi di sfogliarli qua.»

Mario ci mostrò anche l'*Inno a Satana*, pareva qualcosa di segreto e proibito: «Come un orribile mostro si sferra».

«È il progresso» spiegò «che travolge tutte le chiacchiere dei preti.»

Erano incontri ed esperienze che mi turbavano, scoprivo vicende insospettate e gente che mi sembrava un po' strana e misteriosa.

La mamma di Tinti, per fare un esempio. Si presentava come ex attrice del varietà, diceva che aveva lavorato con Raffaele Viviani, piccola, tutta nera, con la frangetta, sembrava Lorenzo de' Medici nel manuale di storia, o i paggi delle commedie. Ci invitava spesso. «La giovinezza» gridava un po' svanita «fa allegria», e appena entravamo, ci metteva una mano lietamente su quell'affare.

Al principio il gesto suscitò qualche perplessità, poi ci si abitua.

«Allegri, bisogna stare allegri» urlava. «Mio marito ed io» si lasciava andare «facciamo l'amore in cento modi, mica come voialtri, zum zum, e via, acqua calda. Dovete sapere, del resto, che ci sono in giro tipi incredibili; quando ero in arte, un tenente dei carabinieri mi regalò venti lire purché mi lasciassi pettinare. Che gusto c'è, dico io?»

Alzava le sottane e mostrava le gambe. «Che ne dite, per una della mia età?»

Esibiva cosce candide, giarrettiere con fiorellini e sottovesti trasparenti. Stefano confessò al professore di religione che, pensando alla signora Tinti, una mamma, «aveva abusato di sé».

«Non devi farlo più» ammonì padre Samoggia «perché si diventa ciechi. E poi, noi siamo fatti a somiglianza di Dio, e non possiamo abbandonarci a questo vizio vergognoso.»

Io avevo scelto come guida spirituale padre Carlo. Padre Carlo era alto, ciuffo a spazzola, volto segnato da venine, ma non beveva, odorava di tabacco da fiuto, dicevano che prima del seminario ne aveva combinate tante. Era stato, pare, anche ufficiale nella Legione straniera. Non aveva perduto del tutto l'accento francese.

Diceva messa nella chiesina all'inizio della Nosadella, di fronte al cinematografo. Non c'era quasi mai nessuno. Pochi ceri bruciavano davanti all'altare. Spesso, solo i lumini rossi del Sacramento.

Mi riceveva in una piccola stanza accanto alla sacrestia. I muri erano fradici, l'inginocchiatoio, cigolando, svelava la presenza dei tarli. Io raccontavo a padre Carlo i miei guai e le mie colpe: le storie di un ragazzo. Mi sentivo infelice, qualche volta disperato. Andavo a spasso fuori di porta, dove passava il canale, c'erano campi di crisantemi, sembrava che l'acqua verde chiamasse, quando uno è solo l'acqua chiama.

« Che diritto ha Dio di essere Dio? » gli chiesi.

Ritenevo ingiusto che venissimo iscritti d'autorità a una corsa, e chi non si classificava tra i primi finiva all'inferno. Ci sarebbe voluta, almeno, la libertà di non aderire alla gara.

Padre Carlo nascondeva la faccia in un fazzolettone scarlatto e mi spiegava che, come arbitro, il Signore è piuttosto comprensivo, e non tiene conto se nel percorso si registrano alcune irregolarità.

« Sa tutto? » domandavo.

« Certo, sa tutto. »

« Sa come finisce? »

« Sa come finisce. »

« E allora, non potrebbe esonerarci? »

Ogni tanto mi invitava a cena. Una vecchia serva portava in tavola le vivande. Padre Carlo si sedeva sul sofà e cominciava a leggere il breviario. Io sfogliavo la raccolta della *Revue des deux mondes*, si accendevano sulla strada gli ultimi fanali a gas. Dal breviario cadde una fotografia color seppia, un bel volto di donna: « Mia madre » disse padre Carlo. « Io sono figlio del primo marito. Divorziarono. Maman non immaginava, penso, che sarei finito con la tonaca e quaggiù. »

Fu padre Carlo che mi mandò con Giobatta agli esercizi spirituali. Il ritiro si svolgeva per tre giorni in un istituto sotto il Colle della Guardia. Disse la mamma: « Noi non possiamo pagare », ma fui ammesso ugualmente.

Era la prima volta che uscivo di casa, una camera tutta per me col lavandino e la finestra che dava sul parco, mi parvero una conquista straordinaria.

C'era un predicatore che, rispettando gli orari, trattava vari argomenti: la necessità della purezza, anche sotto l'aspetto della salute, e consigliava un misurato consumo di carne, il bene supremo della carità, la dura lotta per salvare l'anima, sempre tentata, in particolare dagli spettacoli, il segreto per non cadere nelle brame, soprattutto con l'ausilio della preghiera. Poi ci si ritirava a meditare. In silenzio. La conversazione tra i penitenti era proibita. E per la lettura, soltanto testi edificanti.

Mi toccò una biografia del cardinale Bellarmino, la cui festa ricorre, se non sbaglio, il 13 maggio, una specie di Grande Inquisitore, duro e piuttosto odioso, che aveva difeso le ragioni delle Sacre Scritture contro Giordano Bruno, Campanella e Galileo, il quale continuò poi a dire «Eppur si muove», ma sottovoce.

Poi passeggiavamo tra gli alberi, antiche querce che, in quelle giornate d'autunno, perdevano le foglie, e il vento faceva cadere le ghiande. Ognuno, ritengo, pensava ai fatti suoi.

Giobatta e io trasgredivamo alla regola che ci voleva taciturni, e sottovoce confidavamo i nostri pensieri. C'erano altri adolescenti, così ci chiamava il rettore del corso, e uno ci impressionò: indossava abiti di velluto, le maniche a sbuffo, il colletto di pizzo, un donzello, saltato fuori da un quadro, cereo ed esangue come san Luigi, e aveva anche l'aria di consumarsi.

«Quello diventerà santo» mormoravo, sicuro, a Giobatta.

«È uno stronzo» disse Giobatta, che per me era davvero tutto testa. «Lo hanno convinto che carnevale dura tutto l'anno. Certo, morirà giovane.»

Di quel soggiorno ho in mente, soprattutto, le attese ore della refezione. Uno, a turno, leggeva pagine di ammaestramento, ma io apprezzavo in particolare l'abilità della suora cuciniera, non avevo mai mangiato pesce, troppo caro, e per la vigilia, che imponeva il magro, servì cefali con cipolle cotte al forno, vermicelli con le vongole. Del resto, anche Gesù moltiplicò e distribuì agli affamati pane e frittura.

Di via Pietralata io ricordo tutto: meglio, quelli che per me contavano. Il tenore Camanzi, la Lella, il signor Federico, il falegname, la signora Ines, moglie del pompiere (vigile del fuoco, correggeva), l'impiegato delle poste, sportello raccomandate, alla Stazione Centrale, che aveva pubblicato nel 1922 un romanzo, e da allora taceva e sogghignava, la madre di Ludwig, alloggiavano all'angolo con Sant'Isaia: molte stanze e anche il giardino, era tedesca, sposata con un romagnolo conosciuto quando ballava con la compagnia di riviste e operette dei fratelli Schwarz.

Poi, la signorina Iolanda, ma se ne andò presto, faceva la ricamatrice, intrecciava disegni gentili per corredi da sposa. Qualche volta con la mamma andavamo a trovarla. Aveva cinque gatti che sonnecchiavano in uno spicchio di sole. Il pavimento era cosparso di fili di ogni colore. Apriva un armadio, ne usciva uno spento profumo. C'era uno scatolone legato con fiocchi di seta dov'erano custodite le reliquie.

«Questi sono i capelli della Madonna» diceva con devozione. (La Madonna era bionda.) «E questo è un pezzetto del legno della croce. Una tibia di san Valentino, prodigiosa per cacciare il demonio dagli invasati. Ricordi di famiglia.»

Poi, si inventava una vita: «Ci crede? L'avvocato Bertuzzi voleva chiedere la mia mano. Passava ogni mattina con la pariglia, il cocchiere inguantato, e guardava verso il balcone. Partì per la guerra di Tripoli. Io tenevo i capelli di Maria stretti sul petto. "Fa' il miracolo, fallo tornare" pregavo, ma non si è mai più visto».

«Caduto?» domandava la mamma.

«No. Ha sposato una contessina di Cesena.»

Si accorsero che era morta due giorni dopo. Era seduta al solito posto. I gatti inarcavano la schiena, soffiavano feroci. Spalancarono le finestre, qualche filo volava nell'aria di marzo. Monsignore sequestrò i cimeli: « Balorde superstizioni » disse severo; quelle ciocche, infatti, non avevano portato fortuna a nessuno.

La moglie del pompiere, la signora Ines, mi invitava ad ascoltare Radio Mosca. « Tu, un giorno, sarai dei nostri » diceva. Chiudeva tutte le porte, perché aveva paura che il vigile Tacconi, che abitava sullo stesso pianerottolo, facesse la spia.

Le parole arrivavano confuse, lontane: « Proletari di tutto il mondo, unitevi! Morte al fascismo, libertà ai popoli! ».

Poi leggevano le notizie. Tutto andava male, l'economia un disastro, i gerarchi erano ladri, la classe operaia, nonostante il Tribunale speciale e la prigione, non si sarebbe mai arresa.

« Il ministro dell'Educazione nazionale, De Vecchi, è notoriamente una testa di rapa » diceva un commentatore. La signora Ines rideva, ma io mi sentivo un po' colpevole per gli appuntamenti nascosti, e anche per quelle offese alle autorità.

Quando suonavano l'*Internazionale*, la signora Ines si trasfigurava: « Senti com'è bello » e canticchiava:

> « Su sorgiamo, l'Ideale
> nostro fine sarà,
> l'Internazionale, abbasso il re,
> futura umanità! ».

Il suo discorso era semplice: « Ci sono gli sfruttati e gli sfruttatori, e noi siamo quelli che pagano. Chi non lavora non mangia: non l'ha mica detto solo Lenin, ma anche san Paolo. Invece mangiano, oh, se mangiano. Tutti gli uomini nascono uguali » (anche i gobbi? pensavo dentro di me) «e hanno le stesse necessità, gli stessi diritti. Siam fratelli, e verrà un momento in cui il denaro sarà abolito, nessuno comanderà, niente capi, niente colonnelli, niente vescovi. Io so fare poco più della mia firma, ma tu vai a scuola; studia, dammi retta, perché i capitalisti speculano sull'ignoranza delle masse. E adesso vai a metterti il cappotto che andiamo a portare da mangiare a Michele».

Prendeva un tegame di alluminio e ci presentavamo al Teatro Medica, cinema e varietà, e la signora Ines diceva alla maschera: «Vigile del fuoco di servizio», così entravamo senza pagare, ed ebbi la fortuna, tramite i soliti maccheroni riscaldati, di vedere anche Joséphine Baker, la Venere nera, come dicevano i manifesti, facevano la fila alle biglietterie, e il commendator Gazzoni, quello dell'Idrolitina, fu fotografato accanto a quella gran donna che, raccontavano, a Parigi si mostrava con addosso soltanto un gonnellino di banane, e poi le offriva, una dopo l'altra, al pubblico. Al Medica, se la memoria non mi inganna, ma non credo, nessuno mangiò frutta.

Fu il tenore Camanzi, proprietario di una tabaccheria e organizzatore riconosciuto e autorevole della claque, che favorì il mio esordio in palcoscenico: «Se hai una bella vocina,» disse «al Comunale, ai ragazzi del coro, danno quattro lire per recita».

Venne anche Giobatta, ma il maestro Giungi lo respinse: stonava.

Io ebbi, anzi, un inaspettato riconoscimento: toccava a me, nella *Bohème*, attaccare, diciamo, per intenderci, quasi un solista: «Ecco i giocattoli di Parpignol».

E gli altri:

«Parpignol, Parpignol, Parpignol,
col carretto tutto a fior
ecco Parpignol».

E io:

«Voglio la tromba e il cavallin...».

Coro:

«Dei soldati il cappel...».

Io:

«Voglio il cannon voglio il frustin».

Che sonno. Da allora, ho odiato Wagner, il *Parsifal* in particolare: troppo lungo, e quei cortei, nella reggia, non finiscono mai. Poi i mantelli bianchi e rossi, e i parrucchini che ci facevano sembrare delle bambine. Odiosi. Mi incantava, invece, il direttore d'orchestra, Antonio Guarnieri. Alle prove sembrava vecchio, trasandato, si arrabbiava per niente, diede del bischero al baritono: «Ma lo sai o no che cos'è il brando? Cosa credi, un candelotto?». Poi, alla prima, in frac, così imbrillantinato, fresco, le luci del grande lampadario si abbassavano, e sul podio si vedeva soltanto lui. Un gigante.

Noi aspettavamo la chiamata in scena giocando a nasconderci dietro le casse dei costumi, nel sotterraneo. I coristi vestiti da folla parigina, o da cavalieri del Graal, se la spassavano col mazzo di carte e con qualche bottiglia di lambrusco.

Sostavamo anche davanti allo stanzone dove si truccava il balletto. Ogni tanto la porta si apriva e veniva fuori il vocio allegro delle danzatrici che stavano cambiandosi, e un odore di talco e di corpi accaldati. Riuscivamo a vederle mentre si incipriavano il seno e le ascelle, tutte vestite di bianco, coi diademi sui capelli.

Camanzi era un tipo garbato, e dietro il banco aveva le fotografie con dedica di Beniamino Gigli nella *Tosca* e di Aureliano Pertile nel *Trovatore*. Andava sempre a salutarli in albergo e credo gli regalassero anche qualcosa. Dicevano — anzi: lo diceva lui, soprattutto — che se la disgrazia non l'avesse colpito, anche il nostro Camanzi sarebbe arrivato tra i grandi.

Accadde sul treno che lo portava a Pietroburgo, andava a esibirsi davanti allo zar, era molto giovane, e il viaggio molto lungo. Divideva lo scompartimento con una polacca, e trovarono il modo di ingannare il tempo e i controllori. Quando scese aveva trovato un'amica e perduto la voce; il male era arrivato proprio alle corde vocali.

Si mostrava, ma sempre più di rado, negli avanspettacoli, qualche romanza, qualche canzone. Una volta uscì con un gabardine, il colletto tirato su, e annunciò il titolo della composizione che voleva presentare: « Io vengo dalla Russia ». E un mascalzone, vedendolo così conciato urlò: « Chi sa che freddo ».

Portava gli occhiali a pince-nez, era calvo, ma ragionevolmente senza rimpianti e anche senza rimorsi. Capita.

Quando nevica, io penso sempre alla *Bohème*, e ai pezzetti di carta che cadono davanti ai vetri di un gelido abbaino.

La Lella lavorava in sartoria, ma dicevano che arrotondava. Era accompagnata con uno più vecchio, un usciere dai modi paterni. Pallida, le labbra tumide, i capelli ossigenati come voleva la moda, ma che, alla radice, mostravano il bruno originale, aveva conosciuto il suo amico in sanatorio; erano due persone cortesi e riservate. La Lella veniva a trovarmi, si sedeva sul mio letto, avevo la radio a galena e bisognava non fare troppi movimenti, se no, addio trasmissioni. Chiacchieravamo senza malizia, non c'era in lei niente di volgare, ma una gran timidezza. Sapeva delle voci, penso, ma non credo che la offendessero. Una volta mi chiese: « Credi che una come me possa sposarsi? ». Io la trovavo molto bella, Enrico sosteneva che devono essere illibate, Giobatta che conta il sentimento, a me sembrava che si potesse trovare un modo di intendersi. «I francesi dicono che nella vita di una donna non conta tanto essere il primo, ma l'ultimo.» Ne fu contenta: «Ripetilo, per piacere, voglio impararlo a memoria».

Sono sempre stato convinto che la signora Ines e il signor Federico se la intendessero, almeno politicamente. Il signor Federico si dichiarava libertario, e conservava in bottega, nascosto dietro i barattoli delle colle, il ritratto di Malatesta, mentre era esposta una illustrazione che mostrava la Scienza, un donnone che assomigliava all'Italia, imponente, pettoruta e sfolgorante, che con la Luce che emanava dissolveva le Tenebre dell'Oscurantismo. Odiava Vittorio, il fratello di Enrico, che era nella Milizia, e recitava, quando passava la Lella, la parte del virile. Doveva aver letto che le narici dilatate sono un segno di mascolinità, e si sforzava. «È una testa di filo di ferro» traduceva dal dialetto il signor Federico, e per aggravare il giudizio: «Un bamboccio da comò».

Ludwig, o Ludovico, era più piccolo di me, ma possedeva il trenino elettrico. Certi pomeriggi andavo. La madre sfogliava giornali illustrati con la faccia di Hindenburg, raccontava della sua famiglia a Essen, diceva che era figlia di un ingegnere, ma la guerra li aveva rovinati, e bisognava dare un anello per un chilo di patate.

Aveva studiato danza classica, ma poi era finita in un cabaret; ricordava un quadro che piaceva tanto: si apriva il sipario, e compariva un grappolo di uva nera, molto grande, e i chicchi si muovevano a tempo di charleston, perché erano i culi delle ballerine.

Con Ludovico parlava sempre in tedesco. Pretendeva che dormisse nudo e con la finestra aperta. Non usciva quasi mai, perché il marito faceva il viaggiatore, ed era severo e sospettoso, e credo che io fossi il solo individuo di sesso maschile ammesso, data l'età, nell'intimo della famiglia Casadei. «Alberto molto eifersüchtig, molto, come si dice, gheloso.» Andava peraltro spesso dal dentista: «Italiani non controllare abbastanza igiene della bocca» osservava con un po' di disgusto, e si sa quanta anticamera bisogna fare. Il dottor Vincenzini era terziario francescano, ma morì anni dopo per un incidente tecnico in una casa di tolleranza. Le signorine, per riguardo, lo distesero compostamente sul marciapiede.

Quando penso all'Asse Roma-Berlino, penso alla signora Monika Bauer coniugata Casadei.

III

Giobatta per la prima volta fu battuto. Al concorso diocesano, tra il generale stupore, il mio tema venne considerato degno del premio: pellegrinaggio a Roma, con udienza speciale del Santo Padre. Nell'itinerario erano comprese anche brevi soste ad Assisi e Perugia. Mia madre conserva una fotografia: in piazza San Pietro, con alle spalle il colonnato del Bernini. Ho i pantaloni alla zuava.

Ricordo il viaggio lunghissimo, tutta una notte sulla Porrettana, le continue fermate, i fiaschi di vino che i passeggeri tiravano giù dalle reticelle, il cuscino che Amleto mi comprò alla partenza, l'odore di sonno e di treno, l'eccitazione per quella impresa della quale rivedo soltanto alcuni momenti, o ritrovo certi sapori: i panini dolci con l'uva passa per il caffelatte del mattino, li chiamavano maritozzi; andai a dormire dalla zia Maria, faceva la portinaia in via Tor di Nona, sulla strada vendevano olive e porchetta, mi mostrò una vera principessa, ma decaduta, che abitava all'ultimo piano; Pio XI lo portarono sulla sedia gestatoria, parlava con voce stanca, aveva gli occhiali cerchiati d'oro, quando mi consegnò il vessillo che riconosceva i miei meriti e quelli del Circolo San Gabriele, preso dall'emozione, lo lasciai scivolare quasi sul trono, ma un cerimoniere evitò l'increscioso incidente; conservai a lungo

L'Osservatore Romano con, spiegava la didascalia, «Il gruppo dei partecipanti giunto da ogni parte d'Italia, raccolto nel cortile di San Damaso». Sparì col bombardamento del 1943.

Poi le campane, nell'alba fredda, che ci accolsero ad Assisi; chi sa, mi chiedevo, da quale parte spuntò il lupo che Francesco ammansì, su questi alberi si posavano gli uccelli che capivano i suoi discorsi; la firma di Giosue Carducci, scritta col lapis, sul muro di una chiesa, a Perugia, che i canonici avevano protetta col vetro. Anche il poeta, conclusi, non sapeva resistere al suo scarabocchio, come i morosi in gita.

Non saprei dire perché, ma il mio fervore cominciò a spegnersi; mi trovavo più spesso dalla parte di Enrico e trascuravo Giobatta. Era passata l'età degli abbandoni, della fiducia candida: ormai non credevo più che coi biglietti del tram usati, e con la carta argentata dei cioccolatini, si potessero liberare dalla fame e dalla colpa originale i negretti dell'Uganda.

Non credevo neppure che i non battezzati, o quelli venuti al mondo prima di Cristo, dovessero restare in eterno nel limbo, una località celeste che, del resto, mi pareva vaga e improbabile.

La parrocchia non era più il mio centro: mi spostavo verso il loggione del Duse e del Corso o, per leggere, sui tavoloni dell'Archiginnasio. Mi piaceva andarci specialmente nei giorni di pioggia: si sentiva l'acqua scrosciare nel cortile, dove sono ancora gli stemmi degli studenti che arrivavano da ogni parte d'Europa, poi c'erano i calamai con l'inchiostro che si seccava, il sentore delle rilegature di cuoio, e un silenzio rispettoso: quando si apriva la porta, nessuno alzava la testa. Be', se non arrivava una ragazza.

Diventai amico del bibliotecario: mi dava anche in prestito qualche volume, e il giornalaio con l'edicola nel Pratello, dietro il ragionevole compenso di una lira, noleggiava, pur che ne avessi riguardo, tutte le pubblicazioni periodiche, che poi restituivo puntualmente.

Enrico frequentava la palestra di via Maggia: voleva diventare pugile. Sembrava niente, invece era muscoloso, fortissimo. Mi sarebbe piaciuto essere come lui; si faceva rispettare. Al cinematografo, anche quando c'era ressa, trovava sempre la maniera di sedersi. «Non ti preoccupare, vieni con me.»

All'Italia recitava spesso il comico Bambi; bravo, diceva le barzellette e declamava versi di sua composizione in onore del mutilato Toti, quello che lanciò la stampella al nemico, mentre l'orchestrina eseguiva, per accompagnamento, la marcetta dei bersaglieri.

Il locale era più che modesto, puzzava di segatura e di creolina, ma ci capitava anche l'illusionista Gabrielli, «l'artefice magico», come l'aveva definito, secondo le locandine, Gabriele D'Annunzio; Brugnoletto con le figliole: le sorelle Nava; qualche contorsionista dalle gambe tozze e il gonnellino bianco che, se avevi la fortuna di piazzarti nelle prime file, durante gli esercizi, mostrava fugacemente anche il pelo.

Bambi raccontava le avventure di uno che a Roma chiamavano «frocio», non so dove «checca», a Bologna «busone».

«E a Firenze?» domandava al pubblico, simulando una improvvisa amnesia.

Ed Enrico, pronto, dal fondo della platea: «Finocchio».

«Sentito, il collega?» concludeva il comico.

Ma all'uscita gli passò la voglia di scherzare perché Enrico, davanti alla risata della platea, rimase umiliato, e non essendo per natura portato al dialogo spiritoso e alla tolleranza, voleva a tutti i costi picchiarlo.

Era prepotente. Quando aveva visto un film giallo, si metteva davanti alla cassa, e appena scorgeva uno con in mano il biglietto, lo fregava: «L'assassino è la moglie del dottore».

Andava molto d'accordo con la Lella. Due giovanotti, che pensavano di essere chi sa chi, e la stavano molestando, diciamolo pure: insistevano nel tastarla, furono beccati da Enrico con dolorose conseguenze. Una volta le portò dei fiori.

Quando venne Carnera a esibirsi, Enrico mi portò a vederlo. « Ho i biglietti, non ti preoccupare; a noi allievi fanno la riduzione. » Non poteva avere i soldi, non ce ne erano abbastanza in casa sua per arrivare al ventisette.

Andammo ad assistere alla riunione col « gigante di Sequals » che si fece anche fotografare accanto al peso-mosca Vignoli, un meccanico che abitava dalle nostre parti. Del campionissimo mi impressionò soprattutto l'espressione rincoglionita e la fatica che faceva per respirare.

« Grande, grosso e pistolone » commentò Enrico.

« Tu credi » domandai « che l'abbia, diciamo, in rapporto col resto? »

« Sicuro, da attaccarci la borsa della spesa. »

Intervenne il signore della sedia accanto, che pareva se ne intendesse: « Ci mancherebbe altro. Allora, certe donnone, che fanno la lotta libera, hanno forse tra le cosce la galleria della Direttissima? Magari, Carnera ce l'ha come un lombrico ».

Enrico volle che accettassi anche il gelato. Dissi: « Me lo racconti dove li prendi? ».

« Che cosa? »

« I quattrini. »

Scoppiò a ridere: « Alla Cassa di Risparmio ».

« Te li ha imprestati la Lella? »

« Tu immagini che io, da una ragazza... »

« Non voglio offenderti, chiedo. »

« Quando usciamo, tempo permettendo, ti farò vedere. »

C'erano le bilance automatiche della ditta Giovanni Grasso fu Giuseppe di Genova; ci salivi sopra, mettevi dentro l'apposita fessura quattro soldi, la lancetta si spostava, da un'altra parte usciva un cartoncino con la faccia a colori di Binda, di Piola o di Combi, e una scritta: «Il vostro peso è di chilogrammi 62».

Enrico aveva scoperto che, con l'uso di un semplice filo di ferro, girato nella maniera opportuna, invece del tagliando uscivano le monetine, e se i clienti erano stati molti, si poteva concludere la serata addirittura alla Birreria Lamma.

Fu la signora Ines che mi fece conoscere il romanziere costretto dal regime al silenzio e a un impiego alle poste. Augusto Brillanti, più noto con lo pseudonimo, Boris, non concedeva a tutti la sua confidenza, e riceveva di malavoglia. Primo perché gli assegnavano sempre il turno di notte, e poi perché si sentiva offeso, e non voleva confessare la sua amarezza. E infine, non poteva dirlo: aspettava la vendetta.

A dar retta alla signora Ines, faceva il «negro» per molti autori celebri, e citava anche un applaudito commediografo rappresentato da Antonio Gandusio e da De Sica, gli attribuiva perfino resoconti sportivi. Boris vendeva la sua anonima intelligenza, ma non la dignità. Nessun compromesso.

Era sposato, e la moglie, molto tinta, eccessiva, sempre in sottoveste bianca, con le cordelline un po' lucide di unto, aveva l'aspetto di quelle matrone che leggono la mano o di una corista.

Boris mi mostrò la sua unica opera: *La caviglia splendente*, si svolgeva sull'Orient-Express e Zara, la protagonista, era un miscuglio di Mata Hari e di Brigitte Helm, la diva dell'Ufa: torbida e avventuriera, una sfinge, ma col cuore di bambina.

«Che ne pensi?» mi chiese, a lettura avvenuta.

«Un po' puttana.»

«È la società che la rende così; col denaro si compra anche il piacere, ma la coscienza no, la coscienza dei galantuomini non si commercia. Quando il libro uscì, sull'*Avanti!*

ne parlarono molto bene, capirono che Zara poteva essere anche tua moglie, anche mia sorella, una vittima del capitalismo e della vita. In ogni donna c'è un po' di Lillith.»

Consultai l'enciclopedia: «Nella tradizione talmudica, un demone femminile; nella leggenda, la prima moglie di Adamo». Mah.

«Non devi farti prendere dal moralismo» mi spiegava Boris. «Quando Gaetano Bresci decise di andare ad ammazzare Umberto I, per sfuggire ai controlli della polizia passò la notte che precedeva l'attentato, 8 luglio 1900, in una casa chiusa. Salì con una signorina e non la toccò, non perché non ne avesse voglia, si sa che i pensieri e le preoccupazioni non aiutano, ma per riguardo, per delicatezza. Lei non capiva, e insisteva. "No, sorella, dormiamo" disse Bresci.»

«Avrà pensato: questo o è matto o è impotente.»

«Sul momento, ma poi capì.»

Guidava le mie letture. Con tatto. Knut Hamsun: *Fame*. Poi, magari, ne discuteva, o erano pretesti per lasciarsi andare. «Io lo so che cosa vuol dire. Quando quelli cominciarono a picchiare, dovetti cambiare spesso domicilio. Anche i compagni erano in fuga: chi poteva aiutarmi? Saltavo i pasti, sognavo un letto. Conoscevo, è ovvio, qualche intellettuale, andai a trovare anche Ugo Ojetti e Alfredo Panzini. Accademici, ma non insensibili. Un amico mi spediva dei telegrammi: "Parti subito mamma grave". "Come va?" mi chiedevano, e io mostravo il modulo: "Mi mancano i soldi per il biglietto". Una sera arrivai qui, e non sapevo dove andare a dormire. Uno mi disse: "C'è una parrucchiera che è dei nostri. Non ha pregiudizi. Puoi starci qualche giorno". L'ho sposata.»

Döblin: *Berlin, Alexanderplatz*. Disgraziati, piccoli ladri, sgualdrine, nella disfatta del primo dopoguerra, l'afrore del luppolo fermentato e le zaffate del sigaro, reduci, poliziotti, Fräulein senza pudore, quanti trucchi per sopravvivere.

«Non me ne vergogno,» diceva Boris «sono figlio di NN. Mi portarono dopo quattro giorni al brefotrofio, ma ho scoperto chi sono i miei genitori. Papà, figurati, è un generale dei carabinieri, mamma è la moglie di un pediatra. Laureata in farmacia. Sono vivi, certo: ma perché dovrei vederli? Per me non esistono. Tu credi ai legami del sangue? Alle benemerenze dello spermatozoo? Stronzate. Io, fra l'altro, sono internazionalista: se il padre di Petrarca eiaculava cinquecento chilometri più in su, il genio nasce a Cannes, e si chiama François, gloire de la France. La civiltà è il duomo di Orvieto: che è frutto di una intuizione e di una fatica collettiva. Mi spiego?»

Facevo fatica a credergli: mi sembrava un gran bugiardo che cercava di darsi importanza, voleva a ogni costo essere qualcuno. Si inventava perfino la parentela.

«Questi non reggono, non possono farcela» si consolava. «Adesso, forse non puoi capirlo: ma hanno contro la storia. La storia fa pugnalare Cesare, e manda Napoleone a curarsi l'ulcera a Sant'Elena. Nel 1920 pochi avevano previsto che Mussolini arrivasse al potere: non ci credevano neppure i suoi camerati. Nessuno lo prendeva sul serio, sembrava soltanto una farsa, col manganello, ma come ai burattini, un fenomeno superficiale, che sarebbe durato poco. Più tardi la classe operaia non seppe organizzarsi, non fu capace, non poté fare la vera lotta di classe. Non capì, ecco tutto. Nel 1925 un deputato comunista, un sardo, urlò alla Camera ai Farinacci e ai Rossoni: "Bisogna che lo sentiate fino alla nausea: il movimento rivoluzionario vincerà il fascismo". Esatto. Ma allora il maestro di Predappio piaceva a molti: al *Corriere* e a Benedetto Croce, ai liberali e a quelli di don Sturzo, anche al Vaticano e alle banche, agli industriali, agli scrittori e agli agrari.»

Possibile, mi chiedevo, che abbiano sbagliato tutti?

Forse, nel 1935, anche Boris ebbe la sua crisi. Fu un grande momento, bisogna ammetterlo.

L'anno era cominciato bene: battemmo la Francia per

2 a 1, segnò Meazza, detto il Balilla; la Saar, dopo un regolare plebiscito, controllato dalla Società delle Nazioni, ebbe la gioia di riunirsi alla Germania; all'Università di Napoli diedero perfino una laurea a Umberto di Savoia, *honoris causa*, per la sua alta competenza, lesse il rettore, nelle discipline storiche e artistiche. Una sola polemica divideva gli italiani: Binda o Guerra?

Poi gli abissini ci provocarono, per una questione di pozzi, a Ual-Ual. E Mussolini pensò di regolare i conti.

La gente cantava «Faccetta nera, sarai romana», ma il 18 novembre, a Ginevra, vennero decretate, come dicevano le lapidi subito murate sui palazzi comunali, «le inique sanzioni».

Per questo, tutte le spose furono invitate a donare la vera nuziale, e la regina, nonostante il cattivo tempo, pioveva, salì all'Altare della Patria per deporre, in un crogiuolo, la sua.

Mia madre ne fece fare una sottile, più leggera, perché non poteva privarsi, disse, del ricordo di un giorno felice. «L'unico» sospirò guardando il babbo, che continuò con distacco a leggere il giornale.

In sette mesi Badoglio arrivò ad Addis Abeba, e fu nominato duca; Graziani, piazzatosi secondo, marchese; il re, che non si era mai mosso, venne proclamato imperatore.

La vittoria fu celebrata anche nelle drogherie: arrivavano tanti sacchi sui quali era stampato: «Caffè di Harar». Con dieci dischi si poteva imparare la lingua amarica. Il mio amico Lamberto mi salutò: «Mio padre è stato nominato residente nel Galla e Sidamo; ci imbarcheremo per Gibuti e mi fermerò anche ad Alessandria d'Egitto. Caccerò le gazzelle e il leone, e avrò un cavallo». Lo invidiai.

Ci sentivamo imbattibili. «Marconi» sussurravano con orgoglio «ha inventato il raggio della morte: fa precipitare gli aerei, blocca le automobili, incenerisce i reggimenti.»

Anche la ricchezza stava per arrivare. Tutta roba nostra. Non dovevamo più usare le parole straniere; lessi su un settimanale l'avviso di un profumiere: «Abbiamo sostituito all'esotico "maquillage" l'italiano "risalto"». L'aranciata San Pellegrino era «la bibita italianissima».

Boris, ignorando il tripudio, si chiuse in se stesso; la signora Ines per un po' non mi invitò ad ascoltare le trasmissioni, soltanto le sfuggì un commento: «Bella fatica, coi gas asfissianti».

Quella sua critica mi faceva rabbia: i nostri soldati erano stati valorosi e avevano finalmente vendicato la sconfitta di Adua. Perché sempre denigrare?

Poi, venne la Spagna. Quasi inavvertitamente. Tutto il Paese, compreso il duce e il figlio Romano, era impegnato a cercare, tra le figurine del cioccolato Perugina, «Il feroce Saladino».

Partì volontario Vittorio, il fratello di Enrico, che era caporale della Milizia e disoccupato. Si leggeva che i legionari erano andati a difendere «la civiltà occidentale minacciata dal bolscevismo», sostenuti dai voti e dall'affetto della nazione, e anche da buonissime paghe.

I combattenti sui due fronti salutavano tutti col braccio teso; ma solo gli anarchici, i socialisti e i comunisti chiudevano il pugno.

Con la mia galena sentivo i franchisti che trasmettevano da Radio Salamanca; la signora Ines riceveva Barcellona. Parlava un certo Pietro Nenni, e alla fine concludeva dicendo: «Salud, lavoratori italiani!».

La signora Ines, Boris e il falegname facevano la colletta per il Soccorso Rosso, ma lo seppi poi. Mi costava fatica capirli; mi sembravano dei disfattisti, peggio: dei traditori. C'erano i nostri di mezzo, che si facevano ammazzare.

«Devi renderti conto,» spiegava Boris, che intuiva la mia ostilità «che questa è la prova generale. Se gli va bene, Benito e il Baffetto ci riproveranno. È triste, certo, che il Tercio spari sulla Garibaldi, che si ammazzino tra di loro, parlano la stessa lingua, sono nati sotto lo stesso cielo, ma questa è la guerra, e l'operaio della Breda tira alla testa di quello della Krupp, il contadino calabrese ammazza il terrazziere della Catalogna. È l'inesorabile strategia del capitale.»

Vittorio ritornò, ferito leggermente a un polpaccio ma, forse, disse Enrico, stava già scappando; mise incinta la fidanzata, si comprò una moto Guzzi 350, regalò alla madre la cucina a gas e, quando nacque il bambino, lo portavano a spasso con la carrozzina, per via Pietralata: un fatto straordinario. Ebbe anche un posto di bidello.

I miliziani sconfitti finirono esuli in Francia; nel film Luce si vedevano lunghe colonne di giovani, avviati ai campi di concentramento, che marciavano nella polvere, una coperta sulle spalle, una cassetta di legno infilata in un bastone, ognuno un cappello diverso in testa.

Incontrai Amleto; non era mai invadente: «Fatti vivo, se puoi, qualche volta. Ci vediamo, con gli amici, tutti i giovedì. Non è un obbligo, si intende».

Inventai qualche giustificazione, lo studio, andavo allo zuccherificio durante la raccolta delle barbabietole, dovevo aiutare a fare i compiti le figlie del medico condotto, carine, certo, ma non era un idillio, piuttosto un modo di arrotondare.

Gli chiesi: «E la Spagna?».

«C'è uno scrittore cattolico francese, si chiama Georges Bernanos, che ha scritto: "È il cimitero dei princìpi veri e falsi, delle buone intenzioni e delle malvagie".»

«I rossi hanno ucciso molti preti, dicono. Li lanciavano dalle finestre.»

«Purtroppo, sì. Pare, un milione di morti. Clericali e anticlericali, democratici e fascisti. Gli Stukas hanno distrutto con un bombardamento Guernica, una città basca. Tutti accoppati.»

Sapevamo la vicenda terribile del colonnello Moscardó, e dei cadetti di Toledo, chiusi nell'Alcazar: «Ti arrendi o ammazziamo tuo figlio» gli intimavano con gli altoparlanti, e il colonnello sentiva la voce del suo ragazzo, ma disse di no. Fecero anche un film.

Era capitato, mi venne in mente, anche a Caterina Sforza, assediata nella rocca di Forlì, ma lei, all'ultimatum, la resa o i bambini, rispose alzando le sottane e gridando ai nemici: «Ho qui sotto quanto occorre per farne degli altri».

Gli uomini, pensavo, non sanno inventare neppure nuove cattiverie.

Non raccontai ad Amleto che, quando ero libero, andavo sul campo della Virtus. C'era anche il tennis, ma bisognava versare una quota e avere l'attrezzatura. Chi giocava, apparteneva a una certa categoria sociale. Per l'atletica no. Corsa piana: avevo fiato. L'istruttore era stato alle Olimpiadi di Los Angeles. Confessava che tra lui e Loretta Young, l'attrice, non ci fu soltanto della cordialità. Lei andava a prenderlo dopo gli allenamenti, e lo portava sulla riva del mare, in una villa con molti tappeti. Forse fu per quello, lasciava capire, che non si piazzò neppure per le semifinali. Loretta aveva simpatia per gli italiani. Anche i francesi riscuotevano un qualche successo con le «stelle» di Hollywood, ma i nostri sicuramente di più.

Facevo i cento con risultati discreti; se fossi andato a Berlino, pensavo, mi sarebbe piaciuto conoscere Ilse Werner, un tipo fine, come la Myrna Loy.

Ci andò invece una ragazza altissima, che vedevo spesso in pista, con delle gambe, dicevano, come quelle della Provvidenza, perché arrivavano dappertutto; si chiamava Trebisonda Valla, ma siccome non si può mettere a una bambina appena nata e indifesa un nome così, era conosciuta come Ondina, e conquistò la medaglia, proprio davanti al Führer.

Con Boris, ogni tanto, andavamo alla Trattoria del Pellegrino. C'era il pianoforte, e qualcuno lo usava. Capitavano studenti, ex cantanti, anche gente senza importanza: si mangiava con poco. Il tenore Camanzi fu molto applaudito nella romanza dell'*Andrea Chênier*: «Un dì all'azzurro spazio».

Tra gli avventori assidui c'era Davide, diventammo amici. Era iscritto a medicina, faceva pratica poco lontano, all'ospedale Sant'Orsola. Veniva da Cracovia, Polonia, era ebreo, mi disse, ma questo per me non voleva dire niente: anche il mio compagno di scuola Muggia frequentava la sinagoga di via Gombruti, anche Bemporad, e incontravo spesso il rabbino, un signore molto distinto, dalla lunga barba bianca, sempre vestito di nero.

Davide mi raccontava della sua terra, a Varsavia c'era il quartiere vecchio, così bello che è stato dipinto anche dal Canaletto, conservano ancora il cuore di Chopin, e le ragazze a primavera lo circondano di violette.

Nel villaggio dov'era nato, le case sono di legno, flagellate dalla neve e qualche volta finiscono distrutte dall'incendio. «Scoppia da noi» diceva «una tempesta che porta via i raccolti, o una guerra che porta via i giovani.»

Odiava i tedeschi e odiava i russi: «Tutti vogliono dai polacchi qualcosa. E tutti e tre sono d'accordo nel portare via qualcosa agli ebrei. Pogrom è una parola che viene da Mosca, e la predica antisemita di Hitler darà i suoi frutti, vedrai».

C'erano, laggiù, paludi e foreste, pane di segala nero e donne bionde dai capelli sottili come il lino, antichi nobili con castelli e casini da caccia, come il principe Radzwill, un grande vecchio, al quale i figli baciavano rispettosamente la mano.

Gli aristocratici possedevano boschi e campagne più di quanto si possa immaginare, ma c'erano anche poveri proletari che abitavano nel quartiere operaio di Praga e affogavano la disperazione nel quartino di vodka.

Poi c'erano i ghetti, tanti ghetti, dove stavano i suoi, che non erano amati da nessuno, neppure dai polacchi cattolici.

Mi diceva Davide: «Si metteranno tutti insieme, croce e svastica e falce e martello, e addosso agli infedeli».

«Non credo, Davide. Forse, come sostengono, è il pessimismo della tua gente che ti fa pensare così.»

«C'è un proverbio da noi: "La Vistola non può cambiare il suo corso, gli argini la conducono verso il mare".»

Davide mi piaceva. Mi hanno sempre attratto quelli che sono diversi, dietro un volto c'è, per me, un passato, un'avventura, un paesaggio che mi affascina: dietro Davide, perché no?, Maria Walewska, o i paesaggi di Sergiusz Piasecki, *L'amante dell'Orsa Maggiore*, contrabbandieri e lazzaroni, poi le pianure sulle quali dilagavano i cosacchi di Budënnyj nell'anno della rivoluzione, campi di girasole e sacrestie profanate, e il vento impetuoso che soffia dall'Est.

Davide aveva una voce da basso — da pope, gli dicevo — e tutti volevano che cantasse qualcosa delle sue parti, un accordo; poi traduceva i versi della ballata. Questa la ricordo:

> «È un giorno come gli altri,
> triste come gli altri.
> Oggi fa buio,
> e il lavandino sgocciola.»

Io lo fissavo mentre cantava, aveva gli occhi azzurri, i capelli chiari; e se i riccioli fossero bruni e crespi? Che cosa me ne importa se aspetta ancora il Messia? O si accontenta del mio, o possiamo, se gli fa piacere, anche attendere insieme.

Uscivamo, tutti e tre, con Boris; abitava oltre i Salesiani, fuori di Porta Galliera. Lo accompagnavamo.

Boris e Davide discutevano. «Tu» gli diceva Boris quasi indignato «non hai fede.»

«Ne abbiamo viste troppe, e aspettiamo soltanto il peggio.»

«Tu» insisteva Boris «hai dentro di te la maledetta pazzia degli slavi, e la maledetta rassegnazione dei giudei.»

«Lo ha già detto Churchill: "Sono poche le virtù che i polacchi non posseggono, e sono pochi gli errori che hanno evitato".»

L'esistenza è proprio fatta di lampi, una luce che si accende, un suono, un momento: dei personaggi storici, spesso, non si cita che una battuta; chi sa quanti, durante una battaglia, dissero «merda», ma si parla solo di Cambronne. Di noi, contemporanei, facce da tutti i giorni e destini banali, chi sa: una cravatta, un piccolo segreto, uno sfogo.

Davide io lo vedrò sempre sul ponte della ferrovia, un impermeabile troppo lungo, una berretta come quella che portava Jean Gabin. Disse: «Non mi piacciono le stazioni, sanno sempre di separazione».

Non è che con Giobatta fosse finita, ci volevamo ancora bene, ma lui seguiva i suoi studi, e le sue idee, e io le avevo cambiate, e anche le compagnie erano diverse. La strada è lunga e ci si perde. Ognuno si imbarca con nuovi equipaggi. Giobatta stava molto con un certo Passadori; era più avanti di noi, studiava glottologia e frequentava già il Guf. Veniva dagli avanguardisti cavalleggeri, fichetti di buona famiglia, con gli stivaloni, le chiappe tirate e i guanti di pelle. Suo padre era vicedirettore di banca, sua madre presidentessa della San Vincenzo. Lo avevano mandato, infatti, al San Carlo, dai gesuiti, dove certi allievi, esasperati dalla castità, dicevano quelli dell'Avviamento, facevano l'amore coi termosifoni. Come? Con l'asciugamano.

Lo conoscevo di vista, ma non lo salutavo. «Scoreggia più lui del suo cavallo» diceva l'incolto Enrico, che, quando mancava di argomenti polemici, ricorreva alle volgarità.

Li incontrai in libreria, da Cappelli, e Giobatta dovette far finta di presentarci. Insistette: «Andiamo da lui, stasera. Ha da esporci un programma che ritengo interessante. Passo a prenderti, vieni».

Non avevo, e non ho, il gusto delle riunioni, anche quelle conviviali; sono un timido con tendenze rissose, sbucciare una mela con forchetta e coltello è per me un'operazione di alta chirurgia. Sei persone, ai miei occhi, sono già una folla.

Venne ad aprire la cameriera in grembiulino col pizzo. C'erano nel salotto molti quadri dell'Ottocento, paesaggi con pecore e pastorelli, contadinelle con le fascine in testa, oppure dame in veletta che gustavano il rosolio; della signora Passadori notai soltanto la barba, folta e, direi, virile; il marito non comparve.

Ci fecero entrare nello studio, dove Giuseppe — Pino, per gli intimi — in vestaglia di velluto pesante, col fiocco, ci aspettava. C'erano altri sei o sette invitati, tutti maschi.

«Mettetevi in libertà» disse subito, e fu il primo avviso che la faccenda sarebbe stata lunga e impegnativa.

Pino prese la parola, con la ferma decisione di non mollarla più. Ci informò di un grande esempio che veniva dalla Romania, dove un certo Codreanu, un mistico, un generoso, aveva fondato un fascismo forse ancora più fascista; si chiamavano, lui e i suoi, Guardie di Ferro, disprezzavano ogni possibile gioia, dal fumo, sì, anche ai film western, non fornicavano, avevano il culto della tradizione e quello del sangue, volevano un ordine che fosse, nello stesso tempo, regola per lo spirito e legge per la collettività.

Disse che la colpa dei mali che ci affliggevano derivava dalla potenza dei semiti, e tirò fuori un libretto che provava l'immensa e secolare congiura ai danni di noi altri, gli ariani.

Non riuscivo a rendermi conto di che cosa avesse da offrire, o da chiedere. Mi distraevo fissando un vaso coi pesci rossi, in un angolo, e gli ascoltatori in lotta col torpore e la noia.

«C'è nel movimento una componente cristiana?» domandò Giobatta.

«Certamente. Tu conosci l'atteggiamento della Chiesa sull'ebraismo, e le storiche maledizioni.»

«Che cosa proponi?» chiese un ragazzino, tormentandosi l'acne che guastava un poco la faccina da cherubino.

«Di dare vita a qualcosa di analogo; noi giovani dobbiamo essere l'élite che, domani, avrà il peso del governo, ma inteso come servizio da rendere agli altri. Dobbiamo lottare contro la corruzione, i profittatori, i dubbiosi.»

Forse, pensai, cercheranno di far fuori Galeazzo Ciano, che ha fatto carriera sposando l'Edda, o Bottai, che ogni tanto non è d'accordo.

Pino cercò di tirarci dentro: «Tu, che cosa ne dici?».

«Ma, non saprei...»

«Forse non vuoi comprometterti. Libero, liberissimo...»

«Io sono convinto che le nostre nonne se la siano spassata con tutti, coi bizantini, con i persiani, coi turchi, con gli arabi, con gli spagnoli, coi francesi, con gli svevi, facevano il turno, c'è stato un continuo cambiamento di programma, non so se mi chiamo Pedro o Beniamino, e aspiro a un governo di maturi gentiluomini che si siano scapricciati. Poi, ho due materie a ottobre, e non posso dedicarmi alla rivoluzione. Oltretutto, sono un legalitario.»

È vero. Il 10 settembre, il giorno seguente il mio compleanno, andai per la prima volta, nel pieno rispetto dei regolamenti e delle consuetudini, a casino. Ero ossessionato da fantasie e da reminescenze letterarie. *Boule de suif* e *Casa Tellier*, con quella giornata di sole e di innocenza per le ragazze che vanno ad assistere a una prima comunione, e poi storie di dedizione, donne perdute che si facevano ammazzare per salvare qualcuno, oppure offrivano con inaudita larghezza ai miseri e alla chiesa.

Era piccola, dai capelli scuri, indossava una sottana lunga di seta, con la spaccata, e quando si muoveva, saltava fuori una coscia, sotto non portava niente. Non mi dava troppa soggezione. «Mi chiamo Mary» disse. «Vieni.»

Credo capisse che aveva a che fare con un novizio, sorrideva ma senza ironia.

«Di dove sei?» chiesi, mentre mi ispezionava: «Una lavatina, così va bene. Di Foggia».

Sul letto c'era una bambola. «Porta fortuna» spiegò. La mise da una parte e si sdraiò, con le braccia dietro la testa: «Vieni qui, non avere paura, lascia fare».

Avrei voluto chiederle chi era, perché faceva così, provavo per lei una improvvisa tenerezza: «Non ti stancare, Mary» le dissi, e lei rise e mi accarezzò: «Come sei magro».

Mi ricordai di tutti gli ammonimenti igienici: «Prendi un preservativo, per favore».

Non ce ne fu bisogno: troppe emozioni, in una volta. Allora lei lo gonfiò, ne fece un palloncino, e ci mettemmo a giocare, a buttarcelo, saltando.

Poi una voce avvertì: «C'è quel signore di Milano, chi è libera scenda».

Mary indossò la sua divisa, si tinse le labbra, si pettinò, rimise la bambola al suo posto e mi diede un bacio: «Vieni a trovarmi».

Quando fu sulla porta del salottino, tornò indietro: «Vedrai, si può fare anche di meglio».

IV

Molte cose stavano cambiando. I grandi magazzini Old England, in via Indipendenza, erano diventati Alla Nuova Italia. Davanti all'ingresso, a fare da imbonitore, avevano messo un negretto, col cappello a visiera e la divisa di panno coloniale; dopo qualche anno fu il solo ricordo che ci rimase dell'Impero.

Nessuno sa con esattezza, suppongo, come nascono quelle che, comunemente, si chiamano «le vocazioni»: quando arriva la chiamata di Dio o quella delle guardie forestali, la voglia irrefrenabile di seguire le orme di Einstein o i passi di Fred Astaire.

La mia propensione per i giornali non nasceva da traguardi molto ambiziosi, non pensavo di diventare il futuro Henry Stanley, chiamato un giorno da un direttore di un qualunque *Herald* per ricevere l'incarico di rintracciare un intraprendente missionario, il David Livingstone di turno, disperso in una boscaglia dell'Africa misteriosa.

Il mio modello era un tale Emilio Di Crescenzio, redattore del *Resto del Carlino*: aveva seguito fino a Vienna i «centauri» della Decima Legio, loro in moto e lui sull'automobile, e mandava le sue corrispondenze.

C'era dentro tutto: Franz Schubert, gli Elmi di Acciaio, la tragedia di Mayerling, e il sincero cameratismo tra gli ex nemici del Piave, ripacificati, finalmente, sulle rive del Danubio.

Poi, Orio Vergani e Paolo Monelli, ma già apparivano irraggiungibili: uno parlava con tutti, Pirandello, Girardengo, De Pisis, la danzatrice Jia Ruskaja; l'altro è l'autore di un racconto nel quale gli alpini, invece di cantare, bestemmiano, e mi era piaciuto tanto. Due giganti, a mio parere, che ormai lavoravano per i posteri.

Intendevo, e in questo fui esaudito, dedicarmi ai contemporanei. Non conoscevo nessuno, tranne qualche nome: fui contento quando vidi il più importante critico cinematografico della città mentre faceva il biglietto alla stazione. Era stato perfino a Hollywood, lo presentarono anche a Jean Harlow, la «bionda platino».

Fu impressionato, per quanto si capiva, soprattutto dal seno della diva; scrisse che la celebre attrice meritava di essere decorata, ma gli sarebbe piaciuto che avessero affidato a lui l'incarico di appendere la medaglia.

Che valigia: c'erano le etichette di non so quanti alberghi.

Accettai il consiglio di Giobatta. Mi presentai all'*Avvenire*. « Ho un amico di Udine » disse « che si occupa delle pagine provinciali. Ti accompagno da lui. »

Trovammo un signore in maniche di camicia, il sigaro spento in bocca, che imprecava contro il papa, i vescovi e i monsignori, e mandava in tipografia, attraverso una botola, rotoli di notizie, « una sfilza di stronzate » tuonava « tridui, omelie, visite pastorali, tutta roba che dovrebbe convincere i preti che Dio esiste ».

Imparai poi che Gasparotto era una bravissima persona, padre di undici figli, « perché » spiegava « basta che appoggi le mutande sul letto, che la Teresa resta incinta ».

Lo avevano nominato presidente dell'Associazione famiglie numerose, e portava all'occhiello il distintivo del sodalizio: una quercia con molti rami, definita sottovoce dai colleghi « l'emblema del cazzo ».

Il quotidiano non era affatto, nonostante l'impegno e le direttive del cardinale, un ambiente di sacrestani; si arrangiavano tutti, a cominciare dall'usciere Minelli, epilettico per cause belliche.

Sosteneva che i suoi occhi erano dotati di un potere magnetico, bastava che fissasse un semaforo che le luci cambiavano immediatamente.

Bisognava sfuggirlo nel momento dell'attacco, perché ti bloccava un braccio urlando: « Venga con me », e cercava di trascinarti in barella. Quando era normale scappava al Contavalli a vedere il varietà, o nella vicina via Valdonica, ma di sera. Temeva di essere notato.

Si diceva che il redattore-capo fosse vergine, e questo fatto straordinario mobilitava processioni di patronesse, delegate dell'Azione cattolica, Figlie di Maria, per venirlo a vedere. Le sue conferenze, che trattavano temi sacri o morali, erano sempre affollatissime. Interessava e piaceva.

C'era in archivio un'impiegata di aspetto piuttosto esuberante, detta «la culona», alla quale affidava spesso ricerche lunghe e delicate, e lui si prestava volentieri a tener ferma la scala. Diceva Gasparotto: «Dobbiamo regalargli un ventilatore».

Portai un pezzo per la «terza»; un argomento non proprio scottante, ma letterario. Misero anche un breve distico di presentazione: «Il nostro giovane collaboratore affronta un discorso che merita di essere approfondito, perché la sua tesi apre un'analisi chiarificatrice sulla personalità di uno dei maggiori narratori italiani».

Fecero un titolo prudente: «Marino Moretti è crepuscolare?». La questione, per quanto ne so, è rimasta in sospeso.

Alla fine del mese ebbi anche un vaglia col compenso: venticinque lire. Comperai un pollo importato dalla Iugoslavia, che in casa mi fece considerare già sulla via di chi sa quali conquiste, potei invitare Enrico a cena dalla Cesarina, poi alla prima della *Principessa della czarda.*

Mi mandarono a fare il colore al Teatro dei Cinquemila, una grande platea all'aperto, voluta dalla Federazione dei Fasci, dove rappresentavano *Rigoletto.* Ma il mio modo di parlare di Maddalena e di Sparafucile non piacque in curia. Fui avvertito garbatamente: «Non bisogna dimenticare che entriamo in tutte le case». L'affermazione non era, purtroppo, confermata dalla tiratura.

Poi fui inviato a Sarsina, dove con un collare di ferro che appartenne a san Vinicio liberavano i perseguitati dal demonio. Si parlava di donne che vomitavano rose, di energumeni che, per farli avvicinare all'altare, bisognava attaccarli a un paio di buoi, tanto il diavolo resisteva.

Quando io arrivai c'era soltanto una ragazza che faceva il verso della gallina. Doveva essere tormentata da uno spirito allegro ma ribelle, perché risalì sulla corriera continuando a lanciare i suoi coccodè.

La seconda trasferta fu nelle Marche, a Corinaldo: dovevo intervistare la mamma di una giovinetta destinata a diventar santa, Maria Goretti. Ero emozionato davanti alla testimone di un così grande evento.

Trovai una vecchia irritata e dispettosa, che non sopportava i lampi di magnesio. « Figlia mia, » sospirava « hai patito tu, ma anch'io non mi diverto. »

Raccontava, senza una pausa e senza incertezze, come un sermone imparato a memoria, la storia della sua bambina che, piuttosto di cedere alle voglie del bruto, si era lasciata piantare non ricordo esattamente quante coltellate nel petto, e parlava dell'assassino, liberato dal carcere e accolto per carità in un convento, senza apparente rancore.

L'ascoltavo sbigottito.

Il fotografo, invece, già rovinato dal mestiere, continuava a scattare, le girava la faccia, la obbligava a congiungere le mani e a guardare ispirata il cielo, e aveva parole di comprensione anche per il perverso. « Gli mancava, forse, il saper porgere » diceva.

Il direttore era sempre molto occupato. Si intravedeva appena. Polemizzava con le democrazie materialiste e atee, riceveva file di bisognosi e tante richieste di raccomandazione che sbrigava con puntiglio. Passava ore e ore a dettare lettere che il segretario, credo d'accordo con l'amministrazione, desiderosa di risparmiare almeno i francobolli, diligentemente non spediva. Anche perché, data l'inflazione, quei patrocinii non servivano a nulla. Non esisteva autorità civile o religiosa che non ne fosse stata sommersa.

A proposito: imparai a distinguere il rango dei vari poteri, mentre non sono mai riuscito a riconoscere i gradi militari, tranne quelli del sottotenente. Molti bambini andavano infatti alla prima comunione in divisa da ufficiale dell'aeronautica, e anche se non era bello vedere degli aviatori nani invocare un angolo nascosto per inderogabili necessità, cresceva il fascino e il prestigio di quell'arma che il duce definiva « la più giovane ».

Boris mi fece notare che il mio slancio contemplativo si era quasi del tutto estinto, che non bisognava cedere neppure davanti al bisogno; del resto, si può essere laici e credere nell'esistenza dell'Empireo, dell'Eden o dell'Olimpo. Poi, in definitiva, il *Carlino* era più importante e lui, pure considerandolo un covo di fascisti, e non nascondendo che, in particolare, gli stava sui coglioni il direttore, quello che firmava i corsivi «Ardito», mi avrebbe portato da un cronista di nera che, una volta, militava tra i giovani socialisti.

Andammo a cercarlo in un bar vicino alla questura. Anche lui, Barbetti, fumava il toscano, teneva gli occhi socchiusi, aveva il cappello a lobbia e prendeva gli appunti su cartelline da stenografo.

Mi colpirono i denti neri, lo sguardo ironico, la disponibilità assoluta ad accettare sempre un altro cognac, e il distacco con cui parlava.

Entrarono due signorine troppo truccate che lo salutarono festosamente. Una gli diede anche un bacio sulle guance. «Sei sempre bello, Barbetti. Cosa offri?»

«Simpatia» disse.

Poi, guardandomi fisso: «Noi siamo come le puttane, lavoriamo di notte, scegliamo il miglior cliente, lo dimentichiamo alla svelta, e se non facciamo un buon matrimonio da giovani, mentre si è sulla cresta dell'onda, da vecchi ci prendono a calci. Capito?».

«Grosso modo, sì.»

«Che cosa ti piace fare?»

«Tutto.»

«Forse, ma non ne sono sicuro, cercano qualcuno per il giro: pronto soccorso, carabinieri. Che tu sia al Guf, universitario, che tu abbia sfogliato qualche libro, non serve, non interessa. Chiaro? Io ho letto soltanto *Quelle signore* e *Colei che non si deve amare*. Parole come "equo", "iniquo" e "innocuo" mi mettono i brividi. Se devo scriverle, la macchina salta un tasto, non ho mai capito dove vada la c e dove la q. Con tutto questo, non dico se succede un delitto, ma un sospiro, non mi scappa. Di questa porca città so tutto, tutto di tutti. No, non sono neppure buono. Se mi interesso dei tuoi affari lo faccio per Boris. Siamo stati compagni, ma io ho moglie e tre bambini, e non voglio pipe. Sono pronto a sfilare, a confessarmi, ad aderire, a sottoscrivere e a inneggiare. Hai qualche raccomandazione?»

«Ci sarebbe mio cugino Domenico. Adesso è ai Trasporti.»

«Ha inventato i treni popolari, potrebbe farsi promotore di quelli dei mariti del sabato, gli incoronati d'agosto. Pare sia del ramo.»

Non mi piaceva che ne parlasse in quel modo, era sempre uno dei miei, ma non sapevo se, nel giornalismo, bisogna essere condiscendenti, tollerare anche l'insulto al congiunto.

«Chi lo sa se è vero» mormorai.

Boris parlò poco. «Non credo che ci sia, oggi, un Paolo Valera» disse «o un Mario Mariani, gente in grado di insegnare come si racconta il male che si nasconde dietro la cronaca. Poi non si può, non vogliono.»

Io di Mario Mariani sapevo solo una frase: «Tutte le donne sono vacche, tranne le nostre mogli, le nostre madri, le nostre figlie e le nostre sorelle».

Veniva citata con quell'altra, sempre scettica, di Paolo Mantegazza dedicata ai preservativi: «Scudo contro il piacere, velo contro il male»; ma certo, se lo diceva Boris, quel Mariani doveva essere stato qualcuno.

Mentre tornavamo a casa volle spiegarmi che Gaetano Barbetti, Tano per i più, aveva chiesto la tessera del Pnf per fare dimenticare che era stato notato, in diverse osterie, col vecchio presidente delle leghe rosse; poi, il prezzo del perdono, si era presentato volontario per l'Etiopia, da semplice camicia nera. In redazione gli avevano fatto festa e lui, allegrotto, si era lasciato fotografare in divisa da legionario col pugnale sguainato.

«Non è mica più merda di quei letterati che scrivono nel *Corriere* Affrica con due effe» disse Boris.

Tano mi portò dal capo, un omino magro dalle lenti spesse, che teneva molto all'eleganza, portava infatti il gilet di camoscio e diffondeva la voce, schioccando le dita, che se non ne faceva almeno due al giorno, una in casa e una fuori, gli venivano delle terribili emicranie. «Quando penso che tutte le donne ne hanno una» diceva «divento matto.»

Dava del tu, e lo sapevano, ad Achille Starace perché erano stati assieme nei bersaglieri. Da qui il motto oltraggioso del collega Antonelli, l'estensore: «Bersagliere a vent'anni, cretino per tutta la vita».

Diceva anche Antonelli: «State attenti, neppure una barzelletta, perché quello può anche andarlo a raccontare al federale».

Con me fu sbrigativo; mi chiese se avevo notizie di Domenico, per essere precisi: «di Sua Eccellenza», e io per non compromettermi risposi: «Sta bene».

«Sai di che cosa si tratta?»

«Più o meno.»

«Non ascoltare Barbetti. È incerto come fede e come sintassi. Cominciamo subito?»

«Io sono a disposizione.»

«Allora fai un salto a medicina legale, ci sono novità: due in un colpo.»

Ricorderò sempre quella notte. Folate improvvise di aria gelida sollevavano polvere, foglie, brandelli di manifesti; un uomo e una donna, immobili, si nascondevano dietro il cancello dell'Orto botanico.

L'addetto al recupero dei suicidi e delle vittime di spari, investimenti e sincopi, era un piccolo gobbo dalle maniere cortesi, quasi gioiose.

«Bella» disse mostrando la morta coperta da un lenzuolo. «Ventitré anni. Guardi. Ha lasciato un biglietto. Scrivono sempre. Il commendatore qui accanto, invece, aveva nel portafogli solo la fotografia di un bambino in bicicletta, tremila lire e la carta di identità. È del '91.»

L'età di mio padre, pensai.

«Sono saliti sulla balaustra della Montagnola, uno dopo l'altro, dieci minuti di differenza. Quando tira questo vento, chissà cosa succede nelle teste.»

Il gobbo chiuse la porta lentamente. «Ho dimenticato le chiavi,» disse ridendo «ma tanto non scappano.»

Mi ritrovai sulla strada; le lampade, dondolando, disegnavano lunghissime ombre, i due innamorati erano sempre allo stesso posto, come fuori dal mondo. Martha Eggerth mi sorrise da un cartellone del cinematografo: mi fece pensare con rimpianto a Madame du Barry, conosciuta per caso in una storia della Rivoluzione francese; lo stesso volto enigmatico, come un presagio di infelicità.

Cominciai a far vita di redazione; mi piacevano specialmente certe ore della notte che invitano alla confidenza, quando si aspetta che la rotativa giri, e poi il rumore che fa, tremano i muri, e l'odore delle bozze bagnate, di caffè, di fumo, gli occhi rossi e i volti bianchi dei tipografi, le cartacce per terra, fatti che nessuno saprà mai.

C'era chi giocava ai dadi o a ramino; provai, e dovetti andare a vendere il vocabolario di francese.

Diventai amico di Mario, che era il più giovane, e di Antonelli, che sostituiva il capo, ma con misurata devozione. Antonelli non credeva a niente, soltanto alle bestie. Organizzava anche, nell'appartamento di un veterinario, di cui diventò in seguito nemico (e fu quando venne il momento di decidere chi dei due doveva salire alla presidenza dell'Ente per la protezione degli animali), dei balli a beneficio del Rifugio del cane, molto frequentati, perché qualcuno, approfittando della confusione, finiva nelle camere da letto.

Il motto di Mario era: «Non fare, far fare, non lasciar fare». «Così» spiegava «non ti fottono. Lui» e alludeva al grande amatore che ci comandava «deve fregarsi da solo.»

Antonelli era molto riservato; andava nelle altre stanze soltanto quando doveva incassare le quote per la Protezione; ci sentivamo costretti ad aderire. Era tutto preso dall'attività letteraria; pubblicava ogni tanto una raccolta di novelle che poi, a fine anno, offriva, in vendita, si intende, alla Cassa di Risparmio perché ne facesse omaggio ai clienti di riguardo.

Era molto abile, riusciva a conciliare le esigenze della fantasia con le pretese della pubblicità. Gli amanti, ad esempio, fuggivano a Montecatini (duecento copie alle Terme, altrimenti spostava l'itinerario: Fiuggi, Chianciano o Salsomaggiore), nell'alcova c'era sempre pronta una scatola di squisiti Bonbons Majani (cinquanta), lei si inebriava con una coppa di Gancia, molto ghiacciato (almeno cento).

«È faticoso oggi vivere d'arte» si lamentava. I fantasmi poetici lo distraevano al punto che una volta venne sbattuto fuori dal *Secolo* di Milano e dovette poi rifugiarsi in provincia. Faceva il turno di guardia, telefonarono che era scoppiata una bomba in un teatro, lui rispose: «Va bene», e continuò a correggere le prove di stampa di un suo volume di imminente pubblicazione, senza lanciare l'allarme. Purtroppo, settanta morti in un botto danno nell'occhio.

«Tu vuoi scrivere, vero?» mi diceva. «Lascia perdere, cerca di vivere. Sei giovane e io ti invidio. Hai davanti a te tanti errori, quanti sbagli puoi fare.»

Non so perché mi confidò i suoi guai, che del resto sapevano tutti. La moglie, una mattina, portandogli il caffè, gli disse: «Non te la prendere, io amo l'ingegner B. Non so cosa è accaduto. Stiamo assieme per vedere se riusciamo a capirci, proviamo, vuoi?».

Un anno dopo Antonelli si attaccò al telefono: «È lei, ingegnere? Senta, mezz'ora fa è nato suo figlio. Jolanda la prega di venire. Bello, quattro chili. Tutti benone, ingegnere.»

Disse senza amarezza: «Hanno fatto una classifica dei becchi: siamo al primo posto, a pari merito coi ferrovieri, i commessi viaggiatori, poi i medici. Sai, l'ambulatorio, le chiamate urgenti, e quelle, svelte, zac-zac».

Io gli volevo bene, mi sembrava molto solo, ma Mario non la vedeva così: «Scopa un'infermiera, e, avaro com'è, le ha regalato un pianoforte, e a coda, perché vuole che si educhi e impari la musica, e quella intanto va al Luna Park a farsi incantonare dai ragazzini. Antonelli deve avere pazienza; è nato con l'inclinazione».

Una sera si sentì male; il cuore, credo. Non voleva che l'accompagnassi, ma io avevo tanto insistito. Nessuno era mai entrato in casa sua. Nell'ingresso c'erano due cani imbalsamati, con gli occhi di vetro, un lupo e un mastino, sembravano vivi. «Ciao, Furore,» disse accendendo la luce «ciao, Black» e si abbandonò sul divano.

Respirava a fatica e parlava come se fosse impazzito: «Loro non mi hanno mai tradito, non mi hanno mai lasciato, non mi hanno mai chiesto nulla».

Sullo scaffale della libreria c'erano uccelli impagliati, un colombo, una tortora, un falchetto, un airone, un pettirosso.

Volle offrirmi da bere, parlò dei colleghi. Del capo, per cominciare: «Non è cattivo, è solo un idiota. Pensa che la sua bambina l'ha chiamata Vania; non sa niente di Čechov, ritiene magari che sia un vecchio bolscevico, un sovversivo. Non sa che Vania, in Russia, ha le palle».

Antonelli stimava soltanto il critico teatrale, venivano dallo stesso paese, dal Polesine. Paolo Maria Fabbri piaceva molto anche a me, aveva lunghi capelli grigi, da artista, e conservava il candore, e in certe cose la stizza dei bambini.

Io lo ascoltavo incantato quando parlava dei comici veneti o di Goldoni, o del burbero Gaspare Gozzi, pareva che li avesse conosciuti, li vedevo a spasso nei campielli, o in barca, con le loro Mirandoline, sulle placide acque del Brenta.

Alle prime si metteva sempre in fondo, nell'ultima fila di poltrone, era timido e scontroso. Dopo la chiusura del giornale, finivamo qualche volta al ristorante della stazione. Che mangiatore formidabile. Lieto, sembrava una illustrazione di Rossini. Raccontò che era stato invitato a cena da dei nobili, e la squisita ospite aveva allungato la mano sotto il tavolo, ma lui fermo: « Contessa, coi tortellini no ».

Quando faceva una stroncatura ne parlavano tutti, dal barbiere, nei salotti, e io lo ammiravo perché non aveva paura di nessuno.

Neppure, bisogna dirlo, del mio superiore, compagno d'armi di Starace: « Quello ritiene che la Cedrata sia un'opera minore del Tassoni » diceva. E a certi squadristi piuttosto ignoranti: « La grammatica non è un pregiudizio borghese; e nel dubbio, vocabolario ».

Viveva in albergo, scriveva su un tavolinetto sotto la finestra, e confessava che non poteva addormentarsi al buio; temeva di svegliarsi all'improvviso, con lo sgomento di essere cieco: « Uno spiraglio, anche una piccola luce, ci vuole ».

Non aveva parenti, e il giorno di Natale, per non sentirsi anche più solo, non accettava inviti e non entrava in trattoria: digiunava. Non andava a messa, ma ogni mattina passava in chiesa per accendere una candela a sant'Antonio, e si fermava a dare l'elemosina ai mendicanti, poi commentava: « I poveri disturbano ».

Confessava — lui che non avrebbe mai potuto fare l'inviato perché odiava cambiar letto, facce e abitudini, non sapeva leggere un orario o prenotare un posto — che da morto voleva essere sepolto in uno di quei cimiterini che si vedono dai treni, perché il fischio fa compagnia. Diceva Mario: « Ecco, quello è una grande firma. È meglio di Simoni, e prima o poi ci lascerà ».

Il capo interveniva raramente per dare ordini, rileggeva però tutto, e la domanda era sempre la stessa: « Siamo proprio sicuri? Chi l'ha detto, il prefetto? E il questore lo avete sentito? ».

Ogni tre o quattro mesi ci riuniva, e come preso da un'improvvisa illuminazione, da un impeto generoso, lanciava la solita proposta: «È venuto il momento, bisogna dare una botta di solidarietà».

Tirava fuori una cartellina grigia che noi chiamavamo «il purgatorio», dove erano raccolti i casi pietosi, il bambino che non poteva correre, il pensionato con la cateratta, la giovinetta afflitta dal vizio cardiaco.

Sceglieva: «Direi questo, otto anni, cianotico, non tira il fiato, padre tranviere, lo mandiamo a Roma. Dunque: visita alla famiglia con foto, descrizione del piccolo e dell'ambiente. Direi che vada Mario, ti pare, Antonelli? I bambini, anche morti, non c'è nessuno che li faccia come lui. Sottoscrizione, poi altra foto alla partenza, resoconto dell'intervento, c'è sempre un chirurgo che si offre senza compenso, recupera in notorietà. Teniamo in piedi la faccenda per un mese.»

«Gli appelli per i carabinieri uccisi nello scontro coi banditi» spiegava «suscitano, è vero, sentimenti patriottici, ma rendono meno; poi, della solita cerimonia, il direttore che consegna la busta alla vedova, i lettori se ne sbattono.»

Io facevo due volte al giorno le stesse visite: mi avevano dato l'abbonamento alla rete tranviaria e un tesserino di riconoscimento dove c'era la mia foto, la firma del direttore, e un invito alle autorità perché facilitassero il mio compito.

Mi toccava il commissariato della stazione, il comando dei carabinieri e l'ospedale maggiore. Ero diventato, non diciamo amico (lui era pur sempre un funzionario di PS, ma certo mi concedeva la sua benevolenza) del dottor Vincenzo Cuccurullo, un giovanotto calabrese coi baffetti alla Clark Gable, che aveva il solo difetto, si mormorava, di prestare troppa assistenza alle donne dei detenuti. Ma non era un personaggio volgare. «Mio caro,» diceva «in questo paese bisogna scegliere: o ladri o guardie.» Si interessava di pittura, amava l'arte, e andava al Caffè Borsa per vedere Morandi che giocava a scacchi, una Nazionale tra le labbra, la cenere cadeva sul vestito di panno nero, la frangetta candida da monaco. «Mi piacciono» diceva Cuccurullo «i suoi stanchi colori di foglia fradicia.»

Purtroppo il suo arrivo alterava l'atmosfera, il Maestro aveva il terrore dei poliziotti, dei gerarchi, dei critici, delle auto veloci e dei cinesi. «Sono più di mezzo miliardo, e se vengono avanti con un coltellino ci ammazzano tutti» diceva; la vista di quel dirigente della Pubblica sicurezza gli metteva addosso il terrore.

Il dottor Cuccurullo, compiendo più di una irregolarità, mi faceva entrare nel suo ufficio, concedendomi di assistere, talvolta, agli interrogatori.

«Io non picchio,» avvertiva «ho una laurea, ho letto Dostoevskij, e so che Raskolnikov, a un certo momento, se lo prendi per il suo verso, confessa.»

Una sera arrivai che davanti alla sua scrivania c'era una ragazza bruna, fragile, grandi occhi chiari, e il piantone sghignazzando mi disse che potevo entrare: «Vada, vada a vedere la "piccina"».

L'avevano pescata nei paraggi del Ristoro militare, si chiamava Meldolesi Luciano, detto Clara Calamai.

«Tu la devi smettere,» spiegava il dottore «sei travestito, adeschi. È proibito. Vedi che ti metto dentro.»

Clara Calamai portava le scarpe ortopediche, aveva i capelli ondulati, si intravedeva anche il seno sotto la camicetta, un filo di rossetto, scoppiò a piangere: «Ho due fratelli che lavorano alla Weber, poi una sorellina, ma è morta prima che io nascessi, e mia madre era disperata. Forse è per questo. Ma a voi che cosa importa se mi vesto come mi piace, se sono così? Io non cerco neppure di capire. Faccio il cameriere, e quando posso mi infilo le calze di seta, la sottoveste, il pellicciotto. E allora? Quando avevo quattordici anni sono scappato, ma mi hanno portato indietro. Appena posso andrò a vivere per conto mio».

Non era arrogante, ma triste. Cuccurullo lo mandò via.

Ricordo che, quando le indagini le faceva l'appuntato Mele, ladri di valigie e di biciclette, indiziati di rapina, la porta restava chiusa, si sentivano anche degli urli, ho visto degli uomini con gli zigomi e la barba blu, le labbra gonfie, e Mele ironizzava: «Sono tanto distratti che sbattono la faccia».

Poi arrivava il furgone e li portava a San Giovanni in Monte.

Mi accorsi che ero tanto vigliacco che anche il dolore degli altri mi faceva paura.

Quando uscivo dal giornale percorrevo via Roma, quasi deserta. Dopo poco albeggiava. Incontravo il solito spazzino e le due donne che andavano a lavorare al Pirotecnico. «Buon giorno» dicevo io. «Buona notte» rispondevano ridendo.

Poi il colonnello fuori servizio, alto, il bastone col pomo d'avorio, e un cappello con la falda abbassata e lei piccola, un viso dolcissimo, parlavano sottovoce, chi sa quanto avevano camminato.

Erano, raccontavano, due vecchi amanti, lui non poteva sposarla, e da trent'anni aspettavano una qualunque conclusione. Passeggiavano a braccetto, ripetendo le stesse parole, ritrovavano le stesse immagini, ma che a loro sembravano sempre nuove, si fermavano a guardare le acque schiumose del Reno.

Grossi topi uscivano dalle fogne a cercare rifiuti, correvano sull'argine, fra le latte di conserva, frugavano tra la spazzatura.

Quella strana coppia la conoscevano tutti e nessuno li infastidiva.

Poi c'era la signora col cappotto di pelle di scimmia, ogni notte, alle 2.02, aspettava alla Centrale un convoglio in arrivo dal Veneto. Dal 1918, da quando il tenente Merli, suo marito, le aveva mandato un telegramma: «Arrivo tradotta 2.02. Baci. Ermete», ma una granata gli aveva impedito di presentarsi all'appuntamento.

Portava una cuffietta adorna di perle, era vestita come la Lyda Borelli delle cartoline, come mia madre il giorno delle nozze.

Rientrando, io infilavo una copia ancora brillante d'inchiostro sotto l'uscio di Boris, l'altra la lasciavo sul tavolo in cucina. La mamma mi aveva preparato qualcosa, pane e mortadella, una pesca, io masticavo lentamente, ero distrutto dal sonno e dalla fatica. Ancora una sigaretta, mi bruciava la gola. Ma sono qualcuno, mi dicevo.

Poi mi buttavo sul letto, sfogliavo un libro, una rivista americana. Ricordo: «La debuttante Brenda Frazer» diceva la didascalia «ha diciotto anni, suo padre, il re del cioccolato, in occasione dell'ingresso in società, le ha regalato una spilla di brillanti, valore diecimila dollari».

Bellissima, pensavo, chi sa se una volta mi manderanno in America. Anch'io a Hollywood, Loretta Young no, Barbara Stanwyck. È più vera, con lei uno può anche piangere.

Mi addormentavo, e avevo dentro confusamente i discorsi sentiti nella notte, attimi di vita che si dissolvevano: «Parigi mi incuriosisce, ma non mi affascina... se prendo un caffè non dormo... fino a cinque ci sto... il maschio che piace è Jean Gabin».

Qualcosa stava precipitando, nel mondo e nella mia piccola vicenda. Enrico venne chiamato alle armi, lo mandarono in marina. Era molto contento, credo che quello fosse il suo posto. Tanti porti, tante avventure, pensavamo. Mi mandò una fotografia da La Spezia, era in divisa, e stava a braccetto con una bella bruna dalla capigliatura a pagoda, di quelle che hanno l'aria da padrona del tiro a bersaglio. «Un saluto da un amico che ti vuol bene» c'era scritto dietro.

Venne a visitare la tipografia, accompagnato dal federale, Sua Eccellenza Marinelli, segretario amministrativo del partito. L'Eccellenza, ricordo, era strabico, e fece male il segretario del fascio quando, rivolgendosi a noi e alle maestranze, disse: «Guardatelo negli occhi: Marinelli non mente; lui ve lo può confermare: noi non abbiamo mai indietrato e non indietreremo mai».

Antonelli commentò: «Ha già fatto una vittima: la lingua italiana».

Al Bar Centrale uno strillone gridava: «Ocio a Danziga e a chi la stuzziga» (attenti a Danzica e a chi la provoca), ma Tito Schipa cantava: *Chi è più felice di me?*.

Mi telefonò Amleto, mi chiese se potevo passare da lui. Lo avevano richiamato, era ufficiale di artiglieria, destinazione A. O.

«Volevo solo salutarti» disse «perché chi sa quando ci rivedremo. Non sarà breve.»

«Credi che faranno la guerra?»

«Hanno permesso che Hitler prendesse troppe iniziative. Ora è tardi, e i due capoccioni sognano di dividersi l'Europa.»

«Ti dispiace partire?»

«Sì, perché volevo entrare in seminario. Aspettavo di sistemare mio padre e mia madre, sono figlio unico; devo rimandare.»

Prese dei libri: le commedie di Molière, una vecchia edizione rilegata, alcuni volumi della Medusa. «A me» disse «non servono più. Tienli.»

«Ma per quando ritorni...»

«Dovrò leggere altre cose. Sai come la penso; non me ne importa niente di un'Italia più grande. Giosuè Borsi, nel 1915, disse: "Vado a combattere per un'Italia più buona". Non era né uno stupido né un sentimentale. Ma io mi sento come tutti gli altri; e questo è il mio paese. "Date a Cesare" fu predicato.»

Non accaddero, mi pare, molti fatti memorabili. Se ne

andò D'Annunzio e Antonelli scrisse un elzeviro intitolato: *È arrivato il trentunesimo*. Citava una famosa poesia: « Siamo trenta di una sorte, e trentuno con la morte ».

« Impara, ragazzo » mi disse. « Chi è celebre si spegne, io e te creperemo. Leopardi non era gobbo, ma gibboso, Michelangelo lo prendeva, ma omosessuale è più distinto. C'è anche un frasario di riguardo per chi conta. E tutte le cariche, per disposizione superiore, vanno scritte con la maiuscola: Patria, Mamma, Parroco, Maresciallo, Professore. Da questa orgia di rispetto nasce il casino. »

Venne il Circo Krone e sui pali che reggevano il tendone c'erano le bandierine italiane e tedesche. Mio padre andò a vedere montare la grande pista e tornò entusiasta: « Sono dei tecnici incredibili, hanno il genio dell'organizzazione, ogni vite ha il suo bullone pronto. Se gli ordini oggi un chilo di vernice come da campione, e un altro chilo tra un anno, non ti imbrogliano, sempre la stessa qualità ».

C'era il duello tra le Mercedes e le Alfa Romeo, Ribbentrop, il ministro degli Esteri del Reich, andò a Mosca. Dimenticavo: il babbo fu nominato capo fabbricato e corse alla Nuova Italia a comperare la divisa. Per gli stivaloni regolamentari ebbe un contributo dalla federazione. Faceva sempre molta fatica a infilarli.

Venne a casa una sera con un libretto: *Ricordare e prepararsi*, manuale di difesa dalle incursioni aeree, di cui era autore un certo professor dottor Pazzi. « Se vogliamo, » ci informò « l'Istituto delle assicurazioni vende le maschere antigas a rate. »

« Noi a rate compreremmo della farina » disse sprezzante la mamma.

Un mattino la radio annunciò che avevamo occupato l'Albania; ne ricevetti poi conferma da una cartolina che Enrico, sbarcato tra i primi, mi mandò da Tirana. « Il popolo schipetaro » come lo chiamavano gli inviati al seguito delle truppe, ci aveva accolti con delirio, e il re con la sua sposa, una contessina ungherese, era scappato a Parigi.

Ogni tanto un sovrano, prima il Negus, poi Zogu, fuggiva inseguito dai nostri fanti. Mio padre era pieno di orgoglio.

Ebbi un'occasione per distinguermi; una storiellina banale, se vogliamo, ma che mi permise di farmi notare. Sia scusata la vanità.

In un sotterraneo di via Ugo Bassi si esibiva un fachiro di nome Cadranel, che aveva una specialità, delle doti soprannaturali destinate a colpire profondamente l'immaginazione dei bolognesi. Era capace di digiunare per un mese. Niente, neppure un goccio d'acqua.

Stava in una specie di bara di vetro, sigillata da un notaio, ed esposta al pubblico ininterrottamente, giorno e notte, ingresso a pagamento, ma continuato.

Andai a vederlo: mezzo nudo, un telo da bagno addosso, il barbone crespo, ma gli occhi erano intensi, l'aspetto per nulla deprimente. La folla accorreva.

Dopo tre settimane c'era la ressa. Da tutta l'Emilia arrivavano i pellegrini a controllare il fenomeno, e si notava un certo contrasto fra quegli omoni rubicondi, che mai avrebbero saputo dire di no a una scheggia di parmigiano o a una sfoglia di sei uova, e l'esangue e volitivo digiunatore.

Le donne, in particolare, non nascondevano il loro sbigottimento e la loro considerazione: se tanto mi dà tanto, e se ha questa resistenza, fate i vostri conti.

Il dottor Cuccurullo, passeggiando lungo la pensilina, perché non si sa mai, mi espresse, facendomi giurare, i suoi sospetti. C'era un trucco, ci doveva essere. Lui aveva una laurea, e al corso gli avevano impartito anche alcune nozioni di medicina, che potevano essere così condensate: se non si mangia, dopo un po' si va all'altro mondo.

Aveva un piano. Voleva tenere d'occhio, senza mollarla un istante, l'amica di Cadranel, una ragazza di Belluno che, risultava da una breve inchiesta, normalmente faceva la cameriera. Quella era la complice necessaria. Il fachiro poi si chiamava in realtà Ciro Sanna, nato a Sassari, non era mai stato in India, e chi sa da quale santone aveva imparato a condizionare le esigenze del corpo.

«Cuccurullo» concluse «non perdona. Lei mi stia accanto, e vedrà che ce la facciamo.»

Mi sentii onorato perché il dottore mi associava nell'impresa, anche se il mio contributo non poteva che essere minimo, ma quando riuscì a dimostrare che Cadranel nascondeva un cacciavite in un'insospettabile cavità, e ne approfittava per farsi passare rapidamente zucchero e carne tritata, nel breve spazio di tempo destinato alla pulizia del locale, io portai la sensazionale notizia, Antonelli scrisse un inobliabile articolo, si fece una edizione straordinaria e la vendita segnò un primato assoluto: non era andata così neanche per la presa di Addis Abeba.

Lanciarono anche una canzonetta: *Attenti al cacciavite*, Cuccurullo fu promosso alla Mobile, io ebbi cinquanta lire di premio e una lettera del capo che elogiava il mio comportamento.

Mi dispiacque quando vidi Cadranel costretto a buttar via il lenzuolo, a indossare una giacchettina che gli era diventata troppo larga, e a porgere i polsi sottili alle manette.

«Non devi farci caso,» disse il capo «noi siamo come i chirurghi in sala operatoria: non possiamo commuoverci.»

V

Veniva spesso il professor Martelli. Si fermava a chiacchierare nell'ufficio del capo. Piccolo, fragile, la testa calva, sembrava un uccello con gli occhiali. Credo parlassero soprattutto di politica e di donne: «Bisogna tenergliela sempre unta» sosteneva il mio superiore.

Martelli era scapolo, e forse gli rimproveravano di non contribuire tangibilmente alla battaglia demografica. «Una volta o l'altra sposerò la figlia di un mugnaio» prometteva, ma il suo vero, profondo amore era il duce. «È come Cesare» spiegava «anzi: è più grande.»

Riferii il giudizio a Boris: «Ha ragione; spero che gli assomigli anche nel finale».

Martelli insegnava latino all'università e da giovane aveva frequentato dei corsi ad Heidelberg. Se i tedeschi godevano della sua considerazione, le iniziative del Führer lo mandavano in estasi. «Quello» gridava esaltato dalle travolgenti avanzate «è nato col sedere nel burro.»

Era vero. In tre settimane, la Wehrmacht aveva conquistato Varsavia. Una telefoto della Reuter mostrava un bambino che teneva tra le braccia una gabbia, abbandonato su un cumulo di macerie. I polacchi galoppavano contro i carri armati lanciando bottiglie di benzina. Inutile eroismo. «Poveri cavalli» diceva infatti Antonelli.

Una notte passò Davide. «Ho fretta,» disse «ma non volevo andarmene senza salutarti. Non so nulla dei miei, ma è finita. Cercherò di raggiungere l'Inghilterra, e se posso l'America. Non c'è più un posto per noi.»

Mi sentii, all'improvviso, dall'altra parte, coi suoi nemici. «Davide,» mi scusai «qui nessuno ce l'ha con te, perfino mia madre dice che anche Gesù era ebreo.»

«Lo so, ma non ne resterete fuori, nessuno ritroverà mai più certe cose che contavano, e non sapevamo quanto valevano. In ospedale hanno fatto una colletta per comperarmi il biglietto di viaggio; anche il primario di chirurgia, che è presidente dell'Istituto di cultura fascista, ha voluto contribuire.»

«Cosa farai?»

«Mio nonno è sepolto in un paese che è diventato russo, mio padre e mia madre sono scomparsi in una Polonia che non esiste più, ho una sorella in Palestina. Voi dite che è una condanna divina: il giudeo deve espiare.»

« Io non lo penso, Davide. »

« Se ci riesci, non farti ammazzare. »

Lo accompagnai un po'. Bevemmo qualcosa nel caffè accanto al Teatro Verdi. Due ragazze della compagnia di Vivienne D'Arys inzuppavano la ciambella nel caffelatte; sorrisero inutilmente.

« Tutta la colpa è di Abramo » disse Davide. « Ormai verrà la fine del mondo. »

Ci abbracciammo, poi io ritornai in redazione.

Trovai il professore più entusiasta del solito. « Sotto con la Danimarca e la Norvegia, poi toccherà alla Francia, e poi sarà la volta dell'Inghilterra. Non possiamo aspettare, l'Asse dev'essere una realtà armata. Le democrazie sono sfinite e corrotte. È l'ora dei popoli forti. »

Ragionava come l'ex avanguardista cavalleggero Giuseppe Passadori, detto Pino. « Anche lei » dissi timidamente « ha più o meno le idee di quel rumeno, di Codreanu: gli eletti, i puri, poi gli altri, quelli che debbono servire. Gli israeliti, ad esempio. »

« Io credo nella razza come fatto di cultura, e anche di sangue. Ma non sono un mistico fanatico; sto preparando, figurati, un saggio su Epicuro. E lo sai cosa predicava il filosofo greco? »

« Mangia, bevi, e chiava » disse subito il capo.

« Be', così è un po' riassunto. Diceva: "Nessun piacere in sé è un male; ma talune cose atte a procurar gioia, recano più danno che gaudio". »

Intervenne Paolo Maria Fabbri; ascoltava, attorcigliandosi i capelli, pareva distratto: « Heine di che razza è? Ed Einstein? Umana, io penso. Starace è invece un fiore della nostra stirpe? Mi hanno detto che c'è chi, chiamandosi Levi, per salvare la pelle, deve inventare una mamma che la dava via, o un battesimo che non c'è mai stato. Mi illumini, lei che è un dotto: questo era già previsto dal diritto romano? ».

« Ma, caro Fabbri, lo sa o no che la finanza internazionale è nelle loro mani? Ignora forse che Marx era circonciso? E anche Trockij? Lei ritiene che, per un semita, la sua patria sia l'Italia?»

«Io sono di Rovigo, e non posso capire. Ma so che a Ferrara, tra gli squadristi, ci sono interi manipoli di camicie nere che ancora aspettano l'arrivo del Redentore. Invece ecco spuntare Farinacci, che vuole chiudere le sinagoghe, cacciare tutti i fedeli, ex camerati compresi. Non le pare una porcata bruciare i libri degli autori così detti proibiti, Feuchtwanger, o Mann, o Gide? Ha una idea degli ammessi? E non le sembra ridicolo che Moravia debba firmare Pseudo?»

La discussione stava prendendo un tono inopportuno; ma Antonelli la buttò in vacca alla svelta, ripetendo lo slogan che era stampato in tutti i locali pubblici: «Qui non si fanno discussioni di alta politica o di alta strategia; qui si lavora».

Domenica 9 giugno 1940 fu un giorno bello e brutto: l'Ambrosiana batté il Bologna per uno a zero, ma Coppi vinse il Giro e, per la prima volta, indossò all'Arena la maglia rosa.

Passai il pomeriggio in casa; stavo leggendo un romanzo americano, *Piccolo campo*, di Caldwell.

Mi piaceva quel linguaggio esplicito, invece delle nostre storielline toscane sulla nostalgia dell'infanzia perduta, o delle trame lombarde con dattilografe e aviatori, o piccoli borghesi con la Balilla, l'amante e il palco alla Scala, personaggi senza vere passioni, senza autentici drammi, trecento pagine di chiacchiere per farli andare a letto.

Quelli della California, braccianti agricoli con le auto scassate, in cerca di lavoro, una fattoria dopo l'altra, o coltivatori di granturco e di cotone del profondo Sud, uccidevano e si facevano uccidere, e quando ne avevano l'occasione si sbrigavano alla svelta. «E voglio far subito quello che ho sempre avuto voglia di fare dal primo giorno che ti ho vista. Tu sai cos'è, vero Griselda? Io non sono come gli altri uomini. Sono forte quanto Dio onnipotente.» E Griselda capiva.

Narratori Usa e film francesi, col loro pessimismo, col rispetto per la verità dell'esistenza, erano per molti di noi una occasione per sfuggire alla marea ufficiale dei trionfi.

Jean Gabin, il disertore del *Porto delle nebbie*, per ragioni di opportunità l'avevano trasformato in un soldato in licenza, così il suo conflitto diventava una lotta contro il tempo, non contro le istituzioni. Ma il proletario di *Alba tragica*, chiuso coi suoi ricordi in una stanzetta: che cosa può diventare un orsacchiotto di pezza nel sentimento di un condannato, fin che la polizia non lo abbatte, diventava quasi un simbolo, e la Michèle Morgan, la sua compagna, con l'impermeabile e il basco, e gli occhi immensi e rassegnati, faceva sperare in un impossibile incontro.

Mi piaceva legare quel volto a una poesia di Prévert:

> Lo sguardo sempre azzurro
> sorride infantile.
> Le labbra sottili svelano
> le ferite della vita.

Non fu una sera come tutte le altre in redazione. «Ormai ci siamo» disse Antonelli. «Ha paura di non potere agganciare al suo treno il vagone che dal '18 è fermo a Compiègne. Vuol saltarci sopra anche lui.»

La Maginot era stata aggirata, l'Olanda e il Belgio avevano dovuto arrendersi. La mamma diceva: «L'altra volta quelli del Kaiser tagliavano le mani ai bimbi».

Mio padre perdeva il controllo: «Invenzioni. Calunnie. Questa è la guerra lampo. Come dicono loro?».

«Blitzkrieg» suggerivo.

«Ecco. Sei mesi, ed è tutto finito.»

Anch'io ero eccitato; forse tocca a ogni generazione pagare il suo conto. Già, ricordava il professor Martelli, lo ha detto proprio Clausewitz: «La pace è l'intervallo tra due guerre».

Prima o poi, sarebbe toccato anche a me. Si può morire. Mentre si va all'assalto. O una bomba. Un'imboscata. Dentro a un'autoblindo. Su un aereo da trasporto che precipita in fiamme. La nave affonda: io non so nuotare.

C'è un modo decente di andarsene? Come Vittorio Emanuele II, pensavo, nelle stampe popolari. Sull'enorme letto, la testa appoggiata ai cuscini, le braccia abbandonate, i figli, i nipoti, i cortigiani, gli amici, piangono sommessamente, filtra dalle tende di pizzo una tiepida luce.

La giornata che venne poi io posso descriverla. A Bologna, al Cinema Savoia, proiettavano un lungo documentario: *Guerra all'Est*. Si vedevano le immense campagne polacche, nessuno aveva mietuto la segala già matura. Si vedevano colonne di carriaggi dell'esercito di Hitler; sembravano scene del Texas, pacifiche emigrazioni di pionieri. I conducenti erano giovanotti biondi dalle facce delicate, dormivano cullati dal passo uguale dei grandi cavalli, riposavano i piedi nei mastelli colmi d'acqua.

Era un pomeriggio caldo. Nemmeno una nuvola spuntava da dietro le colline. Attorno al Nettuno c'erano operai in tuta blu, portavano i cartelli coi nomi delle fabbriche — Ducati, Parenti — e giovani fascisti in divisa, massaie rurali, ragazze in camicetta bianca e gonna nera, militi, popolani.

Anche la piazza era gremita. Aspettavano, ma non facevano molto rumore, come le altre volte. Non mi pare ci fossero bande o fanfare; soltanto quando il duce disse: «Popolo italiano, corri alle armi!», scoppiò lunghissimo un grido. L'atmosfera, annotò Barbetti, che era di servizio, nel suo blocco da stenografia, si era fatta «vibrante».

Solo una donnina con la sporta, chi sa chi era, stava vicino alla lapide del Bollettino Diaz, si mise a piangere e andò via.

Cominciò l'oscuramento. Il babbo incollò sui vetri strisce di carta, mise attorno alle lampadine delle scale delle veline azzurre. La responsabilità e il grado gli davano un po' alla testa. Fece preparare secchi di sabbia, per spegnere gli eventuali incendi. Una cantina venne adibita a rifugio, con scorte d'acqua, cassetta di medicinali, pale e piccozze.

Ci chiamarono al Guf, per farci sapere che ci consideravano volontari. Nessuno fece obiezioni. C'era Giuseppe Passadori, Pino, che si era presentato in divisa, e domandò la parola. Fu il solo. «Non è il momento di indugiare» disse. «Sono passato al distretto, e ho presentato regolare domanda. Spero di essere tra i primi e di potere raggiungere presto il fronte.»

Alle dieci di ogni mattina, suonava, per prova, il segnale di allarme. Una notte, le sirene fischiarono lugubremente. Corremmo tutti verso la Montagnola. Qualcuno disse: «Forse è un ricognitore».

Venivano anche le signorine di via dell'Orso, con la direttrice. Era la casa meglio frequentata della città, la più cara: potevi trovarci, nei momenti felici, anche la somala e, ogni tanto, la giapponese.

Indossavano ancora, per la fretta, la vestaglia da camera, e sotto i vestiti di lamé con l'ampia scollatura, o i bolerini di sangallo, senza reggipetto.

Si spargeva un buon odore di profumo francese, stavano sedute in un angolo, tutte insieme.

Quando la contraerea cominciava a sparare, e il parroco di San Benedetto attaccava il rosario, rispondevano con voce sommessa: «Ora pro nobis». Tenevano stretta la borsa con le «marchette» e recitavano le preghiere con molta pietà. Non salutavano, per non compromettere nessuno; massimo, un furtivo cenno del capo.

Ricordo la Pupa, i capelli color carota, la pelle lentigginosa, il sorriso un po' ebete, sorrideva sempre, con un bambino che le piangeva su una spalla. Voleva consolarlo, lo faceva giocare con le monetine, ogni monetina un uomo, e il bambino si addormentò.

Venivano anche gli artisti del Verdi, senza poter cambiare costume; capitò un vecchio generico, truccato da Pierrot, infarinato, le labbra troppo rosse, e alcuni giovanotti si divertivano a sfotterlo. Reagì con pacatezza: «Davvero, avete voglia di ridere?».

Il mio direttore, data la gravità del momento, stava chiuso nella sua stanza, piena di carte geografiche, e non voleva essere disturbato. Seguiva le operazioni per conto suo, e scriveva dei vibranti corsivi. Uno era intitolato: *Finis Angliae.*

Andai a portargli una bozza. «E voi quando partite?» mi chiese.

«Appena la Patria chiama con precisione» risposi.

«Bravo.»

Fu l'unica volta che lo vidi. Venne sostituito da un giovane che arrivava da Londra. Aveva fatto il corrispondente. Era molto simpatico e molto elegante, portava un cappotto col collo di pelliccia. Con me e con Mario, che eravamo i praticanti, si lasciava anche andare. Ci mostrò un numero di *Life* che pubblicava alcune scene di Chaplin nel *Dittatore.* «Nessuno» diceva «riuscirà a sconfiggere gli anglosassoni. Io li conosco.»

Non dettò mai un articolo di fondo, sghignazzava anzi leggendo certi pezzi: «Senti questo: *Vinceremo perché è il Duce che ci guida.* Un caporalmaggiore».

«Chi lo dice, direttore?»

«Spectator, sull'*Illustrazione Italiana.*»

«E chi è Spectator?»

«Mario Missiroli. Un antifascista che si è adeguato. Come tutti. Come me. E anche come te.»

Io, per la verità, antifascista non lo ero. Io sentivo che qualcosa non andava, trovavo stupida la propaganda, odiose le adunate, arrogante la pretesa che uno, lui, aveva sempre ragione.

Mi offendeva il carrierismo, non poter leggere tutto quello che volevo, trovai *All'Ovest niente di nuovo* in francese, in prestito; un amico mi suggerì di cercare all'Archiginnasio il Labriola, c'era dentro il *Manifesto dei comunisti*. Ma non ero contro. Del resto, con chi?

Anche la Germania che io amavo era quella di Wiechert, di Döblin o perfino di Hans Fallada: *E adesso, pover'uomo?*.

Ernst Wiechert, in particolare: cercava la salvezza nella Bibbia, nelle foreste dove si caccia l'alce, nella sua Prussia Orientale, tra le case dai tetti spioventi e i pascoli della Turingia, campanili sottili, strade bianche e meli fioriti, tra le favolose saghe delle terre del Nord.

O quella dei vecchi film della Ufa, *Ragazze in uniforme*, o di Fritz Lang, *Mörder*, con Peter Lorre, che se ne andò dopo avere interpretato la parte del mostro di Düsseldorf, perché, disse: « Due assassini, io e Hitler, sono troppi », o la prima Marlene, con Emil Jannings, che lanciava per le sue cosce il grido allucinante del professor Unrat, o impazziva per la Lya De Putti, ancora giarrettiere, di *Variété*.

Anche al giornale cominciarono i richiami: il capo degli Esteri, che sapeva le lingue, venne destinato alla censura. Al suo esame passavano centinaia di lettere, sfoghi, speranze, confessioni. Era un galantuomo, con piccole manie: quella, ad esempio, della chiarezza: « Se non capisco io, figuriamoci chi legge » affermava. Non che si considerasse un genio, ma esigeva la diligenza.

La sera veniva ugualmente a lavorare, e nei momenti di calma raccontava le sue esperienze della giornata. Diceva che i prigionieri inglesi buttavano giù i loro messaggi troppo alla svelta, e che era indotto a correggere gli errori e a togliere le ripetizioni; anzi: lo faceva.

C'era un gelosissimo calabrese che mandava alla sua donna minacciosi ammonimenti: guai se lo avesse tradito, neppure un pensiero.

Per alleggerire il peso della lontananza accludeva, come souvenir, alcuni peli legati con un filo di seta, ma purtroppo, nella confusione delle poste, erano andati smarriti.

«E allora come hai fatto?» chiese il mio capo, sempre sensibile a queste vicende.

«Ne ho allegati alcuni dei miei. Sarà rimasta un po' disorientata, ma meglio di niente.»

Anche noi, in cronaca, avemmo la nostra piccola avventura sentimentale. Una sera Barbetti portò la fotografia di una bionda senza niente addosso. Corsero anche quelli dello sport e gli stenografi.

«Carina» ammise Antonelli, che non aveva gusti facili.

Il fotografo, per sistemarla nella posa più favorevole, si era dato un po' da fare, provocando la nervosa reazione della signora, che si assoggettava all'esposizione, da brava italiana, per accontentare il marito, sergente in Africa, troppo solo, e desideroso di un ricordino.

Accompagnata dalla mamma, era andata allo studio del cavalier Onofri, uno specialista, più che altro, in cresime e matrimoni, che di fronte all'insolito soggetto si era lasciato andare a qualche confidenza. Lei aveva reagito spaccando l'obiettivo, ed erano finiti al commissariato di notturna.

«Vergogna,» disse il capo «approfittare della sposa di un combattente. Che ne direste se facessimo una nota per deplorare?»

«Bisognerebbe pubblicare anche la foto: altrimenti non si capisce bene il movente» spiegò Mario, che sentiva incombere un compitino, e non era quello che si definisce un lavoratore.

Cadde Parigi. Si vedevano, nel Luce, le truppe tedesche sfilare per i Campi Elisi, il Führer era andato a visitare la tomba dell'imperatore. In una vignetta del *Marc'Aurelio* Napoleone aveva l'aria insolitamente felice: «Finalmente» diceva «tornerò italiano». Eravamo arrivati a Nizza, e la Corsica ci apparteneva.

Su *Signal* pubblicavano, in Agfacolor, le immagini dei soldati vincitori che infilavano le scarpette alle ballerine del Moulin Rouge, si facevano ritrarre alla Concorde, si mettevano in fila per visitare il Louvre. Toccò ai generali francesi firmare la resa seduti sugli stessi sgabelli ferroviari dove avevano preso posto, l'altra volta, gli sconfitti strateghi di Guglielmo II. Il Reich pareggiava i conti.

Eravamo a tavola, e il babbo lesse a voce alta un commento dell'*Assalto*, settimanale della Decima Legio, il cui motto era: « Frangar non flectar » e « Ardisco non ordisco »: « Le acque del Mediterraneo contengono sali, bromo e iodio, e conterranno ben presto una buona percentuale di ferro ».

« Capito a chi alludono? » chiese.

Io risposi, un po' altezzoso: « La fine della Francia è la morte di una civiltà ».

« Che cosa vuoi dire? » insisté incattivito.

« Senza di loro io non sarei andato a scuola, e tu non sapresti cos'è un contratto, un giorno di ferie, la mutua. Mancherebbe alla gente una gran parte di libertà. »

« Non so se sei un disfattista o un provocatore o un idiota che, dato che ha letto quattro pagine, crede di essere chi sa chi. Forse bisognerebbe denunciarti. »

« Papà, » dissi « io non voglio offendere i tuoi sentimenti, ma non credo, come dicono, che la Francia abbia perso perché c'erano troppe donne nude sui palcoscenici, o troppe culle vuote nelle case. Non pensavano alla guerra, e Hitler, invece, non aveva in mente altro. Non credere poi che gli inglesi mangino cinque volte al giorno. »

« Scoppierebbero » intervenne la mamma, per aiutarmi.

« Loro cinque sbafate, sissignore, e gli altri a pancia vuota. Senti: io per te e per quella lì non voglio guai. Non farti sentire in giro. »

Anche la signora Ines, anche Boris erano molto avviliti. La signora Ines ascoltava, adesso, oltre a Mosca, Radio

Londra, ma da nessuna capitale, tranne Berlino, arrivavano notizie buone.

Incontrai Ludwig, era diventato un bel ragazzino, passeggiava con la madre, la signora Monika Bauer in Casadei: era sempre notevole, portava anche la volpe argentata, e ormai si sentiva più di Essen, più figlia di un ingegnere della Ruhr, che consorte di un viaggiatore romagnolo. Stavolta era sicura che le patate non sarebbero mancate mai.

Venne in licenza Enrico; lo avevano passato nei sommergibili. Raccontò dello sbarco a Tirana, cominciò in modo epico, era stato tra i primi a toccar terra, giù raffiche di mitragliatrice e colpi di mortaio, poi gli veniva da ridere: « Sembrava di essere al campo Dux, sai, o alla premilitare, quando simulavano l'attacco aereo, e io, ti ricordi, facevo sempre la parte del ferito, così che dovevano scarrozzarmi. Erano tutti d'accordo.

« Poi sono stato in Francia, ma siamo arrivati a cose fatte. Dei tedeschi hanno paura e magari anche stima, mi pare che noi gli facciamo schifo. Ero fuori di ronda, ed entrammo in un bar, e le cameriere si misero a ghignare: "Maccaroni, coup de poignard", e io chiedevo al caporale: "Ma che ostia vogliono dire, queste qui?". "Dicono," mi spiegò "che gli abbiamo dato una pugnalata." Non avevano mica torto, in fondo. Io andai con una: sono, per la verità, un po' larghe di fianchi, e le ho dato, per vendicarmi, un morso nel culo ».

L'alleanza dava i suoi frutti. Organizzarono un viaggio a Berlino dei critici cinematografici; partì anche il nostro. In stazione si incontrò coi colleghi che arrivavano da Roma. Erano tutti allegri: « Hai preso le calze di seta? » gridavano dai finestrini. Raccontavano che le Fräulein gradivano molto l'omaggio della raffinata biancheria intima italiana. Sarebbero andati agli studi di Babelsberg, dove girava Zarah Leander. La chiamavano « La nuova Garbo ». Esagerati. Ma aveva una voce carica di tentazioni. Una sua canzone diceva: « Io lo so, avverrà un giorno un prodigio». I nostri recensori speravano, tutti, in una meravigliosa avventura.

Ci fu anche un convegno a Monaco della stampa internazionale: ungheresi, rumeni, giapponesi; della delegazione faceva parte anche il mio capo, che aveva una carica sindacale. Lo riempirono di birra, troppa birra, e non potendone più, all'offerta di un altro boccale rispose con un flebile ma percepibile «socmel», che è un volgare invito bolognese.

«Was ist "socmel"?» chiese la signora che gli sedeva accanto.

Il capo pregò l'interprete di tradurre: «Un brindisi, un evviva, salute, qualcosa come il vostro "prosit"».

Per tutta la serata, la gentile dama lo fissò, alzando il bicchiere e sussurrandogli, con accenti un po' gutturali, degli augurali «Socmel».

Fu di passaggio lo zio Gigi, che aveva risposto all'appello: «Lavoratori italiani, la Germania vi attende! Avrete buone paghe, ottimo trattamento, e contribuirete alla vittoria dell'Asse». Le ferrovie esercitavano su di lui un richiamo irresistibile.

Era in camicia nera, e lo nominarono subito caposquadra. Doveva andare, mi mostrò l'indirizzo, ad Hattersheim am Main, Frankfurt, Deutschland, nella azienda di Herr Friedrich Krahl, coltivatore di rose.

«Quello che promettono» diceva «i tedeschi danno: non sono come noi, non rubano.»

Si trovò, bisogna dirlo, effettivamente bene, fino al mattino in cui Herr Friedrich, rientrando all'improvviso, lo trovò in una serra con Frau Emmy, in un atteggiamento insolito per un potatore. Dovette trasferirsi rapidamente in una società di autotrasporti.

Scese una sera da un treno ospedale, era infermiera. Io uscivo dall'ufficio del commissariato. La vidi fermarsi davanti a una fontana per riempire una caraffa. La stazione era buia, le solite rade luci viola, soffi di vapore, gli urli dei macchinisti che facevano manovra. Chi sa come comincia un discorso? « Ja Bologna, ein grosser Bahnhof, ja eine schöne Stadt. » C'erano dei versi che avevo imparato a scuola: « Du bist wie eine Blume » (tu sei come un fiore). Che fatica ricordare le parole: « Wollen Sie spazieren? ». Passeggiammo sul marciapiede deserto.

Disse che si chiamava Ingeborg, stava in un villaggio vicino a Kiel, mai stato a Kiel?, ma tutti la chiamavano Inge. Non era bionda, non è vero che tutte le tedesche sono bionde; color rame, direi, gli occhi sembravano azzurro cupo, o verdi.

« Quando sono azzurri vuol dire che sono buona » disse.

Ci sedemmo su una panchina, davanti al deposito del carbone. Era una notte calda, distesa. Mi sarebbe piaciuto offrirle cose gentili: delle margherite, una perla, una stampa colorata.

Raccontò di Kurt, che era ufficiale nei carri armati, e che voleva sposarla, di suo padre, pastore luterano, che le aveva insegnato a disprezzare la guerra: « Bisogna toglierle quel fascino morboso » diceva. « La guerra non è lieta, ragazzi, voi cantate, ma la morte non è lieta, è cattiva. L'anima umana urla come i cervi, ma chi ascolta il grido dell'anima? »

Disse che sarebbe ripassata, e che poteva fermarsi qualche ora. Andammo sul fiume. La riva era solitaria, si sentiva soltanto il ronzio dei calabroni, le formiche rosse corrodevano un vecchio tronco marcito, un aereo passò altissimo e scomparve, le ninfee si muovevano lente nell'acqua chiara.

« Questa sera » disse « debbo ripartire. »

Ci tenevamo per mano. « Papà è al fronte. Mia mamma ha una piccola trattoria, sulla sponda di un lago. Si chiama Zur Oase, all'oasi. È in mezzo alle betulle, ha il tetto di paglia, nel bosco ci sono i caprioli. Io ho una stanza con tante fotografie dell'Italia, Venezia, Firenze, Roma. Adesso anche Bologna. Come si chiama la torre? Che nome buffo: Asinelli.»

La siepe polverosa, le cicale, un cavallo bianco sulla collina, lei sdraiata sull'erba, il sole filtrava tra le foglie delle acacie.

«Appoggia la testa sulle mie ginocchia» disse «e chiudi gli occhi. Quanti capelli grigi.»

«Anche mia madre a vent'anni era così.»

L'abbracciai: «Non fare così; non essere violento. Noi non siamo animali». Quando la salutai disse: «È bello camminare accompagnata dal rumore del passo di un uomo».

Mi mandò qualche cartolina: una sigla, una data, dei saluti. «Ricordo» in tedesco si dice «Erinnerung».

Cambiammo molte abitudini. Nella rubrica medica del giornale uscivano articoli per dimostrare che il caffè faceva male alla salute. Lo davano, in farmacia, ai malati. Anche il tè era sparito: si beveva il karkadè, un nuovo prodotto, come la vegetina, che serviva per fare economiche torte; sugli involucri era quasi sempre riprodotto il tricolore.

Per spiegare la scarsezza delle merci, e per giustificarne la pessima qualità, nei negozi avevano affisso dei cartelli: «Siamo in guerra».

In cronaca, ogni tanto, si raccontavano episodi curiosi di cui erano protagonisti gli speculatori del mercato nero (qualcuno li considerava dei filantropi, degli altruisti).

Avevano simulato un funerale, e dentro alla bara c'era un maiale; un vitello era stato travestito da signora, col cappellino di paglia in testa, e un cappotto addosso, e lo avevano sistemato su un'auto a carbonella, tra due compagni di viaggio, ma nonostante l'oscurità gli agenti dell'Annonaria («Non dar retta: una sporca spia» diceva Antonelli) li avevano pescati.

Si pubblicavano anche vicende esemplari, un po' sull'aria di Cornelia, la madre dei Gracchi. Mi mandarono a trovare la signora Galluppi, il cui unico figlio, Giovanni, diciassettenne, medaglia d'oro, si era battuto strenuamente a Bir el-Gobi, ed era caduto nel deserto.

Viveva in un piccolo appartamento che era diventato un museo. Nel salotto, le pareti erano tappezzate di fotografie, con relativa didascalia: l'Eroe a tre anni, sul monopattino, l'Eroe a sei anni, col grembiulino nero della prima classe elementare, l'Eroe a dieci anni, in gita scolastica ai mosaici di Ravenna, l'Eroe a quattordici, ancora con le braghe corte e le gambe pelose, l'Eroe a diciassette: una statua in legno, scolpita in Val Gardena, grandezza naturale, con i pantaloncini e la camicia cachi, le giberne, il casco, il fucile '91 a tracolla, la testa fiera e il petto in fuori, pronto a ostacolare il nemico e a ricevere la fatale pallottola.

Tutto era rimasto come quando era partito; nei cassetti la biancheria veniva sempre stirata e riposta con cura, c'erano i suoi libri di avventure e la collezione del *Calcio illustrato*, in ordine sulla scrivania, e un pallone regolarmente gonfiato; la signora mi spiegò che continuava ad allevare canarini, perché all'Eroe piacevano tanto. « Sono fiera » diceva « di avere offerto Giovanni alla Patria. »

La invitavano a tutte le cerimonie, sul palco delle autorità, consegnava labari, era sempre vestita di nero, con le decorazioni sul petto. Ormai le portava sempre. « Non per me, » spiegava « ma per lui. Io sono soltanto la mamma. »

Voleva dire che uno nasce intrepido, poeta o santo, e i genitori contano poco.

Anche Giobatta indossò il grigioverde, ma da sedentario. Era stato dichiarato inabile alle fatiche di guerra, per un soffio al cuore. Era però assistente di psicologia, e lo mandarono all'Istituto dell'università per far gli esami attitudinali a certe reclute, che chiedevano di essere destinate ai reparti speciali.

Giobatta non se la sentiva di decidere, con un modulo e quattro domande, di un destino, e si regolava ascoltando le richieste degli arruolati: « Dove vorresti andare? ».

« Accademia di Livorno. »

« Perché, ti piace navigare? »

« Mai stato al mare. »

« E se quando arrivano i cavalloni non ce la fai? »

« Vomito. »

« Già. Succedeva anche a Nelson. »

Mi invitò ad andarlo a trovare. Non se la passava male, ma aveva molte pratiche da sbrigare. Il suo maestro si presentava ogni tanto: gli aveva anche lasciato, per certi esperimenti sui riflessi, una scimmia e una ragazzotta friulana, che soffriva di crisi isteriche.

Aveva come aiutanti due piantoni, che si divertivano a far incazzare la bertuccia, mangiandole in faccia sacchetti di noccioline; per la nevrotica, che non reagiva alle sollecitazioni elettriche inviate con un filo ai capezzoli, da registrarsi poi su un tracciato, ricorrevano a qualche leccata, e il pennino si metteva subito a vibrare.

Fu Giobatta che mi diede la notizia: Giuseppe Passadori, il nostro Pino, tenente degli autieri, era disperso in Dalmazia.

« Forse » disse « i partigiani lo hanno ammazzato. Non perdonano. »

Mi raccontò che aveva visto delle fotografie portate da uno studente in licenza per gli esami; un secchio di cose viscide, sembravano lumache, invece erano occhi che gli ustascia, quelli di Ante Pavelić, alleati nostri e di Hitler, strappavano ai loro avversari politici. « Gli slavi non perdonano: c'è in loro una specie di follia, baci sulla bocca, anche tra uomini, e knut, Rasputin e Dostoevskij ».

Pensai a Pino su quelle montagne piene di neve, lui che aveva le vestaglie da camera, messo contro una roccia, e un rosso, proprio un rosso, dava l'ordine di spararargli. Ero sicuro che Pino aveva chiesto l'onore di essere fucilato al petto, guardando negli occhi i nemici e la morte.

Quanti cambiamenti: anche nella pubblicità. Negli annunci economici una «Distinta ariana sanissima» si dichiarava disponibile a giuste nozze; un farmaco per galvanizzare gli sfiduciati teneva conto delle circostanze: «Si vince o si perde, ma Okasa rinnova le forze della vita».

Ci si consolava alla meglio. Le donne portavano i «tacchi ortopedici» di sughero, e le sottane corte, nei ristoranti non davano più di ottanta grammi di pane. Gli sposi avevano diritto a un supplemento per il corredo. Alle ore 13, ogni giorno, trasmettevano alla radio il bollettino del Comando supremo: andava ascoltato in piedi. Qualche sordo, o qualche distratto fu preso a schiaffi. Macario presentava la rivista: *Trenta donne e un cameriere*, Spadaro due soubrettes, una bionda e una bruna, che cantavano *La carrozzella*. La bruna si chiamava Dana Havlova, era nata a Praga, aveva due gambe che «ci puoi passare sotto come alla breccia di Porta Pia» diceva Mario.

Diventò l'amante di Ettore Muti, comandante degli aerosiluratori, già segretario del Pnf. Io ero amico di Spadaro, e lo vidi sul palcoscenico del Medica, c'era con me anche Decio, il fotografo. Il comandante Muti accettò di essere ripreso perché la bella Dana insisteva, lo abbracciava, lui rideva, impacciato, poi smise di colpo: «Se ne va in giro una, vi spacco la testa».

Facemmo il saluto romano e ce ne andammo.

«Hai visto quante decorazioni ha sul petto?» disse Decio.

Io pensavo ad altro.

VI

In via Pietralata arrivarono dei nuovi inquilini, gente che aveva perduto la casa nei bombardamenti. Anche un mutilato senza naso, con la moglie e un figlio sordomuto che faceva il tipografo. Era un giovanotto forte, dall'aria mite; lo si vedeva in cortile, la mattina presto, in mutande e canottiera; faceva ginnastica.

Una volta suonò l'allarme, lui dormiva, si dimenticarono che era a letto. Le «fortezze volanti» cominciarono a sganciare, tutto tremava come per il terremoto, il ragazzo si svegliò, batteva i pugni contro la porta chiusa, lanciava dei paurosi mugolii. Vedeva attorno delle enormi colonne di fumo bianco.

Lo sentì la Lella, e andarono ad aprirgli: da allora la guardava con occhi imploranti, e quando la trovava sola tentava degli indecifrabili discorsi. Lei capì, e lo portò di sopra. «L'ho accontentato» mi raccontò «perché faceva troppa fatica a domandarmelo.»

Boris era stato trasferito al turno di notte. Quando uscivo per l'ultimo giro dal commissariato passavo a salutarlo. Si affacciava allo sportello insonnolito e stanco. «Sta arrivando l'ora» diceva sottovoce «e dobbiamo organizzarci. Ho molto da fare.»

La signora Ines mi invitò per una festicciola, c'era anche Boris con la moglie, e anche la Lella. La signora aveva fritto delle sfrappole, e Boris si presentò con una bottiglia di vino, regalo di un controllore suo amico che faceva la linea del Brennero.

Quando arrivò il momento e tutti gli usci furono chiusi, la signora Ines accese la radio. «Voglio» mi disse «che sentiate il nostro Ercoli.»

La trasmissione era molto disturbata, si afferravano solo frasi scomposte; la moglie di Boris disse che il più bravo per lei era il colonnello Stevens, quello di Londra, e anche la Lella fu d'accordo.

I tempi si facevano sempre più duri. Tre giorni ogni settimana le macellerie restavano chiuse. Diceva Biavati, un vecchio venditore ambulante la cui oratoria era molto apprezzata: «Noi saltiamo le bistecche, ma chi sa cosa patiscono gli inglesi senza i nostri limoni».

Il prezzo delle pile era triplicato. Nei giardini pubblici seminavano cavoli e lattuga. « Orto di guerra » ammoniva un cartello. « Rispettatelo. »

Una notte incontrai due suore, di quelle col cappello dalle ali bianche, che spingevano un carretto di carbone rubato alla ferrovia. « È per i piccoli dell'asilo » sospirarono.

Dalla Grecia e dalla Iugoslavia tornavano soldati con le gambe congelate. « Ma intanto » diceva Antonelli « la Slovenia è nostra, e prima o poi quel pistola di Ajmone di Savoia andrà a prendersi la corona di Zvanimiro. »

Anche in Africa erano guai; cadde Giarabub. Ci fecero sopra, come sempre, una canzonetta:

Colonnello non voglio il cambio,
qui nessuno ritorna indietro.
Non si cede neppure un metro
se la morte non passerà.

Ricevetti una lettera da Amleto; era ironica a triste. Scriveva, penso, dalla Libia; lo avevano assegnato, mi spiegava, all'organizzazione di quelle « case di riconosciuta utilità per il conforto fisiologico e morale della truppa », da piazzare, secondo le direttive dei superiori comandanti, anche nelle vicinanze della zona operativa.

« E così, » raccontava « debbo provvedere alla sistemazione di tende mimetizzate di 16 o 24 teli, con gli accessori necessari per l'alloggio di tre signorine e della direttrice, non che al rifornimento idrico, alla sussistenza, e al mantenimento dell'ordine, da affidarsi a due carabinieri con l'aiuto di uno zaptié.

« C'è sempre la fila, e tutto si svolge in maniera composta. La signora responsabile della gestione e le ragazze sono molto gentili, apprezzano la mia premura, e vorrebbero che approfittassi, gratis, si intende, del servizio; di sera è il turno riservato agli ufficiali. Il colonnello, dopo una meticolosa ispezione, si è congratulato con me perché ha riscontrato, date le circostanze, che l'impianto è assai efficiente.»

Anche al giornale si sentiva il peso di quei momenti difficili. Non funzionava più il ristorante, ma soltanto una mensa, e distribuivano quasi sempre minestra di fagioli. La servivano in gamelle di alluminio, non so se per ragioni pratiche o per intonarsi alla severità del momento.

Molti erano partiti, e c'era parecchio lavoro. Tutte le domeniche dovevo correre in due o tre posti: cerimonie, discorsi, adunate. Per due volte avevo già assistito all'inaugurazione della Casa della madre e del fanciullo.

Venne anche Domenico, per celebrare il 21 aprile, e fui incaricato del resoconto. Era in uniforme, con la giacca di orbace, grosso, appesantito; ricordava un po' il nonno Marco. Non scopersi un grande oratore: passò da Romolo e Remo alle pietraie insanguinate del Carso e alle sabbie infuocate del deserto, finì, per riaffermare la sua certezza nell'immancabile vittoria, citando D'Annunzio: «Chi può dubitare di questa nostra razza inesausta e incancellabile?».

Andai a salutarlo. «Tu» mi disse «sei figlio di Emilio. Mi hanno riferito che ti fai onore.»

Apprezzai quel complimento troppo cortese; erano scarse le prove della mia abilità. Fra l'altro, quando il duce passò da Bologna, non dimenticherò mai la data, 8 ottobre 1941, mi lasciai scappare l'occasione di vederlo e di portare il mio contributo di informatore, dato che la stesura del testo venne affidata a un vecchio inviato: aveva già raccontato la trasvolata atlantica di Balbo, la marcia di Graziani su Neghelli, e lo sbarco a Tripoli di ventimila contadini.

Il duce passò anche dall'ospedale, con una improvvisa deviazione e io, purtroppo, mancai all'appuntamento. La Topolino di Decio, il fotografo, bucò una gomma.

Ricordo, e ne ridemmo tutti, la Nota di servizio diramata in quell'occasione dal ministero della Cultura popolare: « Nella cronaca Stefani della visita del duce a Bologna, Forlì ecc. togliere la frase "con ripetute rotture di cordoni" ».

Erano disposizioni che venivano spesso commentate; Antonelli ne aveva nei cassetti una piccola collezione. « È sempre motivo di conforto » diceva « sapere che al mondo c'è almeno uno, quello che scrive questa roba, che è più stupido di te. »

Leggeva: « Non è tollerabile che, specie i giornali di moda, pubblichino fotografie di donne magrissime ». « Usare la parola "tedeschi" e la parola "germanici" nella proporzione del 70 e del 30 per cento. » « È superfluo recensire il *Diario* di Cavour di recente pubblicazione. » « Necrologio di Costanza Garibaldi: non ricordare l'origine inglese della signora. »

Anche il capo era alle armi ma nella contraerea; si presentava infatti in tenuta da seniore della Milizia, con due strisce rosse sulle maniche, che erano i segni dello squadrismo. Il suo tono era meno ardente; si dimostrava sempre rispettoso delle autorità locali ma, forse, covava qualche dubbio su quelle di Roma.

I miei amici del '21 erano già arruolati; noi del '20, dicevano, restavamo ancora liberi, perché c'era nelle liste qualche figlio di gerarca.

Arrivò la cartolina rosa: per il 5 agosto 1942, presentarsi in via Frassinago, al distretto.

Il babbo mi consigliò di andare dal barbiere, e di farmi accorciare i capelli, così avrei evitato lo sfregio del tosatore militare. Mia madre mi comperò un po' di biancheria, fece fondere un anello che era stato di sua nonna per mettermi al collo una medaglietta della Madonna di San Luca, che mi avrebbe protetto dalle schioppettate.

Trovai nel cortile dove ci avevano radunati molti amici; eravamo ansiosi di sapere le nostre destinazioni. Alcuni furono messi in fila, e accompagnati alla tradotta per Trieste; io andai con quelli avviati al trenino che, da Modena, portava a Sassuolo. In un antico convento, trasformato in caserma, avevano alloggiato il Battaglione allievi universitari. Al 36° fanteria ci consegnarono la divisa, provai un po' di malinconia, e molto caldo, a lasciare la camicia bianca dal collo aperto, per quella grigioverde.

Scoppiava l'estate: le vigne erano cariche, avevano appena mietuto il grano, guardavo dal finestrino la campagna immobile nella calura, c'erano dei vecchi che spingevano i buoi, e tenevo ben stretto il mio corredo. «Sta' attento» aveva detto mio padre «a non farti fregare, conta tutto: le pezze da piedi, le panciere, perché rubano.»

Aprii il pacchetto che mi aveva preparato la mamma, c'era del pollo, chi sa dove lo aveva trovato, e delle patate fritte, con un biglietto. «Lo so che ti piacciono. Baci», ma erano fredde, e non andavano giù. Neppure le uova sode, la frutta. Si chiudeva lo stomaco e un capitolo.

Ci accolse un sergente, in pantaloncini corti, l'aspetto scattante e deciso: «Sono sotto da nove anni, non sono mai stato borghese. Non crediate di prendermi per il culo perché, come dite, siete goliardi. Io vi faccio morire. Quando andate in camerata, ordine; quando suona la tromba, silenzio. In pochi giorni, ne sono certo, capirete tutto».

Corse, marce, lanci di bombe a mano, percorsi di guerra; qualcuno sveniva, qualcuno si buttava per terra sfinito. Un ragazzo di Siena, il padre era notaio, non ricordo il nome, salì sulla torre campanaria, e si buttò giù. Si sentì un urlo nella notte. Lo portarono subito via.

Il tenente colonnello comandante veniva dalla Dalmazia; era stato presidente di un tribunale militare. Dicevano che ne aveva fatti fucilare molti. Esibiva una grassezza flaccida, portava le lenti a pince-nez, girava per il paese in biroccino.

Ci fece un discorso un po' contradditorio: stava su un

palco, al centro del campo sportivo. Cominciò col presentarsi: « Sono trent'anni » gridò « che sto sull'attenti ».

Una ignota voce dai reparti ordinò: « Riposo », e la battuta lo fece proprio arrabbiare.

Attaccò: « Non illudetevi di diventare ufficiali alla svelta, dovrete sputar sangue. Ma no: il novanta per cento dei sottotenenti di fanteria ci lascia la pelle, e io vi promuovo tutti. Avete una lira al giorno per il miglioramento rancio, e vi do il caffelatte, ma se il latte poi non c'è più, venitelo a prendere di qua ».

E si toccava il seno che ballonzolava sotto la giacca.

« Non cominciate a chiedere permessi perché arrivano le vostre sorelle o le fidanzate: sono tutte puttane. Durante la libera uscita, potete fare quello che vi aggrada, ma non sedere al caffè in piazza, che è riservato ai signori istruttori. Domenica si va naturalmente a messa; chi è contrario, non è obbligato, e faccia un passo avanti. Bisogna rispettare tutte le opinioni. Ecco, chi non partecipa alle funzioni religiose, resta a sbucciare le patate e a pulire i cessi. »

Ci fecero la puntura antitetanica, quella contro il tifo, misero il sale inglese a tradimento nel brodo, e fummo tutti presi da una febbre che portava qualcuno anche al delirio e alla dissenteria. Così l'allievo Galbusera confessò che aveva sverginata la morosa prima di partire, aveva voluto la prova d'amore, ma adesso gli pesava il rimorso e, soprattutto, il dubbio.

« Galbusera, » lo sfotteva uno che era rimasto lucido « mentre tu scagagli in nome della patria, guarda cosa fa la tua ragazza », e rimbalzava, a pancia in giù, ritmicamente sulla branda.

Accanto a me dormiva un romagnolo, che studiava filosofia a Roma, Berto Guiduzzi. Aveva i capelli quasi candidi, e anche le sopracciglia, era nato così, e gli altri gli dicevano: « Dove sei stato mio bell'albino? », e lui: « Scusami: dimenticavo; ti saluta tua sorella ». Era molto intelligente, aveva già capito tutto.

Stavamo insieme ed eravamo di guardia la notte del 10 settembre. Io compivo gli anni, e Guiduzzi mi regalò un romanzo di Körmendi: *Avventura a Budapest*.

« L'ho trovato su una bancarella » spiegò. « Non avevano niente di meglio. »

Dentro c'era una dedica in francese: « À Liliana, le dernier souvenir d'un amour dangereux. Alberto ».

La sera era limpida, si contavano le stelle, e quando suonò il riposo fuori d'ordinanza si spensero le ultime luci. Noi ci sedemmo fuori dalla tenda, si sentivano ancora i grilli. Diceva Guiduzzi: « Credimi, è andata. Non possono correre dietro agli inglesi, agli americani e ai russi per tutto il mondo; dove vanno, in Australia, in India, in Canada, in Mongolia? Hai una idea di che cosa sono gli Stati Uniti? E di quanto è grande la Russia? Il mio compaesano Benito, nato nella frazione di Dovia, comune di Predappio, provincia di Forlì, l'allievo Guiduzzi, nato a Cesena, non lo fotte. Io al fronte non ci vado. Ho deciso. Intendiamoci: io non tengo per nessuno, né per noi né per quegli altri, sono anarchico individualista. Be': un po' più per l'Armata Rossa. Forse. Io fra un mese marco visita: so già che cosa debbo denunciare. Enuresi: pisciata irrefrenabile. Non si può immaginare un combattente, un eroe che se la fa addosso. Con metodo: prima cerco di farmi ricoverare in infermeria. Hai visto, ci sono i castelli. Tutte le notti io la faccio sulla testa di quello che sta sotto. Vedrai che se ne ha a male. Ci sarebbe anche da accusare i soliti disturbi nervosi, le solite vertigini, ma lo fanno già in troppi, e bisogna essere raccomandati. Niente: la goccia, specie di orina, scava il marmo ».

La nostra compagnia era agli ordini del tenente Ritossa, un ex professore di educazione fisica, roseo, biondo, tutto muscoli. « Se legge un libro » diceva Guiduzzi « gli si infiammano le meningi. »

Disprezzava quelli che sbagliavano il salto in alto, che non sapevano mirare giusto al bersaglio, ce l'aveva in particolare con due allievi siciliani, che si erano presentati con tre giorni di ritardo e la blenorragia perché, a Bologna, durante il trasferimento al Nord, avevano preso alloggio in un albergo con due bambolone inzuccate per la strada. «Hanno scopato le donne con la pelle bianca» li giustificava Guiduzzi.

Erano dei simpatici compagni. «Ma» spiegava il più sciolto, Gentorbi, «io sogno di starmene su un'amaca, cullato dal vento africano, stordito dal profumo delle zagare e degli aranci, mentre i miei braccianti raccolgono le olive e gli agrumi e in una casa fresca mi attende una femmina devota e piena di iniziative. Ho ventidue anni e peso novanta chili, mi sento la pigrizia degli arabi addosso. Ucciderei volentieri il signor tenente Ritossa, un colpo di lupara lo meriterebbe, perché è un attivista cretino, ma sono troppo fiacco: passerei l'incarico al mio campiere.»

Una mattina Berto Guiduzzi ci lasciò: «Come ti avevo annunciato, me ne vado. Spero che ci vedremo ancora».

Dall'infermeria, lo trasferirono in osservazione a Bologna.

Raccontarono poi che, sul treno su cui viaggiava, un accelerato fermo alla stazione di Castelfranco, si era abbassato «Pippo», un piccolo aereo che appariva all'improvviso, e aveva tirato una sola raffica di mitragliatrice, colpendo un soldato che stava leggendo, e un sacerdote salesiano che gli sedeva accanto.

Tutte le sere avevo un po' di febbre. Il capitano medico scuoteva la testa: «Ti mando a Modena, e che si arrangino».

«Tieni la medaglia tra i denti» disse il radiologo. «È evidente, guarda qui, sotto la terza costola.» L'altro dottore sospirò.

Deposi la divisa al magazzino, mi fecero indossare un buffo pigiama a righe. Nella camerata eravamo in sette, e l'operato al cervello urlava tutta la notte. Bisognava tenergli una mano, allora si quietava. Il ferito in Grecia aveva perso le gambe, ma pareva abbastanza contento. «A mia moglie» diceva «quello che ho salvato basta.» Faceva ridere tutti. Il tenente Guidi soffriva di reumi al cuore, riceveva da casa molti pacchi, e fortunatamente doveva stare leggero. Per Panzacchi, a quanto sussurrava la crocerossina, sorella Margherita, non c'era più nulla da fare. Però non avrebbe sofferto. Piano, piano. I mugolii del capitano Terzi mettevano allegria, gli avevano portato via le emorroidi.

Le giornate passavano abbastanza in fretta, stava arrivando l'autunno. L'ippocastano, in giardino, aveva spesso le foglie lucide. Qualche volta c'era spettacolo, nel salone che era stato refettorio dei collegiali: due ore di varietà; le ballerine avevano molto successo, incontravano poco i prestigiatori. C'era una canzonetta che a Panzacchi piaceva molto: «Bambina con l'abito blu, bambina mi piaci di più» e il cappellano la faceva eseguire.

Di notte la stanza cadeva in un'atmosfera inquieta, si accendeva una piccola lampada sotto il crocefisso, e sembrava che Gesù avesse lo sguardo ostile.

Quanti usciranno da qui?, mi domandavo, e per andare dove? A casa, in un magazzino di reggimento, in una batteria costiera non si dovrebbe star male. Tanto sole, le figlie dei pescatori hanno le gambe lunghe e nere.

Qualche volta il tenente Guidi si svegliava e mi chiedeva una sigaretta. Non doveva fumare. Parlava sottovoce, con fatica. «Stanotte vorrei essere con una donna, in un letto grande come una piazza» sospirava. «Vorrei correrle dietro. Chi sa che scena, con questo fiato. Una ragazzina sui diciotto. Hanno certe tettine. Ma per questo mi vanno bene tutte. Fino a quaranta, non oltre. A quaranta passano di cottura. Dio santo, che domeniche ho passato in casino. Da studente ero sempre là. Tutte le feste al tempio. C'era meno clientela, ricordo un pomeriggio di Natale, due finanzieri e io. I finanzieri erano fradici, il panno dei loro cappotti sapeva di neve, ma che cosa importa, quando uno ne ha voglia? Se mi sposo la voglio bellina, e un po' stupida, che non rompa troppo le balle. E pulita. A me piace far di tutto.»

Ma che ore sono? Suonava un campanile, lontano. Sorella Margherita entrava in punta di piedi, aveva il grembiulone bianco e la cuffia in disordine. Mezzanotte, già. Panzacchi, con un piccolo gemito, si rassegnava alla solita iniezione.

«Brucia?» chiedeva sempre.

«Un poco» rispondeva sorella Margherita, e con energia tirava giù il lenzuolo.

«Sorella,» si lamentava Panzacchi «mi sento un grande peso qui dentro.»

«Passerà. A quest'ora lo sentono tutti. Dormite» diceva sottovoce allontanandosi leggera.

Mi veniva in mente che la mamma mi aggiustava le coperte e mi dava un bacio. «Recita» diceva «l'atto di dolore. Mio Dio mi pento con tutto il cuore dei miei peccati.»

Domenica era giornata di visite. A mezzogiorno distribuivano anche una fetta di ciambella. La ciambella mi ricordava Pianaccio, e la festa di San Rocco. Dai forni usciva l'odore di vaniglia, il paese era avvolto da uno strano profumo di zucchero e di marmellata; poi arrivavano i banchetti dei venditori di stoviglie, scarpe e cotonina; e la sera invece sapeva di acetilene e di polvere da sparo. Scoppiavano, dalla parte del fiume, i mortaretti. Arrivava anche il vecchio del telescopio, e le stelle sembravano vicine.

San Rocco aveva un'aria rassegnata e un po' ottusa. Portava, infilata in un bastone, una zucca piena d'acqua, ai suoi piedi un piccolo cane nero reggeva tra i denti un pezzo di pane. I giovanotti e le ragazze ballavano, e qualche coppia finiva dietro gli argini.

Le visitatrici fasciste si fermavano a ogni letto. Le guidava la signora del federale. Era una bella donna, ampia, sorridente. La sahariana le stava proprio bene. Distribuivano ai ricoverati un cartoccio d'uva, delle caramelle, e alcune cartoline che rappresentavano il duce di profilo e con l'elmetto in testa.

La vecchina era la zia di Panzacchi. Lo aveva fatto crescere, portava in testa il fazzoletto scuro delle contadine. Dalla sporta tirò fuori una bottiglia di birra piena di vino, un piccione arrostito, del formaggio.

«Non ho fame,» mormorava Panzacchi «non posso mangiare.»

La vecchina lo guardava senza capire.

«Perché? Almeno una mela, sono del nostro orto.»

Quando se ne andò, Panzacchi volle che andassi da lui. Sul comodino era rimasta la frutta, anche due melagrane, qualche uovo, delle carte unte.

«Non mangia» disse Panzacchi. «Sono sicuro che non mangia per rimediare questa roba. Va ad aiutare in campagna, le fanno un po' di elemosina.»

Gli aggiustai il cuscino. Aveva le labbra bianche, sotto gli occhi due larghe macchie.

«Hai una faccia che mi piace,» disse «da dottore dei bambini, direi. Puoi prendere tutto, se vuoi. A me non serve. Pensare che avevo paura di essere interrogato in algebra.»

«Io,» dissi «quando sogno, sono sempre chiamato alla lavagna, e c'è una frase di tedesco che non so tradurre.»

«Guarda il colletto: sempre più largo. E sorella Margherita non sa più dove forare. Il culo è un colabrodo. Ero in un bel posto, quando mi ammalai. Facevo la guardia a un porto, una spiaggia che sembrava d'oro. L'ultimo giorno pescai una medusa rosa.»

«A me il mare non piace» dissi. «Le grida dei gabbiani mi rattristano.»

«Fra un mese dovrei compierne ventidue. Che suonata.»

In fondo c'era il tenente medico. Una bomba sull'ospedaletto glieli aveva portati via tutti e due. « Una grave ferita al basso ventre » diceva sorella Margherita.

Era un uomo sulla quarantina, il volto bruno del meridionale, gli occhi piccoli, acuti. Imbrogliava il tempo leggendo, o facendo finta di dormire. Chi sa se gliene è passato il desiderio, pensavo.

Sorella Margherita distribuiva i termometri. La festa era finita. Ormai si faceva buio. Dopo poco, l'aria sapeva di brodo caldo, più tardi di etere, perché le iniezioni aiutano a riposare.

Nella camerata, quando mettevano il paravento, si parlava sommessamente. Panzacchi aveva gli occhi sbarrati. Sembrava più piccolo, ancora più sottile. « Ti aspetta » mi avvertì il cappellano. « Ciao » dissi, e lui, con un filo di voce: « Ciao ».

Sapevo poco di lui: figlio di NN, credo, geometra, aveva un anno meno di me. Ma da un mese lo vedevo morire. Sorella Margherita bagnava una pezzuola in un bacile, poi gliela passava sulla bocca. Panzacchi aveva la faccia come la maschera di Napoleone. Tutti i morti assomigliano a Napoleone. Il cappellano gli unse i piedi, forse perché corresse più svelto incontro a Dio. Si sentì poi cigolare la lettiga, rifecero il letto e appoggiarono il paravento alla parete, in fondo alla stanza.

Una notte suonò l'allarme. La cantina aveva grandi volte di mattone annerito e lunghi corridoi. Dal soffitto si staccavano gocce gialle, faceva freddo. I ricoverati sedevano sulle panchine, il cappotto militare non proteggeva. Capitai vicino al tenente medico; batteva i denti. Non ci eravamo mai parlati.

« Febbre? » chiesi.

« No, paura. »

Si accesero le lampade viola, qualche ferito si lamentava. Sorella Margherita passò correndo, madida di sudore. Stavano bombardando.

« Non voglio morire » urlò con rabbia il tenente. « Porca Madonna, non voglio morire. »

Si erano spente le luci.

«Non bestemmiare, Cristo;» disse una voce implorante «proprio adesso, non bestemmiare.»

Il tenente mi prese un braccio e lo stringeva con forza. Anch'io ero sgomento, e poi quell'odore di alcol, di polvere, d'acqua marcia, di corpi malati chiudeva lo stomaco. Pensai a Panzacchi, solo, nella camera mortuaria.

Poi, tutto finì. Andai in giardino. Lontani, i rumori delle auto dell'Unpa e dei pompieri. Il vento sapeva di macerie e di autunno. La brina imputridiva l'erba e le foglie.

Più tardi ci chiamarono per una visita di controllo. Nella sala d'aspetto eravamo una decina, tutti nudi e anche imbarazzati. Alla radiografia mi giudicarono stazionario. L'ombra, dicevano, ha dimensioni costanti. Per il momento andava tenuta sotto controllo, poi si sarebbe deciso. Guidi uscì ridendo: «Continuo a fibrillare, hanno detto».

Un giorno arrivò la moglie del tenente medico. Era venuta a prenderlo. «Chi sa se la convalescenza li fa spuntare» disse Guidi.

La signora era bionda, aveva le sopracciglia rasate, molto giovane, forse vent'anni; ci trovammo tutti d'accordo; una falsa magra, se alzi le sottane ti accorgi che sorpresa. Si sentiva osservata, ma ci passò davanti senza vederci. L'accompagnava il cappellano, ma li lasciò subito soli. Si baciarono, lei quasi abbandonata, lui furioso, gli occhi accesi, nella camerata nessuno parlava.

L'aiutò a sistemarsi, la divisa gli stava un po' larga, tanti giorni di letto. Poi lui le offrì il braccio e si avviarono all'uscita. Sembrava andassero all'altare. Il tenente non disse nulla, state bene, arrivederci, e noi non gli augurammo buon viaggio.

Chiese Guidi: «Si può vivere come fratello e sorella?».

Io e Guidi ci scambiavamo i giornali: parlavano sempre di «ritirate strategiche». «Le stiamo prendendo da tutte le parti» diceva Guidi. «Penso ai miei compagni sul Don. Dovrei essere anch'io laggiù.»

Qualche sera nel salone di ritrovo veniva un ufficiale o un gerarca a fare un discorso sul «momento politico». «Per tirar su il morale della truppa,» diceva Guidi «meglio l'orchestrina del dopolavoro, e le tette della signora del federale. Meglio perfino la visitatrice fascista con gli occhiali.»

L'ispettore della Gil che ci intrattenne sul tema «L'ora che volge» era rapato a zero, come il comandante generale Renato Ricci. Stavo seduto vicino a Guidi; ascoltava con un sorriso ironico: «Sentito, l'imbecille. Brutta bestia. Basta leggere *Guerra e pace* per capire che il Führer se lo piglierà in quel posto. C'è sempre Kutuzov o un inverno per sistemare gli invasori di turno. Ma i nostri pensatori non sanno niente; guarda che tipi mandano in giro a galvanizzare i combattenti. Noi non abbiamo bisogno di iniezioni di ottimismo, ma di fosforo e calcio, qui c'è chi sputa l'anima. Lo sento: finiranno con una corda al collo».

«Parla piano, Guidi» dicevo.

«È tutto perduto. Era già finita quando sono entrati a Parigi, quando hanno distrutto Coventry, e tutti parevano felici. E il vecchio pagliaccio si è fatto sputare sull'elmetto da condottiero anche dai greci. Adesso la spada dell'Islam se la può infilare nel culo. Con garbo, si intende, perché è sempre il nostro duce. Sei d'accordo?»

Sì, è andata, sono d'accordo, ma in me non c'è rancore. Perfino il guerriero con l'elmetto mi fa pena: mi sembra un cattivo attore, che recita un copione sbagliato. Un contadino delle mie parti, tirato su a sangiovese e a braciole di pecora, che si allea con un vegetariano impotente per conquistare il mondo.

Pensavo: Guidi è comunista. Crede. Io non sono niente; tutto secondo le regole, balilla, avanguardista, Guf, certo non mi sono mai sentito migliore degli altri, francesi o svizzeri, non mi piacciono le sfilate, la premilitare, i motti lapidari sulle facciate delle case, ho dato gli esami all'università di economia politica, il fascismo è contro tutto, non è liberale, non è marxista, e io sono sbagliato, mi sento un po' liberale e un po' socialista, ma la mia opposizione è ridicola, mi entusiasmano i film di Renoir, l'anarchia di Chaplin, ma basta leggere Heine per sentirsi dalla parte degli ebrei? Che idea ho io? Se muoio sarò come un gatto travolto da una macchina, o annegato in un fosso dall'incosciente crudeltà di un bambino.

Venne la ricorrenza del patrono della città, e il cappellano fu molto impegnato per indurre gli indifferenti ad «avvicinarsi all'eucarestia». Guidi fu irremovibile: «Non ci credo, non credo che Dio abbia creato l'universo, non sogno il paradiso di là, ma ne vorrei un po' quaggiù, non mi occupo di santi, il fatto che ci siano tra loro dei puri mi rattrista profondamente».

Venne anche da me. La prese alla larga, e io pensavo: È un buon ragazzo questo pretino, sono convinto che ne è persuaso, ma sa la parte. La gioia di cui parla l'ho smarrita e non l'ho cercata più.

Finì in politica: «Da che parte sta Dio?» gli chiesi. «"Gott mit uns" c'è scritto sul cinturone dei tedeschi. "Dio ci assista" dice Churchill. Lei ha benedetto di certo qualche labaro, qualche bandiera, e i russi, che Dio non ce l'hanno, come andranno a finire?»

Il cappellano era avvilito, e mi dispiaceva deluderlo. Ma si consolò: alla messa la cappella era affollata. C'erano tra i devoti anche il colonnello medico e il maresciallo di sussistenza, quello che notoriamente rubava sulla spesa e investiva in appartamenti. Per quel giorno, forse, aveva promesso al Signore di distribuire le prescritte razioni di grassi. Un fioretto. Erano rimasti nelle corsie soltanto i casi gravi e i peccatori tenaci.

Rancio speciale e doni: spaghetti, carne arrosto con due contorni, panettone, frutta secca e vino, un pacchetto di sigarette Milit e un libro «dono delle famiglie italiane agli eroici fratelli che combattono».

Il colonnello fece il giro, e si fermò davanti al mio letto. «Auguri» disse. «Abbiamo deciso di trasferirla al deposito del 35° fanteria, a Bologna, così potrà, nelle ore libere, andare al giornale. Mi saluti il suo direttore, che si è interessato di lei; siamo compaesani. Domani mattina avrà la bassa di passaggio.»

Per me, la carriera delle armi sembrava conclusa: soldato semplice addetto ai servizi sedentari. Tornavo a casa, sì, ero contento.

Passai l'ultima notte senza riuscire ad addormentarmi. Pioveva e dalle grondaie l'acqua usciva a fiotti. Faceva compagnia. Guardavo quella fila di letti nella penombra, nessun lamento. Che cosa avrei detto a Guidi? Niente, meglio niente.

Mio padre fu operato, il 25 ottobre, tre giorni dopo il mio ritorno. Ulcera perforata, dissero. Era contento che io fossi in famiglia in quel momento. «Il professore è bravo,» mi incoraggiò, mentre lo portavano in sala operatoria, «ne ha già fatte cento.»

Era molto magro, il naso si era fatto sottile. Peggiorò all'improvviso. Ci mandarono a chiamare all'alba, c'era già il frate che lo stava confessando. «Una emorragia» spiegarono. La mamma gli prese una mano, io l'altra. «Ricordati l'orologio» disse. «È attaccato alla spalliera. Tua madre è una santa.»

Uscimmo portandoci dietro il vestito, il portafogli, le sue poche cose. Era il 28 ottobre 1942. Fui fermato da uno della Milizia: «Come mai non porti la camicia nera in un giorno di festa?». Poi vide la faccia di mia madre, e si allontanò.

Ai funerali vennero anche gli ex combattenti, e uno, quando il carro si avviò alla Certosa, fece l'appello fascista. Io ricordo piuttosto una vecchia signora un po' svanita che venne a far visita alla mamma, e si lamentava: «Ma a me il caffè non lo danno?», l'effluvio spento dei crisantemi, il pezzetto che misero in cronaca e che mia madre ritagliò: « Grave lutto di un collega », e un bambino che correva tra le tombe, perché era una bellissima giornata con un tiepido sole.

VII

Il 10 luglio gli Alleati sbarcarono in Sicilia. Mussolini li aveva ammoniti. « Se ci provate, resterete distesi sul bagnasciuga. » Non lo avevano ascoltato. « Che somaro » commentò Antonelli. « Si dice "battigia". Il primo marinaio d'Italia ha confuso un pezzo di barca con un lembo di spiaggia. »

Ci furono pochi scontri; dicevano che nelle batterie costiere molti cannoni erano di legno, e che gli americani si portavano dietro perfino la carta igienica. Gli inglesi non rinunciavano mai al tè delle cinque.

Il collega Poli, che era stato affondato nello Stretto, ma ce l'aveva fatta, raccontava scene incredibili: soldati che scappavano vuotando i magazzini e vestendosi in borghese, cadaveri neri di nafta sul mare, la gente andava incontro al nemico, e gli batteva le mani, i tedeschi erano gli unici che continuavano a combattere.

In una locanda gli avevano dato alloggio nella sola stanza rimasta libera: si era poi accorto che sotto il letto riposava, in attesa del funerale, la nonna morta. Concludeva sfiduciato: « A Enna non si pernotta ».

Il 25 luglio 1943 era domenica. Andai per la terza volta ad assistere all'inaugurazione della Casa della madre e del fanciullo. Al mattino i « Liberators » avevano bombardato la città: un rombo cupo nel cielo, poi le squadriglie altissime, dei punti d'argento che si muovevano ordinati, il sibilo degli sganci, le parole sommesse nei rifugi: « È vicina... no, tirano alla ferrovia. Chiudete bene la porta: anche lo spostamento dell'aria... ».

Il prefetto fece un discorso breve ma risaputo: riaffermò la solita incrollabile fede nella vittoria finale. Mi consegnò anche la copia di un telegramma che aveva indirizzato al duce, con viva preghiera di pubblicazione. Lo rassicurava sull'entusiasmo dei bolognesi, per nulla scossi, diceva, dalle notizie e dalle esplosioni.

Proprietario del *Resto del Carlino* era Dino Grandi, presidente della Camera dei fasci e delle corporazioni, un bell'uomo dalla barba grigia, che era stato anche ambasciatore a Londra. In archivio conservavano la fotografia di quando, in uniforme da diplomatico, andava alla Corte di San Giacomo. Dicevano che era amico di Churchill, e che disapprovava la politica di Mussolini.

«È il più intelligente,» spiegava il mio capo «parla l'inglese come l'italiano, e le miladies impazzivano per lui.»

Il re lo aveva nominato conte di Mordàno, un paese della Romagna.

Al giornale non lo si vedeva mai, ma il direttore andava spesso a trovarlo, e forse riceveva anche qualche confidenza e qualche disposizione. Allora gli ordini si chiamavano così. «Il duce ha l'ulcera e sta male» sussurravano. Secondo Tano Barbetti, che riferiva le confidenze di quelli che lo avevano conosciuto ai tempi della Settimana Rossa, erano invece i postumi di una vecchia sifilide mal curata: «Come puttaniere, però, bisognava lasciarlo stare» diceva.

Pareva che anche il sovrano non nascondesse la sua preoccupazione per quanto stava accadendo, «ma la fedeltà alla Corona» insisteva sempre il mio capo «è un punto di riferimento, un motivo di sicurezza. Senza trono e senza altare non si governa.»

Boris lo vedevo di rado; mi aveva pregato di non passare dall'ufficio. «È un momento che bisogna essere prudenti. Ci siamo. Guarda, in vent'anni, come ci hanno ridotti. Per me è passata quasi la vita. Intellettuali venduti. Per uno stipendio o una feluca non hanno saputo dire di no.»

«Che fate?» chiesi. «Li fucilerete?»

Avevo in mente Lenin, la Rivoluzione russa, la scalinata di Odessa e la ribellione di quelli della *Potëmkin*, un film classico che proiettavano al Cineguf, marinai dalla fronte coperta di bende insanguinate, nella pianura correvano i cavalleggeri di Budënnyj, e i morti restavano tra i girasoli, nelle chiese profanate, la grande felicità e le grandi illusioni di quel mondo crudele.

«Dipenderà dal partito. A Torino quelli della Fiat hanno scioperato. Bombe e razioni da fame. Intanto laggiù avanzano; presto saranno a Napoli, poi, da Napoli a Roma, è tutta una strada diritta.»

Anche il professor Martelli, nonostante le soddisfazioni che gli stava procurando il libro su Epicuro, appena pubblicato, si rendeva conto della gravità dell'ora, confermata anche dai commenti di Mario Appelius dopo il giornale radio, ma non rinnegava la sua devozione al duce e la stima per l'alleato germanico. Dall'altra parte c'era sempre il bolscevismo, e la congiura demoplutomassonica che voleva soffocarci.

«Gli ordini non si discutono» diceva. «E poi, giusto o sbagliato, questa è la mia Patria. Non lo dico io.»

«Chi lo dice?» domandò Mario.

«Gli inglesi. Proprio loro ma, debbo ammetterlo, hanno un'altra coscienza. Quel Churchill è un ubriacone, però gli ha insegnato a tener duro. Noi no, non ne siamo capaci. Latini marci. Uno statista come Mussolini non lo meritiamo.»

Tutti tacquero e si poteva presumere che fossero d'accordo, o che se ne fregassero.

L'annuncio lo diede la radio: «Attenzione, attenzione!» diceva la solita voce dei bollettini. E poi: «Sua Maestà il re e imperatore ha accettato le dimissioni del cavaliere Benito Mussolini e ha nominato al suo posto il cavaliere Pietro Badoglio, maresciallo d'Italia».

Gli stenografi erano occupati a ricevere i resoconti degli avvenimenti sportivi, in redazione c'era quell'aria spenta e stanca, dilatata dal caldo, delle giornate che sembrano senza storia, ma quando il fattorino Ghinellato entrò agitando un foglio e gridando: « Sentite, è caduto, è andato via », il comunicato fu letto tre o quattro volte, e tutti accorsero nello stanzone Interni-Esteri. Ci scappò anche un applauso e degli abbracci.

Ebbi la improvvisa rivelazione che non aspettavano altro, anche il mio superiore; avevano sempre sofferto in silenzio. Mah.

Perfino gli squadristi, il responsabile dello sport, e un inviato che aveva l'esclusiva delle manifestazioni ufficiali; quasi tutti i vecchi tipografi, poi, si dichiararono socialisti, e alcuni spiegarono che con Matteotti si davano, come è logico tra compagni, del tu.

I soli fascisti, dunque, erano i balilla e noi altri del Guf.

Soltanto il professor Martelli, che arrivò trafelato, sperando di raccogliere chi sa quali particolari, non si associò al tripudio. Sorrideva sconfortato, e nel congedarsi non disse, come sempre (per la verità era una battutina ironica): « Buona notte a tutti, e saluto al duce ».

Non so perché dei momenti epici io ricordo particolari quasi trascurabili. C'è in me, evidentemente, la deformazione del cronista. Cercavano il direttore da tutte le parti, ma era andato al mare a Rimini, e non si riusciva a rintracciarlo. Bisognava anticipare l'uscita, ma le macchine, per una legge sul lavoro, non entravano in funzione che dopo la mezzanotte.

Qualcuno propose di pubblicare il testo dell'*Inno di Mameli*, per dare ai lettori un motivo che esprimesse il meglio del passato, lo sconquasso che incombeva, e qualche speranza per l'avvenire:

Fratelli d'Italia,
l'Italia s'è desta...

Molti patrioti furono convocati per metterlo insieme, ma il tentativo fallì. Dopo i versi:

Raccolgaci un'unica
bandiera e una speme,

non riuscirono a proseguire.

Io avevo il permesso per la libera uscita firmato dal signor colonnello, in cambio della stesura del discorso che pronunciava per l'anniversario della battaglia del Podgora (21 novembre 1915) nella quale il 35° si era particolarmente distinto, perdendo la metà degli effettivi e conquistando una quota, rimollata in seguito, e di una meno impegnativa collaborazione al copione dello spettacolo del reggimento. Rientravo soltanto nella mattinata, anche per ritirare la pagnotta, ma dovevo sempre indossare la divisa. Come militare, quindi, assistevo senza partecipare al trionfo della libertà, e così si regolava anche Mario.

Dopo un po' arrivò un plotone di fanteria, col compito di presidiare lo stabilimento. Davanti all'entrata c'era una piccola folla; cantavano, facevano festa ai soldati, ci scappò anche qualche insulto: « Penne ruffiane, penne di merda », che nessuno raccolse.

Tano Barbetti si presentò con alcune bottiglie; era stravolto, e con la voce roca attaccava:

« Bandiera rossa del color del vin
viva Badoglio e abbasso Mussolin ».

Non sapeva come dimostrare la sua soddisfazione. « Bevi, bevi » mi invitava, mi accarezzava la testa, ma io non ne avevo voglia.

Il direttore si chiuse nel suo studio e per un po' non ricevette nessuno. « Sta parlando con Roma » disse l'usciere Ghinellato.

Intanto, nei vari uffici, anche i superstiti della marcia

su Roma, i seniori della Milizia, i volontari dell'Africa Orientale e della Spagna, stavano facendo piani per il futuro. Si trattava, finalmente, di dare al giornale una impronta democratica, di riscattare le comprensibili debolezze delle ore buie, mettendo gli uomini giusti al posto che gli competeva.

Il direttore non poteva restare: troppo compromesso. Non lo dicevano apertamente, ma lo facevano capire. Chi, alla sua scrivania? Chi offriva la garanzia dei meriti e della purezza? Difficile. E la cronaca poteva rimanere nelle stesse mani? L'ufficio romano, che aveva tanto inneggiato all'Asse? E anche lo sport, sì signore, così littorio?

Cominciarono le grandi manovre, c'erano gruppi che discutevano animatamente al bar, tra le linotypes, perfino nei gabinetti.

Poi Ghinellato avvertì che il direttore ci aspettava. Avevano deciso che uno degli Interni, decorato, portava all'occhiello il nastrino azzurro per una medaglia d'argento presa sull'Ortigara, avrebbe espresso il disagio di tutti.

Il direttore stava in piedi dietro al tavolo, calmo, la faccia abbronzata, la camicia con le maniche rimboccate.

« Chiedo scusa » disse. « Ho finito di parlare adesso con Dino Grandi. Mi ha raccontato che la seduta del Gran consiglio è stata drammatica; era andato armato di pistola, temeva anche per la vita, poteva accadere qualunque cosa. Hanno votato a favore del suo ordine del giorno in diciannove, sei sono stati contro, due gli astenuti. Anche Ciano ha considerato finito il compito del fascismo. Adesso bisogna non perdere la testa. Diamo i fatti, senza enfasi: la guerra continua. »

Il delegato cominciò: « Direttore, tu sai, lei sa, che noi le vogliamo bene ».

« Lo so, l'ho sempre saputo. Ma non è questo il momento per confessioni affettuose. »

« Voglio dire, vogliamo dire... »

« Che cosa? »

Era uno spettacolo penoso, triste.

«Forse per il pubblico, non per noi, siamo tutti sulla stessa barca, sarebbe opportuno...»

«Ne riparleremo domani. Vi dirò quello che conviene.»

Uscimmo in silenzio.

Feci, come sempre, i miei giri. Arrivai anche all'ufficio postale della stazione, ma Boris non c'era. Passavano tradotte tedesche che andavano verso il Sud; i nostri ferrovieri urlavano: «Mussolini kaputt», «Presto tutto finito», ma quelli che si affacciavano ai finestrini non rispondevano. Guardavano cupi e sbigottiti.

Qualche locale si era dimenticato dell'oscuramento; si vedevano, qua e là, delle chiazze di luce bianca; passai accanto a una ragazza che faceva ruotare la borsetta e canticchiava: «Tornerai da me, perché l'unico sogno sei del mio cuor...».

Quando tornai a casa era giorno fatto. Mia madre mi stava aspettando:

«Perché così tardi?» domandò.

Non sapeva niente.

Mi lavai, sentivo intanto la radio che trasmetteva il coro del *Nabucco*, e quello della *Norma*:

> Guerra, guerra, le galliche selve
> quante han querce producan guerrier.

Queste celebrazioni mi facevano ridere, avevo davanti agli occhi la redazione, il 35°, il cavaliere Benito Mussolini dimissionario, Badoglio a cavallo col pennacchio in testa, e l'immagine di me stesso: nudo, smarrito, con tanti sensi di colpa. Non avevo mai dato del tu né a Matteotti né a Starace.

Venne a trovarmi la Lella, mi buttò le braccia al collo e mi baciò: «Abbiamo vinto».

«Anche tu? Hai visto la signora Ines?» chiesi.

« È fuori, da stamattina presto. Ha passato la notte in cortile, con tutti gli inquilini, a discutere. Soltanto tua madre dormiva. »

« Ha una certa età, e si interessa solo di novene. E Boris? »

« Sparito. Lui ha degli impegni. Credi che lo faranno podestà? »

« Non lo so, Lella. »

« E adesso? Enrico tornerà? Praticamente, è come se ci fosse già la pace. Mussolini è in pensione, il fascismo non c'è più, vedrai che gli inglesi e gli americani, l'ha detto anche il colonnello Stevens, anche Candidus, con noi si mettono subito d'accordo. Non è così? »

« Non lo so, Lella. »

« Non vuoi comprometterti? »

« Le vedi le stellette? »

Andai in caserma, il capitano Minguzzi mi aspettava per condurmi dal comandante. Il capitano Minguzzi, da borghese, era fiduciario di un gruppo rionale, cassiere del Credito Romagnolo, e appassionato di musica leggera, mostrava con orgoglio una raccolta di fotografie con l'autografo dei cantanti delle orchestre Angelini e Barzizza: Alberto Rabagliati, Silvana Fioresi, Ernesto Bonino, il Trio Lescano, e una bella moraccia dalle labbra rosse che vendeva i gelati al Bar Centrale prima di esordire al microfono dell'Eiar: Norma Bruni.

Si occupava della propaganda, e capivo che in quel momento era in difficoltà. Ci aveva tanto spiegato che le nostre ritirate erano strategiche, e Mussolini e Hitler sapevano quello che facevano, ma non aveva tenuto conto dell'iniziativa del re. Gli pareva impossibile che tutto fosse finito con dieci righe di un comunicato.

« Tu mi capisci, vero? Non bisogna confondere fascio e tricolore » si sfogava. « Noi abbiamo giurato a Casa Savoia. La politica, qui dentro, non c'entra. Io, lo confesso, ho creduto. Certo, errori ne sono stati fatti, ma bisogna ancora resistere. »

Il colonnello mi chiese se al *Carlino* si sapeva di più di quello che era stato pubblicato, chi avrebbe avuta la responsabilità delle forze armate; tutto quel casino proprio mentre lui stava per ottenere, glielo avevano assicurato, la promozione a generale.

« Mancava » commentò con un sospiro « soltanto la firma. »

Mi disse che, se c'erano novità, avrei dovuto telefonargli a qualunque ora, anche a casa. Dopo cena non usciva quasi mai.

La città era in delirio. Mi accorsi che i più antifascisti di tutti erano i tranvieri. Non c'era corteo che non fosse aperto da loro. Vidi, tra i dimostranti, anche la signora Ines; reggeva l'estremità di uno striscione sul quale era scritto: « Pace pace pace ».

Dall'altra parte c'era la moglie di Boris, che cantava a squarciagola, agitava un braccio col pugno chiuso scoprendo un largo alone di sudore ed esibiva, nel sorriso stordito, una felicità insidiata dalla piorrea.

Le statue del duce vennero decapitate; al Littoriale ce n'era una enorme, e per tirarlo giù dal cavallo dovettero faticare alcune ore.

Anche Tano Barbetti non seppe resistere a quell'ondata di gioia travolgente; passò dalla portineria del palazzo dove abitava il federale che gli aveva procurato tanti guai, e gli portò via la bicicletta con le gomme nuove.

Pure mio cugino Domenico fu protagonista di un episodio che dimostra come, nella tragedia, ci sia sempre spazio per l'aneddoto curioso o quasi ridanciano. Stava aspettando di salire sul diretto per Roma, ma venne riconosciuto da alcuni viaggiatori. « Dài al gerarca » disse uno.

Gli aprirono la valigia; trovarono un osso di prosciutto e tre chili di farina. Uno lo schiaffeggiò; la merce preziosa venne sequestrata dagli insorti. « Loro sì che mangiano » disse amara la donnina dell'edicola.

Davanti al giornale si era raccolta parecchia gente; bisognava distruggere i segni del passato. Cominciarono a urlare: « Vogliamo i ritratti di Mussolini ».

L'amministratore era noto per la parsimonia, per il senso di ossequio al potente, chiunque egli fosse. Fouché, lo chiamava Antonelli. E spiegava: « È giacobino, girondino, moderato. Sta con Napoleone e con Luigi, ma in particolare con se stesso ».

Bisogna però riconoscergli un certo carattere e una sicura visione degli eventi. Disse ai fattorini: « Date solo i ritratti, le cornici serviranno ancora ».

Poi, cambiarono richiesta. Scandivano: « Vogliamo il potere ».

In prima fila c'era Boris, io lo vedevo: era pallido, teso, salì sui gradini e fece un discorso.

« Questo edificio » attaccò « è il tempio della menzogna, e i suoi sacerdoti sono dei servi. Hanno obbedito a tutti, tranne che alla verità. Vi hanno ingannati. Non vogliamo vendetta ma giustizia. Devono ritornare i compagni che sono in carcere, al confino, in esilio, vogliamo leggi democratiche, e una libera stampa. Questo debbono scrivere. Viva il popolo lavoratore, viva i combattenti figli del popolo. »

Si avvicinò un sottotenente che comandava il reparto: « O va via subito o la porto dentro. Conosce le disposizioni di Badoglio? ».

Boris insisteva: « Sono un cittadino, e la costituzione firmata da Carlo Alberto mi dà diritto alla parola ».

L'ufficiale, forse sprovveduto di nozioni risorgimentali, forse stanco dei turni di guardia, lo fissò con una espressione che non invitava al dibattito: « Ne ho pieni i coglioni. Siamo qui da ieri notte, e abbiamo bevuto soltanto una gamella di caffè d'orzo. Tolga il disturbo ».

Sotto il monumento a Garibaldi parlò un avvocato che citò anche il Carducci: « Molosso ringhia, o antichi versi italici ». Sosteneva, davanti a un ristretto uditorio di operai, di contadini e di massaie, attratti dalle bancarelle del mercato, che era l'idea liberale che gli aveva dato, oltre a Cavour e al compianto Giolitti, i bagni, cosa che meravigliò molto quelli della campagna, abituati da sempre a farla all'aria aperta.

Poi fu il turno di un tenente dei granatieri, altissimo e senza un braccio, che aveva perso in Grecia, e si era meritato una medaglia d'oro. Denunciò la corruzione del regime: i combattenti andavano sulle montagne con scarpe di cartone, in Africa non c'era né acqua né benzina, mancavano spesso le munizioni, le corazze dei carri armati erano di latta. «Chi ha tradito?» chiedeva minaccioso.

Quando scese dal piedestallo mi passò accanto: «Perché non saluti i superiori?» mi domandò severo.

Io ero distratto e indifferente alla gerarchia.

«Risulto sedentario per la vista. Tu chi sei?»

Se ne andò indignato con la fidanzata che lo aveva tanto applaudito.

«Chi si "firma" è perduto» dicevano al giornale. C'era una sensazione di provvisorio, ma molti volevano dimostrare subito che la dittatura, ormai, era una pagina chiusa e che loro si erano adeguati. Provavo rabbia nel vedere certi improvvisi allineamenti, quello del nastrino azzurro propose un articolo per celebrare, nientemeno, il teatro dell'antifascista Sem Benelli.

Paolo Maria Fabbri rifiutò di scriverlo. «Le camicie nere lo avranno magari perseguitato, ma è sempre stato un pallone gonfio di endecasillabi: "Passa la morte e passa la ruina", "il gatto fa le fusa nel fornello". Bischerate, dicono dalle sue parti. Lo faccia chi vuole.»

Mosca, sul *Bertoldo*, disegnò una vignetta: «Scusate: la libertà di pensiero adesso la abbiamo. Ora vorremmo un pensiero».

Quando verso sera tornai al *Carlino* c'era già un nuovo direttore: un anziano professore universitario, rotondo e calvo, che era stato deputato fino al '25 (poi si era allineato), e godeva della fiducia di Dino Grandi.

Avevo dato con lui un esame e mi riconobbe: «Spieghi anche ai suoi colleghi cos'è il liberalismo» disse garbato.

Non era la mia più viva preoccupazione. Mi dispiacque che l'altro se ne fosse andato così, ma mi sentivo contento perché gli avevano risparmiato l'umiliazione della congiura.

Arrivavano servizi a cui non eravamo abituati: si diceva che donna Rachele Mussolini era stata scoperta mentre tentava di fuggire carica di tesori e di pellicce, poi ci fu la rivelazione che il duce, nonostante tutte le prediche sulla santità della famiglia, aveva un'amante, una certa signora Petacci, e il poeta Trilussa, per riguardo, la chiamava Venticelli.

La sorella della favorita era stata lanciata nella carriera cinematografica con il nome di Miriam di San Servolo, un isolotto della laguna di Venezia dove c'è il manicomio, e ricordo che tutta la critica ne diceva benissimo. Forse ancora un po' immatura, ma con un fresco talento.

Raccontavano l'ultimo colloquio tra il re e il suo primo ministro, al momento del congedo: «Mi dispiace, mi dispiace,» sospirava Vittorio Emanuele «ma la soluzione non poteva essere diversa».

Badoglio aveva instaurato la censura, e nelle pagine apparivano larghi spazi vuoti. Anche le rievocazioni del ventennio non dovevano creare motivi di tensione, non si doveva provocare l'alleato tedesco, eravamo tutti italiani, senza distinzioni: i reparti della Milizia li avevano trasferiti nell'esercito. «Siamo» informavano le note da Roma «alla vigilia di avvenimenti decisivi.»

Gli Alleati, intanto, continuavano a tempestare di bombe, sempre più duramente. L'illusione che, deposto Mussolini, il responsabile, ci avrebbero risparmiati, finì presto. Picchiavano, eccome.

Al reggimento, per sostenere e guidare la truppa del deposito nelle difficili circostanze che si stavano delineando, mandarono un generale.

Era un omino col pizzetto e il monocolo, che si aggirava nervoso per le camerate e in cortile. Esigeva che tutto fosse in ordine, ci teneva molto alla pulizia.

Si rallegrò col colonnello per il razionale allevamento di maiali che venivano nutriti coi resti del rancio, e anche per le perfette esecuzioni dell'orchestra, formata da alcuni apprezzati solisti imboscati per ragioni artistiche, che eseguì in suo onore, nonostante le proibizioni, *Polvere di stelle*: ma ormai l'America era vicina.

Fui ammesso alla sua presenza. Il colonnello mi presentò: « Questo sa tutto, capisce?, è giornalista ».

« E allora, che succede? Che si dice nella capitale? » chiese brusco.

« Ci hanno informati che dobbiamo tenerci pronti a qualsiasi evenienza, a qualsiasi decisione. »

« Noi, qui dentro, possiamo reggere. Ho il mio piano. »

« È fuori, signor generale, che hanno qualche difficoltà. »

« Sono stato con Badoglio fin dalla Libia, ero addetto al comando, e ho giocato più volte a bocce con lui a Grazzano Monferrato. È uno che va a pallino. »

« Speriamo » disse il colonnello che, mi confidò il capitano Minguzzi, era stato invece con Graziani nell'Ogaden.

« Fammi rapporto, se avverti qualche indizio di soluzione imminente. »

Sulle strade provinciali si vedevano lunghe colonne di camion della Wehrmacht, ma il nostro corrispondente dalla Germania, che si era trasferito per prudenza a Bolzano, ci tranquillizzava: « Calmi, sono vuoti ».

I fascisti erano scomparsi, mai esistiti. Soltanto il presidente dell'Agenzia Stefani, un vero camerata, avvilito per la miserabile caduta del fondatore, si era tirato un colpo di rivoltella. L'unico morto. Per il resto, qualche scaramuccia, e l'annuncio di inchieste per gli « illeciti arricchimenti ».

Farinacci, con qualche altro gerarca, si era rifugiato in

Germania, alcuni erano finiti dentro, ma non perché tentassero sommosse o ribellioni. Insistevano nel portare il distintivo o non si rassegnavano alla realtà.

Una notte fu ucciso misteriosamente Ettore Muti; stava in una villa, nella pineta di Fregene, con Dana Havlova, la ballerina cecoslovacca della compagnia Spadaro che avevo conosciuta.

Un tenente dei carabinieri era andato a prelevarlo; raccontò che l'ex segretario del Pnf aveva tentato di fuggire, c'era stato trambusto e lui e i suoi uomini avevano dovuto tirargli.

Nessuno fu convinto da quella versione, tutti pensarono a un intrigo e a un delitto. Chi sa, mi dicevo, cosa è successo a quella bella donna dalle cosce che non finivano mai; forse l'avranno cacciata via.

Poi circolò la voce che era una spia dei tedeschi, e l'avevano messa accanto a Muti per controllarlo.

«Avrà scoperto» disse Antonelli «quanto lo aveva lungo. L'unica cosa certa è che lo hanno accoppato, e male.»

Una sera venne a trovarmi Boris; non l'avevo più visto. Mi chiese di uscire un momento. «Di questi tipi» spiegò «non mi fido.»

Guardava quel mondo dal quale era stato escluso con indifferenza, senza rimpianto. «Adesso sono tutti vittime,» disse «ma non sanno che non è ancora finita.»

Boris mi confidò che dalla Francia erano arrivati alcuni compagni della direzione. Al partito non credevano né a Badoglio né a quei tecnici che stavano al governo. Bisognava capovolgere il fronte, combattere i tedeschi. Non c'era da illudersi. Me la sentivo di vedere, in caserma, se era possibile far uscire qualche arma, stabilire dei contatti, per dopo? Bastava un sì o un no, lui faceva soltanto una proposta. Sempre amici, in ogni caso.

Gli spiegai che in dotazione c'erano dei moschetti '91, e qualche mitragliatrice, delle bombe a mano che uno, ferito da settanta schegge, se l'era cavata in sei giorni. Se avevi gli scarponi rotti dovevi rinunciare alla libera uscita, aspettando che li risuolassero. Avrei tentato un discorso col capitano Minguzzi, che era fesso però, assicurava, voleva bene all'Italia. Dovevo trovare il momento.

Boris era stanco, e anche confuso, come chi per tanto tempo ha tentato la scalata di un ripido muro, e a un tratto è arrivato in cima, o l'ha visto crollare. Forse si aspettava qualcosa di diverso, di scoprire un altro paesaggio; il nemico che gli stava ora davanti non era più individuabile, ben definito.

Mi domandò di Tano Barbetti; in redazione lo si incontrava raramente, era preso dai festeggiamenti, e minacciava castighi per quelli che durante «l'infausto ventennio», una nuova formula della cronaca politica, avevano collaborato con più slancio.

Guardava di traverso il capo. «C'è magari» diceva «chi è stato anche spia dell'Ovra», e l'altro, senza scomporsi: «O informatore della questura».

L'8 settembre era una giornata afosa, il cielo terso faceva pensare all'estate morente e alla possibilità di incursioni aeree. Pochi sapevano che il gioco era ormai fatto, ma tutti avvertivano che non si poteva più andare avanti.

C'era stato, all'Albergo Baglioni, per ferragosto, un incontro tra i generali del nostro comando e i rappresentanti di Hitler. Fuori montavano la guardia sentinelle in divisa da SS. All'ora del pranzo, mi disse un cameriere, i tedeschi non volevano accettare l'invito, ma il maresciallo Kesselring fece un cenno col capo e tutti sedettero attorno alla tavola apparecchiata.

Solo un colonnello non toccò cibo, aveva la rivoltella bene in vista nel cinturone, e sorvegliava la scena. Poche chiacchiere, nessun brindisi, neppure l'albana ghiacciata rallegrò la pesante atmosfera.

Kesselring fissava tetro i dipinti pastorali che ornavano le pareti, ninfe rosee, boschi e ruscelli; forse quell'Arcadia gli pareva più lontana che mai.

Nelle cassette della posta si trovavano volantini ciclostilati con la falce e il martello, un simbolo quasi sconosciuto. Esaltavano il coraggio e la forza delle armate sovietiche, guidate dall'invincibile Stalin, che avevano respinto l'aggressione nazista. Dicevano che dovevamo tenerci pronti anche noi, come gli abitanti di Stalingrado, strada per strada. Si preparavano altre trincee.

Il mio direttore polemizzava, con abili allusioni, con le tesi di Berlino, anche se nei suoi fondi mancavano, per l'intervento dei censori, parecchie righe. Sosteneva che né Mussolini né il passato sarebbero più ritornati, e che ogni paese ha il diritto di scegliere il suo destino.

Radio Londra, poco prima delle sei del pomeriggio, con una trasmissione speciale, diede l'attesa notizia: l'Italia aveva chiesto l'armistizio. «Per noi è finita» cominciarono a urlare per le vie.

I soldati buttavano le giberne, lanciavano in aria i berretti. «Tutti a casa,» gridavano «evviva il re, evviva Badoglio.»

Vidi delle donne che ballavano sotto i portici istericamente, sbaciucchiandosi, e io non riuscivo a partecipare a quella letizia, ero contento che non si sparasse più, certo, ma pensavo a quelli che non sarebbero tornati, a Zanzani, un mio compagno di scuola che aveva paura del professore di matematica ed era disperso in Russia, e anche a quello stronzo di Giuseppe Passadori, detto Pino, fucilato forse dai partigiani iugoslavi. E anche per me: quante cose avevo perdute.

Al giornale si discuteva se mettere sulla testata i segni del lutto; era pur sempre una sconfitta. Il dialogo si fece acceso; c'era chi voleva che invece di una striscia nera si facesse un titolo su nove colonne, solo una parola nel bianco della pagina: PACE.

Si ripiegò su un compromesso: listare soltanto l'articolo di fondo: DOLORE DELLA PATRIA.

Si ammucchiavano notizie disordinate. A mezzogiorno il re aveva ricevuto l'ambasciatore del Reich, Rahn, e lo aveva rassicurato: «L'Italia non capitolerà mai»; sei ore dopo Badoglio incideva un disco per dare l'ordine di respingere qualunque attacco, da qualunque parte provenisse e si preparava a scappare con l'imperatore e i più vicini cortigiani.

Rahn se l'aspettava, ma non rinunciò a esprimere il suo severo giudizio: «Questo è un tradimento della parola data».

Nella corsa tra furbi eravamo arrivati ancora una volta primi. «Vedrete» diceva qualcuno «che poi anche i tedeschi molleranno.»

Non sapevo che cosa sarebbe accaduto, ma facevo qualche bilancio. Tre anni che avevano cambiato tutto, l'idea delle cose, e molti se n'erano andati. Gli insegnamenti che avevo ricevuto non servivano più. Dovevamo cercare una possibile verità.

Tano Barbetti quella notte non bevve. Stava seduto alla sua scrivania, il panama in testa, il sigaro spento tra i denti, gli occhi socchiusi, come se inseguisse qualche pensiero.

Il capo non capiva più niente. «E se tornasse il duce?» disse scherzando Antonelli. Non rispose.

Paolo Maria Fabbri ricordava quando gli austriaci avevano sfondato a Caporetto e fu diramato l'ordine di fucilare un soldato su dieci. Telefonarono che a Roma sparavano, e che i comunisti distribuivano armi agli operai.

Chiamai il signor colonnello che mi passò il generale. Riferii. Era fermo e deciso: «Noi siamo pronti, tieni i contatti. Ho fatto chiudere il portone e alle finestre della fureria ho piazzato le mitragliatrici. Il 35°, come sempre, farà il suo dovere».

Il mattino del 9, mentre stavo per uscire, in divisa come al solito, fui raggiunto dalla signora Ines che arrivava correndo: «I tedeschi rastrellano i militari e li portano al Littoriale. Svelto, corri a cambiarti».

In via Sant'Isaia passava una colonna, duecento dei nostri con due tedeschi, di quelli con la placca di metallo al collo della Feldgendarmerie, e i mitra puntati, che andavano verso il posto di raccolta. Poi, in Germania.

Arrivava in bicicletta un bersagliere. «Scappa, scappa» gli urlava la gente, e uno dei due «tognini», come li chiamavano, col collo tondo e rosso, gli diceva: «Komm, komm» ma quello badava a pedalare, allora il tedesco fece fuoco. Una bambina che usciva dalla latteria lasciò cadere la bottiglia e si mise a piangere. Il bersagliere ruzzolò, un gran salto. Lo misero disteso, appoggiato a una colonna, col busto un po' sorretto, come se dormisse, una mano abbandonata in una pozzanghera di latte.

Davanti alla caserma della cavalleria, a Porta Saffi, c'era un Tigre con il cannone puntato sull'ingresso: in fondo si vedevano i soldati che salutavano agitando le mani.

Al 35° il portone era sempre sbarrato, ma nessun segno di assedio. Confinava con il convento delle suore di clausura, spuntavano le foglie di un melograno. Molti fanti, nell'incertezza, avevano già scavalcato il muro, e le monache li aiutavano a cambiarsi e a fuggire. Le donne delle case vicine portavano camicie e pantaloni, e sotto si vedevano le scarpe chiodate. Il generale, nonostante il colonnello insistesse, non voleva decidersi. Poi si lasciò convincere.

Fu assai faticoso farlo scendere da una doccia e indurlo a mettersi una tuta da meccanico molto larga, che imponeva oltretutto la rinuncia al monocolo. Alcuni fucili furono raccolti dal capitano Minguzzi e nascosti nel piccolo cimitero, dove erano sepolte le sorelle in attesa della resurrezione.

Su un autocarro tedesco vidi passare Meldolesi Luciano, detto Clara Calamai. Stava seduto accanto al conducente, un ragazzino biondo dagli occhi chiari, molto bello, e lo accarezzava teneramente. Indossava una vestaglia di seta gialla, molto scollata, e aveva sui capelli ricci una bustina con la visiera della Infanterie. Era felice.

Andai a cercare Boris, ma era già scomparso.

VIII

Vidi Eugenio durante un allarme. Andammo a sdraiarci sotto i vecchi alberi, nei giardini di Porta Saragozza. Era settembre inoltrato. Tornava dalla Russia: c'era dovuto andare per farsi assolvere di uno scandaloso articolo pubblicato su *Architrave*, la rivista del Guf.

Sosteneva che bisognava cacciare i gerarchi corrotti, quelli che accettavano qualunque compromesso pur di far carriera, perché la rivoluzione fascista trionfasse davvero. Pulizia, via i mascalzoni. Un bravo ragazzo, dalle spalle larghe, i baffetti neri, un romagnolo un po' casinista, ma ci credeva.

Cominciò di lontano il rombo basso degli aerei, tanti, e lui continuava a parlare: «Adesso anche il duce si sarà reso conto che avevo ragione io; era circondato da imbroglioni e da truffatori. Dobbiamo cambiare tutto, e da dentro».

«Hai visto il 25 luglio? Se avanzo seguitemi. Uno, uno solo, si è ammazzato per il dispiacere, e forse non aveva capito bene.»

«A me del duce, per essere sinceri, non me ne frega proprio. Ma c'è di mezzo l'onore, la parola data. Coi tedeschi ci siamo comportati come sempre: da farabutti.»

«A me, invece, non me ne importa niente neppure di loro. Mio zio dice che, almeno, non rubano: abbiamo constatato come sono svelti a grattare anche gli orologi.»

La contraerea non si faceva sentire, e dal sud cominciarono a spuntare le formazioni, nitide nel sole.

«Allora stai con quelli lì?» disse Eugenio.

«Anche di loro: un'ostia.»

«Non puoi; ascolta che musica.»

Stavamo a pancia in giù, le mani sulla testa nell'illusione di proteggerci; le bombe cadevano così rapide che parevano mitragliassero, poi le esplosioni.

«Buttano tutto per aria» dissi. «È come picchiare un bambino.»

«Che cosa ti aspettavi? Fanno la loro guerra, non la tua.»

Ci lasciammo appena si allontanarono; nessuno li aveva disturbati, neppure un caccia. Non lo vidi più.

Corsi verso casa: via Pietralata era quasi distrutta. Aiutai a tirar fuori una donna rimasta tra le macerie; era senza una gamba, ma non si lamentava. Nella bottega del fornaio ricordo delle galline che beccavano allegre. Un tassì, all'angolo di via dei Mille, era rimasto colpito in pieno di schegge: l'autista stava con la testa appoggiata sul volante, pareva dormisse. Dietro c'era una anziana signora con gli occhialini, aveva accanto una bambola dai riccioli stopposi, vestita di organza rosa.

Un ometto era rimasto fulminato sul cesso, col giornale tra le gambe e le bretelle a penzoloni, e la parete era crollata; due giovani sposi bloccati nell'ascensore, sospeso a mezz'aria, si stringevano ancora la mano. I motofurgoni dell'Unpa correvano all'impazzata; caricavano soprattutto dei morti.

Al giornale c'era un direttore nuovo: il terzo cambio in due mesi. Veniva dal *Popolo d'Italia*; per anni, ogni sera, telefonava al duce le novità. «È buono, sapete» diceva per convincerci.

Prometteva di essere obiettivo: «Daremo tutti i bollettini, Berlino e Londra»; poi i fatti, e l'antica fede, gli fecero cambiare programma. Andò a trovare Mussolini alla Rocca delle Caminate, e fu come l'incontro tra due innamorati che inaspettatamente si ritrovavano.

«È un po' stanco, con quello che ha passato,» raccontava «ma ha una grande volontà di ricostruire. Lo hanno sempre ingannato, anche Galeazzo, anche quel rinnegato di Grandi.»

Riapparve il professor Martelli col cuore diviso tra il duce e la Germania, Schopenhauer e Goebbels, la sua giovinezza ad Heidelberg e le risorse nascoste della Wehrmacht.

«Avete visto» diceva con orgoglio «come sono riusciti a portarlo via dal Gran Sasso? Hitler non aveva dimenticato l'amico, il camerata fedele. E quello sporcaccione di Badoglio, intanto, tramava.»

Pensavo ai vagoni carichi di soldati spediti nei Lager, alla fuga disordinata, ai magazzini, spesso pieni, saccheggiati, botti di cognac, forme di parmigiano, lenzuola, sacchi di riso sventrati, a gente di cui non sapevo più nulla. Boris dov'era?

E poi, che cosa bisognava fare? Il re, il duce, l'alleato amico che minacciava, gli Alleati nemici che promettevano, la monarchia al Sud, la repubblica al Nord. Mi facevano ugualmente schifo — si può dire così di un sovrano? — tanto Vittorio Emanuele come Benito Mussolini, come il maresciallo cavaliere Pietro Badoglio.

Diceva Antonelli, sconsolato: «Sarà un bell'esercizio salvare il culo».

Rifondarono il fascio di combattimento; aderirono in pochi, il direttore, naturalmente; un cronista che diceva: «Mi hanno dato da mangiare per vent'anni, e non l'ho dimenticato»; anche quello degli Interni col nastrino azzurro della medaglia, che non era mai stato iscritto e gridava: «Si ritorna sul Piave; o si vince, o tutti accoppati».

Tano Barbetti non si era fatto più vedere; mi dissero che si nascondeva da un amico parroco di campagna e che, in attesa di un po' di calma, passava le giornate a giocare a tressette col sacrestano. «Vedrai che prima o poi ritorna» diceva Antonelli.

Eugenio era stato nominato federale; ordinò di affiggere un manifesto per chiamare tutti a raccolta «in nome della Patria umiliata».

La risposta all'appello fu scarsa. Stava salendo i gradini della mensa universitaria dove avevano sistemato gli uffici, si voltò indietro per salutare qualcuno. C'erano davanti al portone due ragazzi in bicicletta, tirarono fuori dalla tasca della giacca la pistola e mirarono giusto. Cadde bocconi. Aveva, credo, poco più di trent'anni, e posso assicurare che non era cattivo.

Si scatenò la rappresaglia. Presero anche Tano Barbetti, lo portarono a San Giovanni in Monte. Nella cella c'erano un professore, un avvocato, altri tre o quattro, stessa imputazione. Era, anche lui, un camerata che, nel momento della prova, aveva mancato.

Non gli perdonavano nulla: di essere stato socialista da giovane, di avere frequentato qualche compagno di una volta, di aver fatto il legionario, perché doveva pur vivere, di aver urlato: «Viva la libertà!» quando credeva, finalmente, di poter scegliere.

In redazione nessuno parlava. C'era quel tempo buio e bagnato che riempie le ossa di freddo, e sa di foglie fradicie. «Non possono fargli del male,» diceva anche il capo «non ha ammazzato nessuno.»

Il direttore era in giro, tentava di ottenere qualcosa per Tano, sapeva che i suoi volevano dare un esempio, non importava chi avrebbe pagato.

Il processo fu sbrigato di notte, in prefettura, da un tribunale speciale, tutte camicie nere, solo qualche parente venne ammesso nell'aula, e i difensori poterono parlare, a quanto si seppe, ben poco, si limitarono a chieder clemenza.

Dicevano che Tano era tranquillo, forse gli sembrava uno scherzo stupido. Quando l'accusatore chiese per gli imputati la pena di morte, lo fissò come si guarda un matto. Non capiva. Si era impadronito della bicicletta del federale, è vero, ma subito era stata restituita: soltanto un gesto dimostrativo. Poi Sua Maestà, ufficialmente, bastava sfogliare la collezione del *Carlino*, aveva ordinato lo scioglimento del Pnf. Si erano ribellate le legioni? Forse qualcuno pensò di andare a salvare il duce?

L'avvocato gli stava accanto, una mano appoggiata sulla spalla: «Chiederemo la grazia».

Domandò dei sigari e della carta da scrivere.

«Miei cari,» cominciava la lettera «in questo momento io mi sento come Nazario Sauro, come Guglielmo Oberdan, come quel crocefisso che ho davanti agli occhi. Non ho fatto niente.»

All'alba, lo condussero al Poligono.

Per invitare i giovani ad arruolarsi organizzarono un grande spettacolo al Medica, con orchestra, cantanti, attori; c'erano anche Luisa Ferida e Osvaldo Valenti. Lei indossava una camicetta bianca e la gonna nera, pareva una giovane italiana. «La sua carnalità, tipicamente romagnola,» si leggeva nel programma «il fisico forte e sessuale, la rendono l'attrice più amata del cinema italiano.»

Declamò un discorsetto di circostanza che le avevano preparato, ma senza troppa convinzione. Non sembrava adatta alla parte.

Osvaldo Valenti, in divisa da ufficiale della Decima Mas, continuava a recitare il personaggio dello scettico che sfida la vita. «È drogato» dicevano.

Sui muri cominciarono ad apparire i cartelloni di Boccasile: negri che abbracciavano statue romane mutilate, SS che puntavano il dito minaccioso: «E tu, cosa fai?».

Lo zio Gigi, rimpatriato per cause belliche, si arruolò subito nella Guardia nazionale repubblicana. Gli riconobbero i gradi che aveva nei militari, sergente, e la paga adeguata; prestava servizio sui treni. Si sentiva giovane. Molti chiesero di entrare nella Todt, a scavare postazioni e trincee, o ad aggiustare linee ferroviarie. Guai a non avere il *Papier*.

Venne a cercarmi Giobatta, e con lui andammo a trovare Amleto: aveva combattuto a Roma ma, spiegava: « Adesso sono felice ». La sua domanda di entrare in seminario era stata accolta. « Chi sa, » diceva ridendo « ora che indosso la tonaca io, se ci sarà ancora bisogno di preti. »

« Piuttosto che fare l'impiegato di banca » lo provocava Giobatta « accetti anche il voto di castità. »

« È vero, e vado, se me lo ordinano, missionario tra gli ultimi cannibali. »

« Amleto, » chiesi « tu che parli con Dio, fatti dire come dobbiamo regolarci. »

« C'è un libro di un Della Robbia, che narra l'ultima notte di un condannato alla decapitazione, Pier Paolo Boscoli, perché ha cercato di uccidere il Medici. Non prende cibo, vuole che lo spirito sia leggero, che nulla ingombri la lievità dell'anima, e discute con un domenicano, che è lì per consolarlo, della sua colpa e del suo destino, e quel monaco, che ha in sé qualcosa di Savonarola, gli ridà la pace, sostiene che è lecito attentare al tiranno. »

Amleto aveva i capelli tagliati corti, come i militari, la faccia abbronzata, portava ancora la camicia grigioverde, ma mi pareva che le sue mani tracciassero già dei segni di assoluzione.

Disse Giobatta: « Ciò che va contro l'uomo, va contro Dio ».

In via D'Azeglio sfilava un reparto della Decima; erano bei giovanotti, che marciavano cantando, pareva che volessero sfidare tutto:

> « Le donne non ci vogliono più bene
> perché portiamo la camicia nera.
> Hanno detto che siamo da catene,
> hanno detto che siamo da galera. »

« Han detto la verità, » mormorò Giobatta « anche perché siete figli di puttana. »

Si divertivano a tagliare qualche ciuffo ai molli borghesi, bloccavano interi quartieri per far controlli o requisizioni, tutti quelli che non erano con loro dovevano essere considerati badogliani o sovversivi. Ricordo che mozzarono la barba a un professore di filosofia che passeggiava per via Rizzoli dando il braccio alla moglie. « Quello è Lenin » sghignazzavano, e lui smarrito e indifeso, timidamente protestava: « Ma signori, mi scusino, questo, me lo lascino dire, non è comprensibile, non è civile ».

La moglie guardava e piangeva.

Rientrò Enrico; l'avevano preso a Marsiglia, già imbarcato in un merci, ma ce l'aveva fatta a saltar giù. Gli pareva che fosse arrivato il momento della grande avventura. Raccontò che il suo comandante lo avevano steso con il calcio di un mitra, e sorrideva. « Qualcuno la pagherà, » diceva « vedrai se mi sbaglio. »

Era diventato autista dell'organizzazione Todt; fregava qualche gomma, un po' di benzina, aiutava la famiglia. Ci trovavamo certe sere dalla Lella, nella cucina calda, ed Enrico portava sempre qualcosa da mangiare.

« Lella, » diceva « non fare la stronza. Stai lontana dai tedeschi. »

Veniva anche la signora Ines, anche Giobatta, la comunista e il cattolico erano sicuri che Stalin e il Signore avrebbero alla fine sistemato tutto. Imparammo che Boris si era rifugiato dalle parti di Comacchio, nella palude. « È commissario » disse con soddisfazione la signora Ines.

Ogni tanto Enrico spariva, ma nessuno ne parlava. Una sera a San Giovanni in Monte si presentò una camionetta mimetizzata carica di militi e di tedeschi, armati e disinvolti. Bussarono, e dopo poco fu un fuggi fuggi generale, le celle dei « politici » erano state spalancate.

Enrico leggeva il giornale e sorrideva: « Non è mica difficile; ti ricordi le bilance automatiche? Basta trovare il ferro adatto, e le serrature si sbloccano ».

Un'altra volta, al Baglioni, gli ufficiali del comando

della piazza davano una festa da ballo. «Es ist Fasching,» dicevano «ist carnovale.»

Avevano fatto preparare molte cose buone, invitate parecchie disponibili signore, c'era anche il cantante e anche il comico, un piccolo attore napoletano, tagliato fuori della linea Gustav, che faceva la macchietta dell'ubriaco e la scimmia. Ridevano tanto.

La sentinella, avvicinata da un camerata, si piegò silenziosamente sulle ginocchia, e lasciò scivolare il fucile.

Entrarono nell'atrio due soldati armati di mitra, si diressero verso il salone. Le coppie stavano trascinando uno slow, una tempesta di pallottole si abbatté sullo scelto pubblico, sugli orchestrali, sui ricchi buffet, e anche sul bel lampadario di Murano che era da sempre l'orgoglio della casa.

La sera dopo Enrico portò alla Lella due bottiglie di champagne. «Me le ha regalate» disse «il tenente della Todt; ha detto che io sono molto volonteroso.»

«Cosa c'entravano i camerieri?» chiese la Lella «e i suonatori?»

«Già, cosa c'entravano? Il mio tenente della Todt mi ha spiegato che in Germania c'è un proverbio che dice: "Quando si pialla i trucioli cadono". È triste essere legno, ed è ancora peggio diventare truciolo.»

Solo una volta vidi Enrico silenzioso e turbato: «Andiamo a fare due passi» disse.

Mi raccontò che sapeva come era andata la storia della bomba scoppiata in una stanza d'albergo, che aveva ucciso una ragazza di Fiume e tre sottufficiali delle SS.

«L'ho messa io» disse. «Una torta di panna, e dentro l'esplosivo. Lei faceva la spia. Un ordine. L'ho corteggiata per un po', poca fatica, perché era bellina, mi ha detto che ieri era il suo compleanno. "Ti porterò un dono" ho risposto. Nell'atrio c'erano anche i suoi amici che l'aspettavano. "Ecco il mio regalino" le ho detto. "Lo so che sei golosa." Era nervosa: "Dài, che poi devo stare con loro. Ma se vuoi, prima, una scopatina ci scappa". Siamo andati su, io col mio pacchetto, che ho appoggiato sul comò, lei si è buttata nuda sul letto. Era languida, smaniosa, ma ho fatto fiasco, e lei rideva. "Povero pistolino," diceva "povero pistolino: che cosa ti hanno combinato?" Poi si è arrabbiata: "Non ho tempo da perdere, rivestiti. Quando ti tira, vieni a trovarmi". Sono uscito. Nessuno mi ha visto.»

C'era attorno tanta disperazione. Anche tra i tedeschi. Si muovevano con delle carrette trainate da pariglie, che avevano attraversato mezza Europa. Spedivano alla famiglia cassette di merci: profumi che erano ricordi della Francia, salumi ungheresi, pignatte di fegato d'oca portate via ai polacchi, sete italiane. I resti del bottino.

Il direttore andò a rapporto dal duce che soggiornava sul lago di Garda, e ammise che gli era parso depresso. L'usciere Navarra, che lo aveva seguito da Palazzo Venezia fino a Gargnano, gli confidò che qualche volta lo scopriva a far lunghi solitari con le carte. Soffriva d'insonnia, e la mattina si svegliava presto, per leggere i rapporti, ma pareva che non avesse poi molto da fare.

«Sentirà anche il peso della fucilazione di Ciano» disse Antonelli. «Era, oltre che membro del Gran consiglio, padre dei suoi nipoti.»

«Galeazzo andava trattato come gli altri. Altrimenti, che cosa avreste detto? Ecco, salva suo genero. Lui è buono, ma col sentimento non si serve la giustizia» rispose il direttore.

Nessuno se la sentiva di polemizzare. Il giornale pubblicava a puntate i retroscena dei vizi e delle colpe dei Savoia: dall'avidità e dalla grettezza di Vittorio Emanuele III, il numismatico, agli amori, scarsi, di Umberto il principino. Tirarono fuori certe giovanili evasioni con un'attrice e una soubrette, forse per bilanciare un po' il pettegolezzo che aveva travolto la signora Petacci.

Il tema più dibattuto era sempre lo stesso: la vergogna dell'8 settembre. Bisognava riscattarla: per questo c'erano i battaglioni Ardisco, Disperata, Audace e i marò del Barbarigo. Spesso vedove o madri di caduti consegnavano fiamme nere ai nuovi reparti.

Poi cominciarono i bandi con la chiamata alle armi: erano firmati da Rodolfo Graziani, minacciavano la fucilazione per i renitenti, la confisca dei beni e il carcere per i familiari. La Repubblica sociale italiana voleva avere un suo esercito. Chi non si presentava era considerato un bandito e un ribelle, e non c'era da farsi illusioni. La radio, oltre alle canzoni che inneggiavano alla fraternità fra noi altri del Patto di Ferro, *Camerata Richard*, *Lilì Marleen*, trasmetteva richiami e minacce.

Ogni tanto affiggevano le fotografie dei giustiziati: facciotte inespressive di contadini, di operai, facciotte da formato tessera, non da plotone di esecuzione.

Toccò anche al 1920. Parlai con Enrico e con Giobatta, la Lella preparava il karkadè, e ascoltava senza intervenire.

«Ho deciso» dissi. «Vado in montagna. Se ci saranno guai, ho scelto la parte che mi sta meglio.»

«L'Italia è lassù» disse Enrico, insolitamente patetico.

«Non mi importa tanto neppure dell'Italia, forse c'è qualcosa di più grosso in gioco, che non so spiegare.»

«Dobbiamo stare allegri» disse Enrico. «Noi due andiamo in un posto. Chi sa quando ci ritroveremo.»

«Ma c'è il coprifuoco» disse la Lella.

«Non ti preoccupare, ho le carte. Vieni, vedrai che ci divertiremo.»

Entrammo in un portone buio. «Qui abita la mia madrina di guerra, con la mamma. Papà è prigioniero in India. Ci stanno.»

«Sì, ma io che cosa c'entro?»

«Sei mio amico, no?»

«Scusa, e la madre com'è?»

«Buonissima, e se non ti va, ci sono sempre io.»

Furono un po' sorprese della visita, ma si dimostrarono molto ospitali.

«Ma come faccio a dargli del tu, Desolina?» diceva la signora, già spogliata.

«Ma dài, mamma, non lo vedi com'è gentile?»

Suonò l'allarme, tolsero la corrente, ma non ci muovemmo. Ho in mente solo una mano che mi scompigliava i capelli, con leggerezza.

Partii la mattina, in bicicletta. La primavera chiazzava di bianco i prati, c'erano poche nuvole gonfie, da gita scolastica. Pedalavo, e cercavo di ripetere le nozioni di geografia: cirro, cumulo, nembo...

La signora Ines mi aveva procurato una tessera falsa, classe 1918, per niente idoneo stante certi disturbi cardiaci. Un solo pensiero mi ossessionava: se mi prendono, nessuno saprà mai dove sono finito.

Mi fermai a mangiare vicino a una fontanella sull'orlo della strada. Pensavo anche ai tedeschi, così lontani dal loro mondo, e agli americani e agli inglesi, che stavano venendo in su: partiti dalla Vestfalia, dall'Arizona o dal Galles, per morire a Vergato.

Quando si fece notte, entrai in una casetta fuori di mano. C'erano due vecchi con la nuora e dei bambini.

«Qualche volta» dissero «passa la pattuglia dei repubblichini, qualche volta capitano i partigiani. Ma se vuole, può dormire nel fienile. Noi non la conosciamo.» Diedi qualche soldo e mi fecero cenare con loro: un po' di latte, patate e pancetta fritte.

«Io» disse il vecchio «non voglio sapere niente. Appena albeggia, è meglio che vada via.»

Avevo una indicazione: la Segavecchia, all'abetaia. La Brigata G. L. doveva transitare di lì. Passavano camion carichi di munizioni, c'erano cartelli inchiodati ai pali del telegrafo con la scritta: «Achtung! Banditen!», io avevo uno zaino con poche cose, dei maglioni, della biancheria, ma la salita era faticosa. Quando lasciai la provinciale, ed entrai nei castagneti, mi sentii più sicuro. Più in alto, cominciava il bosco.

Ritrovai odori, suoni, che appartenevano all'infanzia. Uno scoiattolo mi fissava curioso da un acero, questa che stride è una ghiandaia, il pettirosso, dicono che gli cadde sulle piume candide una goccia del sangue di Gesù, il volo largo dei falchi, il profumo del muschio e dei funghi velenosi, dài un calcio e diventano subito neri, le trote si nascondono sotto i massi vischiosi, un branco di colombacci, non ho mai visto prendere un gallo cedrone.

« G. L. » non vuol dire Gil, mi avevano spiegato, Giustizia e Libertà, non Gioventù italiana del littorio. Il comandante, dicevano che era molto bravo, aveva fatto tutta l'Africa in artiglieria, da effettivo, guardava i nuovi con diffidenza, voleva disciplina, come nei reparti regolari. « Signor capitano » gli dicevano tutti.

Mi sdraiai su un sasso, al sole, dai Bagnatori il vento portava un'aria fresca che sapeva di felci. Sentii un rumore, si avvicinò un ragazzo dal passo un po' goffo, dal volto aperto, che ispirava fiducia. « Mi chiamo Checco » disse. « È un po' che ti stiamo osservando. »

Lo seguii tra gli abeti; tanto fitti che ci si perdeva. La terra era scura, coperta di aghi, un senso di umido ti gelava la pelle. Notai che Checco teneva una rivoltella da carabiniere, a tamburo, infilata nella cinghia, e ogni tanto si voltava a vedere se lo seguivo.

Il capitano stava su un poggio; aveva un cannocchiale che gli pendeva sul petto, e uno Sten a tracolla. Portava occhiali scuri. La camicia era aperta sul petto; ogni tanto si grattava. Era alto, robusto, parlava poco e adagio, con accento meridionale.

Accanto a lui c'erano Sandro e Luigino, che avevano il grado di tenente. Sandro portava una divisa di panno inglese, Luigino, che era stato pilota, aveva ancora il giubbotto da aviatore.

Disse il capitano: « Io di politica non voglio saperne. Ho giurato fedeltà al re, e aspetto che mi sciolga da questo obbligo. Non sono iscritto al Partito d'Azione; voi potete fare però quello che volete. Mi sta bene la democrazia, ma qui decide uno solo: io. In meno ci lasceremo la buccia, e più contento sarò. Una staffetta mi aveva avvertito che arrivavi. Il momento è strafottuto. Un lancio è andato male, e si mangia quando si può. Siamo scampati, non so come, a un rastrellamento; ci mandano contro anche i mongoli e i cosacchi. Cinque li ho dovuti abbandonare. Non so niente della Matteotti e della Garibaldi. Abbiamo perso il contatto. Speriamo in bene ».

Erano un centinaio di uomini, di giovanotti; Penna Nera era stato in Russia, Sandro aveva combattuto in Toscana, laureato in storia dell'arte e milionario, dicevano, un giovanottino rotondo faceva il pompiere, e aveva tagliato la corda per non andare in Germania, Rosalba Aldo, anarchico, era reduce dalla galera, e quando passeggiava, per l'abitudine al cortile della prigione, si fermava di scatto, come se stesse per sbattere contro una muraglia. Rosalba Aldo mi diceva: « Tu niente comunista; comunista molto fisico, tu intellettuale ». Parlava abbreviato, tirava all'essenziale. Era enorme, fortissimo, un gigante.

Sandro aveva fatto il gappista a Firenze; con gli occhiali, un po' curvo, si capiva che il suo posto naturale era la biblioteca, ma sapeva guardare a sé e agli altri con umorismo, e meritava molto rispetto. « Che bravi i miei cialtroni » diceva.

Una volta che avevamo dei dubbi, pensavamo che su un costone ci fossero delle mine, andò avanti per primo, poi passammo tutti.

C'erano, nella brigata, un fornaio, un meccanico, molta gente che aveva lavorato in fabbrica o nei campi, pochi studenti. Checco voleva fare l'avvocato, come suo padre e suo nonno; da duecento anni, in una strada di Bologna vicino al tribunale, era aperto lo studio dei suoi.

Il capitano teneva le distanze con tutti, tranne che con Luigino, che aveva sempre voglia di ridere. Con lui non ce la faceva. «Cerchiamo di essere seri» diceva ogni tanto.

Studiava spesso le carte, e tracciava dei piani.

«Per scappare, signor capitano, scelga la più corta» interveniva Luigino.

E lui: «Sono soldato di mestiere, sono stato coi tedeschi, e so come si regolano, e le ho prese dagli Alleati, e so come manovrano. Fidati».

Con noi, c'era anche un prigioniero. Si chiamava Albert. Lo avevano preso durante un'azione; aveva un braccio più corto. Con me parlava volentieri; qualche ricordo di scuola mi aiutava. Stava sulla collina vicino a Stoccarda, raccontava, era rimasto ferito in Grecia, poi lo avevano trasferito in Italia, e adibito ai rifornimenti.

«Hitler Scheissmann» diceva.

«Traduci» pregava Luigino.

«Uomo di merda, pressappoco.»

«Aber Deutschland hat ein Geheimnis, capito?»

«Poco; dice, mi pare, che la Germania ha un segreto.»

«Was?» insistevo.

«Die Waffe.»

«Hanno un'arma nuova, una scoperta, terribile» spiegavo.

«Come si dice culo?» chiedeva Luigino.

«Arsch, mi sembra.»

«In Arsch, allora, a lui e ai suoi soci.»

Albert si dichiarava spiacente, ma non credeva proprio che finisse come noi speravamo. Certo, era anche lui per la pace: da sei anni stava lontano, e poi c'era Astrid che lo aspettava. Mostrava la fotografia, un po' robusta, per il mio gusto, ma sempre meglio di niente.

Ci avviammo verso Gaggio; mettemmo le postazioni in un vecchio mulino. Da una trave pendeva un vitello scuoiato, mi ricordava un quadro famoso, di non so chi, forse Rembrandt, accendemmo il fuoco, per una volta mangiammo a volontà, anche il pane fresco. Fa male, quando non ci si è abituati.

Andai di pattuglia con Sandro, c'era la luna, ci fermammo a prendere fiato alla torre. Mi raccontò che una volta gli avevano ordinato di andare a far fuori un certo Carità, un poliziotto che ne aveva combinate tante.

Era una domenica mattina, sapeva dove abitava, conosceva le abitudini del suo cliente. Lo aspettava seduto al tavolino di un caffè, la bicicletta appoggiata al marciapiede. Due colpi per lui, due per l'accompagnatore, senza agitarsi, poi via alla svelta.

Apparve invece dando la mano al nipotino. «Niente,» disse Sandro «ma nessuno mi ha rimproverato.»

Parlavamo anche di libri; aveva conosciuto dalle parti di Volterra un partigiano che scriveva dei romanzi, un certo Cassola, e me lo avrebbe fatto incontrare.

Anche con Checco andavo d'accordo; mi diede anzi la sua pistola. Era uno dei più giovani, ma non aveva la crudeltà dei ragazzi che non capiscono neppure cos'è la morte; aveva pensato a molte cose. Tommaso, da Bologna, portò degli stampati sul Partito d'Azione, e assieme imparammo come era difficile cercare di realizzare la libertà politica e la giustizia sociale.

Leggemmo anche la vita dei fratelli Rosselli; mi piacquero molto quei borghesi ricchi che seppero rinunciare a tutto, senza compromessi. «Anche Garibaldi, che era repubblicano,» diceva Checco «disse "obbedisco" a Vittorio Emanuele II che glielo chiese sul cavallo nero.»

Il capitano non ascoltava le nostre chiacchiere, ma si preparava ad attaccare Monte Castello. Gli americani si sarebbero prima o poi decisi a entrare a Porretta; con Checco gli eravamo andati incontro, e fummo per un giorno i soli padroni della cittadina. Ce ne andammo con due volumi rimasti sullo scaffale di una cartoleria; *L'amico gesuita* di Mario Soldati e un romanzo di Willy Dias.

Rosalba Aldo mi stava sempre vicino; voleva farmi capire che, fin che ci fosse stato lui, nonostante la mia fragilità, non mi sarebbe accaduto niente. Discuteva spesso con Penna Nera, che era di carattere piuttosto chiuso, e poco portato alle considerazioni politiche. Anche perché era balbuziente. «Tu sottoproletario» diceva Rosalba Aldo «prima guerra ai tedeschi, poi rivoluzione.»

«Io» diceva Penna Nera «la rivoluzione la lascio fare a te. Sono stato anche in Iugoslavia, e ho visto sulla Drava duemila morti, lo sai cosa sono duemila morti, ammazzati da quelli di Pavelić, si scannavano tra di loro, c'era un vecchietto con un paniere di brustulli che si era salvato, vendeva brustulli e piangeva.»

«E tu non spari sui repubblichini?»

«Perché stanno coi tedeschi; non voglio passare la vita ad ammazzare. Poi, uno che tartaglia, non può essere un eroe.»

«Mosè aveva difficoltà di parola,» disse Sandro «eppure si fece notare.»

Penna Nera, che non lo sapeva, ne fu contento.

L'attacco, combinato al comando alleato — erano finalmente venuti avanti —, fu deciso per il 28 ottobre. Una data che si ricorda. Il capitano lo aveva preparato bene; divise le forze, studiò le manovre, gli americani distribuirono le razioni K, carne, biscotti, cioccolata, e tavolette di destrosio, che davano energia.

Avemmo anche le divise, coi giubbotti impermeabili; e spararono coi cannoni sul crinale. Prima di ritirarsi, i tedeschi avevano ammazzato, in un posto chiamato Ronchidoss, ottanta persone, anche bambini e donne e vecchi, e Penna Nera tirò una raffica a un'ombra con la pelliccia d'astrakan, quando si accorse che non era una signora ma un Feldwebel.

«Okay» disse il maggiore americano.

Avevamo fatti sette prigionieri, che mi furono dati in

consegna. Li mettemmo nella caserma dei carabinieri abbandonata.

« Interrogali, » disse il capitano « prendigli i documenti, e fagli cavare le scarpe. »

« Li consegniamo al maggiore? » chiese Checco.

« Occupati delle faccende tue. »

« Bitte » dissi. « Die Schuhe. »

Erano inzuppati di pioggia, i loro pastrani sapevano di terra, di bagnato, di grasso di maiale, di cuoio, di tedesco, mostravano calze rotte e piedi lividi.

« Warum? » domandò uno.

« Non fare domande, stronzo » disse Luigino.

Entrò un uomo con la barba ispida, gli occhi rossi, e un bastone che agitava furioso: « Dov'è mio Kind » urlava. « Dove mio bambino? »

Picchiava sulla schiena, sulla testa quei prigionieri che non si muovevano, non gridavano, non capivano, cercavano appena di ripararsi.

« Ich bin in Wien geboren » disse uno.

« È nato a Vienna, è austriaco » spiegai al capitano.

« Gli suoneremo un valzer » rispose.

Checco mormorò: « Li vuole ammazzare ».

Mi fissavano sgomenti. Si rendevano conto che stava per accadere qualcosa di brutto.

« Alle gefangen; prigionieri, tutti » dissi.

Nessuno sorrise.

« Signor capitano, » intervenne Sandro « noi non siamo come loro. »

« Neppure quegli ottanta lo erano. Qui, lo sapete, uno solo comanda. Non mi fido più neppure di Albert; se ci scappa, sarà un altro macello. »

« Albert no, diamolo agli americani, almeno Albert » dissi.

Prima uscirono i sette senza cappotto, senza scarponi, guazzavano nelle pozzanghere. Rimasero distesi in una macchia di quercioli nani, e i figli dei contadini gli portarono via i cinturoni, poi li seppellirono.

Me ne andai all'osteria con Checco, e cominciammo a bere tanto; vomitai il vino cattivo e sognai per alcune notti uno di quei tedeschi che aveva gli occhi spiritati come mia nonna, e il loro odore mi rimase addosso a lungo.

Mi raccontarono poi che Albert urlava: «Chiamate quello che capisce mia lingua, io camerata, io niente fatto», ma Mirko gli diceva: «Va' avanti» e non lo stava a sentire.

Il capitano ebbe un colloquio col maggiore americano: «Avevano tentato di fuggire» spiegò, e consegnò otto piastrine di riconoscimento.

«Okay» disse l'ufficiale.

Non si stava male in paese. Venne l'ordine del maresciallo Alexander di sospendere le operazioni per l'inverno, e ci accantonarono sulla Linea Gotica coi brasiliani. Il loro generale si chiamava Mascarenhas, avevano una corazzata dal nome impegnativo: *El terror do mundo*, non erano mai stati al fronte, e quando cadde la neve, i negretti impazzivano per la novità. Il loro primo morto fu un tenente, figlio di emigranti, di nome Pittaluga; compiva vent'anni quel giorno, cantava *Rosamunda* e si accompagnava battendo il tempo col calcio del mitra. Scappò un colpo.

Diventai amico del dottore; era un uomo saggio, che sapeva tante cose, e giudicava con distacco, leggeva i classici, andava a caccia, si accontentava. «Se non sono diventato Murri,» diceva «una ragione deve pure esserci.»

Una sera gli chiesi come mai, una persona avveduta come lui, era stata fascista: «Se aveva detto di sì Guglielmo Marconi,» spiegò «cosa doveva fare il medico condotto di Gaggio Montano? E poi, mi ascolti. Se dal 1922 Mussolini ha retto, eliminando tutti gli avversari, una spiegazione bisogna cercarla: o aveva qualche numero fuori dal comune, o gli altri erano inetti, certo non migliori di lui. Lasci stare il genio della stirpe: ma ce lo siamo inventato, o voluto. Lei conosce Tolstoj, nevvero?».

«Alla meglio.»

« I Napoleoni non nascono a caso, e neppure i Benito. Mi auguro, certo, che voialtri siate migliori. Soprattutto che vi si offrano meno tentazioni per cedere, così i peccati saranno più leggeri. Non chiedete troppo: quando due si sposano, io non gli auguro di essere felici, perché è immorale; basta, per vivere, anche una buona amicizia. Capirsi. »

Ascoltavamo assieme la radio; io portavo scatolette, il dottore sceglieva una bottiglia salvata dai molti passaggi. Così sentimmo una sera che Vittorio Emanuele III aveva nominato Stalin collare dell'Annunziata. Ridemmo molto all'idea che il georgiano Iosif Džugašvili e un Savoia erano diventati cugini. « Non ci sono limiti alla fantasia della vita » commentò il dottore.

Ci fu un episodio increscioso; alcuni dei nostri svaligiarono la merceria della piazza. Apparteneva alla moglie dell'ex fiduciario del fascio, finito in campo di concentramento. Uscirono i ladroni con reggipetti, mutandine di pizzo traforato, cordelle colorate, le sventolavano oscenamente, si sentivano protagonisti di una bella impresa; era sempre il negozio di un repubblichino.

Mirko, il ragazzotto che aveva già provato a uccidere, non sapeva cos'è una donna, e con uno zaino di quella merce andò a cercare la Ida, una sposa allegra che, a quanto dicevano, aderiva gioviale a ogni richiesta. Senza malizia, bussate e vi sarà aperto.

Mirko tremava dall'emozione, cominciò a farle mettere le giarrettiere. La Ida ballava per la stanza avvolta nei nastri, come stelle filanti, fuori cominciò a imperversare la bufera, e Mirko, pallido e infreddolito, sulla sponda del letto, all'improvviso si mise a piangere. La Ida lo coprì, lo prese accanto a sé, stretto, e dopo un poco Mirko dormiva.

Il capitano ordinò che, se la mercanzia non fosse stata subito restituita, quattro, a sorte, sarebbero finiti al muro. Anche la Ida depose sul banco un po' di camicie e di corsetti. « È stato uno scherzo » disse.

La gente di Gaggio aveva fame, e i depositi degli Alleati erano ben forniti. Per il giorno del Ringraziamento, arrivarono camion di tacchini arrostiti, e torte di mele. Così Rosalba Aldo pensò di realizzare un po' di giustizia, e fu bello assistere alla conversione di Penna Nera.

«Tu» gli diceva «affermi che non sei uno svaligiatore, e io ti capisco. Ma lo sai cosa fece il compagno Stalin per aiutare il partito? Assaltò una banca. Chi osa sostenere che il compagno Stalin è un malandrino? No, la risposta corretta è: Stalin si comportò da idealista. Chi ha detto: dar da mangiare agli affamati? Gli Stati Uniti sono venuti sì o no a liberarci? E allora il democratico, senza calorie, non sopravvive. A tutti, dice Marx, secondo le necessità: ma quelli scoppiano.»

Fu così che molti cartoni di stufato e fagioli, latte in polvere, zucchero, caffè, rallegrarono le mense dei parrocchiani di Gaggio, perché la distribuzione venne affidata all'arciprete, che vide dietro quei pacchi di viveri non le mani rapaci dell'ateo Rosalba Aldo e del suo complice, ma quelle candide e misericordiose della Provvidenza.

Ricordo anzi che una vedova eccedette nell'uso delle tavolette di destrosio, oltre le prescrizioni, e ogni mattina mi confidava gli effetti stupefacenti di quel ricostituente: sognava lo scomparso, che la sbatacchiava con una energia mai avuta da vivo.

Una notte, una pattuglia comandata da Luigino tornò indietro con un tedesco e una SS italiana. L'italiano era giovanissimo, diciotto anni, credo. Mi fissava con insistenza.

«È un infante» disse Luigino sghignazzando. «È mezzo di qua e mezzo di là. Sua madre si chiama Monika Bauer, c'è scritto nel libretto, e lui Ludovico, o Ludwig Casadei.»

«Bisognerebbe, allora, farlo fuori due volte» disse Mirko.

«È un fregnone come te» intervenne Sandro. «Tu che cosa capisci?»

«Lo conosco» dissi. «Non ne ha colpa. Tu stavi in Sant'Isaia, vero?»

«Sì, ma ne ho colpa. Nessuno mi ha costretto. Faccio la terza liceo, so leggere.»

«Allora sei un coglione istruito» disse Luigino.

«Vieni» disse Checco «che ti portiamo a finire gli studi.»

Non era una minaccia. Sbiancò, ma senza buttarsi via. Il tedesco lo pregava: «Ludwig, bitte, ein Moment. Friede, was ist Friede? Ja, pace».

«Io credo che loro abbiano ragione» disse Ludwig. «Lo dico da italiano. Nel momento più brutto, li abbiamo mollati.»

«Portiamoli dagli americani» concluse Sandro. «Ludwig e loro si capiranno. Io non ce la faccio.»

«Se vuoi...» disse Mirko.

Salii anch'io sulla jeep che andava verso Porretta. Sentii che Ludwig rabbrividiva, ma non so se per il freddo o l'emozione. Quando entrò nel comando Usa e lo lasciammo non disse nulla. La sentinella americana gli offrì le sigarette. Ne accese subito una e respirava avidamente.

Tra le carte del tedesco c'era un foglietto gualcito; una canzone della fanteria, parole disperate:

«Dove il duce governa senza paese
e senza potere,
dove i partigiani non danno pace,
dove la notte in ogni angolo
si spara e si grida,
e saltano le rotaie,
e il treno va per aria,
dove le lettere ci arrivano dopo
molte settimane,
non è questa la nostra patria,
al diavolo questo maledetto paese.»

Capitò tra noi uno della banda di Urio, e mi raccontò che avevano preso lo zio Gigi, e un altro, altissimo, che chiamavano Il Piccolo, un fotografo informatore delle SS, e li avevano uccisi oltre la Serra, nessuno ne aveva il coraggio, era toccato a un disertore russo. Mi disse che lo zio Gigi era legato a un palo, e aveva capito; da lassù vedeva la sua casa. «Se non siete capaci,» disse «datemi una pistola che faccio da solo; ho una medaglia dell'altra guerra.»

Il Piccolo stava con la testa china tra i pugni, rassegnato. Pensai a mia madre, e a come è facile morire. Con quello della banda di Urio non parlai più.

Si preparava l'offensiva di aprile. Ogni tanto quelli dell'Office of Strategic Service ci mandavano di là dalle linee, con dei piccioni viaggiatori. Bisognava fare il punto delle postazioni nemiche.

Ricordo i tedeschi di una batteria, che si bagnavano nel Silla, sotto i giunchi, lavavano le maglie, scherzavano, si gettavano addosso l'acqua, e noi stavamo a guardarli, trattenendo il respiro. Il colombo si alzò col rotolino legato alla zampa, fece un largo giro, poi un tiro concentrico di mortai, e tre rimasero con la faccia immersa nella corrente.

Venne l'ordine di aggregarci al Gruppo di combattimento Legnano. Attaccato a una manica, avevamo lo stemma col guerriero, che spiccava su una bandierina tricolore.

«Presto sarà finita» disse il dottore. «Addio, e buona fortuna. Qualche volta si ricordi di me.»

«Tornerò» promisi. «Una volta o l'altra ci rivedremo.»

«No, non tornerà. Dice una poesia francese: "Il fiume bagna questa terra, ma il suo destino è arrivare al mare".»

Mirko fu l'ultimo a saltare sull'autocarro; c'era la Ida che lo salutava sventolando un fazzoletto. Pareva commossa.

IX

Scendemmo verso la città per la strada di Pianoro. Mandarono avanti i polacchi. Dicevano: « Han deciso di dargli una soddisfazione; è da Cassino che corrono ». I genieri avevano disteso chilometri di fettuccia bianca per segnare il cammino; i campi, attorno, erano minati.

Una giornata bellissima, tiepida: faceva venire in mente le gite da ragazzi, col circolo parrocchiale, verso le grotte di Gaibola, e l'acqua fredda che, accaldati, andavamo a bere al pozzo della canonica. Sotto i ciliegi c'era un tappeto di fiori strappati dal vento. Case abbandonate, macerie, ponti distrutti, l'odore dolce dei morti, due cavalli sventrati dalle schegge.

Dissi a Checco: « Sarebbe buffo morire proprio davanti a casa, beccati dall'ultimo pazzo ».

Tutti tacevano; pensavano: Chi, che cosa troverò?

La colonna avanzava adagio, nessuna resistenza, una marcia di trasferimento. Disse il capitano: « È da El Alamein che scappo, con gli inglesi e gli americani dietro. A Bologna mi fermo ».

Imbruniva, e quando entrammo nella caserma Magarotti, appena abbandonata dai fascisti, era già notte. Decisi di andare in via Pietralata. Il Pompierino si offrì di accompagnarmi: « Io non ho nessuno qui; se vuoi, vengo con te ».

C'era il coprifuoco; i portici erano bui e silenziosi. Un G.I. sonnecchiava appoggiato a una colonna, in piazza Malpighi. « Hallo, boys » disse festoso.

Gli pesava far la guardia, aveva voglia di compagnia, forse anche un po' paura, ma io volevo andare. Si sentiva, lontano, qualche sparo.

Di via Pietralata rimaneva poco; il vecchio edificio era stato colpito, non c'erano più inquilini. Avevano demolito la facciata: si vedevano, schiarite dalla luna, le tinte svanite degli ambienti, qualche quadro rimasto alle pareti, qualche mobile sfasciato, inutilizzabile. Gialla: la camera da letto della signora Ines; la Lella, ricordo, si era buttata alle spese folli, e aveva voluto la tappezzeria, tante rose rosse, quella fotografia storta, macchiata e corrosa dalla pioggia, forse era il ritratto del nonno Marco: l'ingrandimento con la cornicetta di legno lucido costò, tutto compreso, cinque lire.

Il Pompierino osservava senza curiosità; disse soltanto: « C'è tutto da rifare ».

Andammo verso l'Osservanza. « Ho un amico, » gli spiegai « si chiama Otello, sta in una bella villa sulla collina; raccontano che nella grande sala ballò anche Napoleone. »

« Quello » osservò il Pompierino « ha ballato dappertutto. »

Bussammo, ma non volevano aprire. Da una finestra della portineria spuntò il muso mansueto di una vacca. I contadini avevano cercato rifugio dentro le mura, e si erano portati dietro il bestiame.

Otello non ci credeva: « Sei arrivato, e come stai bene. Sembri proprio un americano. Questa stelletta sulla spalla che cosa vuol dire? ».

« Sottotenente; ma non impressionarti: è tutto provvisorio. »

Mi raccontò che c'erano stati momenti brutti; pochi giorni prima i repubblichini avevano fucilato nel giardino tre reclute fuggite dal reparto, e nel salone, tra gli stucchi e le veneri neoclassiche, vollero mettere su anche la burletta del processo.

« Perché siete scappati? » chiedeva l'ufficiale che interrogava.

Uno rispose: « Ci pareva che fosse già finita, e volevamo tornare dalle nostre parti. Era un peccato farsi accoppare ».

Disse Otello: « Abbiamo imparato a uccidere, siamo anche capaci di essere crudeli ».

Ci diedero pane e salame e del latte, ma avevamo poca fame, e anche nel letto pulito stentammo ad addormentarci.

«Senti,» diceva il Pompierino «mi pare impossibile che adesso uno si svegli e vada a lavorare, che a mezzogiorno si mangi, che la sera si chiuda la porta, poi a dormire.»

«Si è combattuto» dissi «soprattutto per questo.»

La mattina uscimmo presto per andare al comando. Una bella signorina mi venne incontro sorridente: «Have you chocolate?» sillabò.

Rimase male quando le risposi: «Sorry, ma sono italiano».

Di quei giorni ricordo tante donne coi pantaloni da uomo e col mitra, molte bandiere e molti fazzoletti rossi, il pulviscolo che avvolgeva le piazze, la gente, i cartelli dei polacchi nelle strade dove c'erano i casini: «Ulika zakazana», e le scritte in inglese: «Off limits», i cadaveri che trovavano ogni mattina davanti ai cancelli della Certosa.

Riaprirono le sale da ballo, il motivo che aveva successo era arrivato dall'America, il boogie-woogie. Anche le dive di Hollywood erano cambiate, c'era un'attrice che piaceva tanto, gambe e chiome lunghissime, Rita Hayworth, ma la chiamavano Gilda.

Si sfogavano molte vendette. Una ragazza, in via Ugo Bassi, teneva tra le braccia un bambino piccolo, la folla la insultava, lo aveva avuto da un tedesco, era ridicola senza un capello, rapata a zero, ma pareva non sentisse le offese e le risate, guardava soltanto il figlio che piangeva, gli parlava sottovoce, dolcissima, e camminava in testa al corteo sguaiato come se fosse sola. Per sopportare quella scena bisognava pensare che fosse molto colpevole; al Vecchio Testamento, all'adultera lapidata.

Ero tornato al giornale, c'erano tutti, tranne tre o quattro spariti o nascosti. «È bello ritrovarsi insieme» disse il capo.

Mi spiegò che aveva collaborato coi liberali ma tessere, giurava, mai più. Una volta, passi. Il direttore era stato arrestato. «Lo cacceranno dall'albo,» spiegava il capo «ma porcherie, diciamo così, non ne ha fatte. È sempre stato un sentimentale. Neppure i tipografi ce l'hanno con lui, e il giudizio della classe operaia oggi conta.»

Mi misero a far la cronaca. Mancava lo spazio, due pagine in tutto, non i fatti. C'era abbondanza soprattutto di «nera», ma ormai un morto, venti morti, cento morti, non facevano più storia.

Campare era difficile. I prezzi salivano furiosamente, circolavano le amlire, a pacchi. Si viaggiava sulle camionette, e le valigie di cartone, legate con lo spago, contenevano pane, olio, frutta. Si vendeva e si comperava tutto.

Qualcuno tornava: per primo arrivò Boris e venne subito a trovarmi. Era stato dalle parti di Comacchio, commissario politico di una brigata del Pc, facevano i colpi coi barchini dei fiocinini, i ladri di anguille, che scivolavano rapidi e leggeri nella palude. «Ero qualcosa come un ammiraglio» spiegava Boris.

«Laggiù» mi raccontò «adesso sono tutti milionari. Non rubano solo il pesce, ma anche il sale. Mettono sempre i bambini a dormire nei cassetti, ma comprano il fonobar.»

Lo trovai cambiato. «Sono stanco» disse. «Ho voglia solo di scrivere. Farò ora il romanzo che ho sempre sognato. Ma che sognato: l'ho vissuto. Mi considero un militante, ma intendo servire con la penna. Forse Lenin non era avvocato? E Carlo Marx non scriveva libri?»

Gli volevo bene; probabilmente, pensavo, Boris sarà il nostro Gor'kij.

«Perché non vieni con noi?» mi chiese.

«Non sono abbastanza bravo, Boris, non posso essere, tutti i giorni, comunista o cattolico.»

«Nessuna offesa; lo sai, no? Io ti capisco.»

«Anch'io, Boris; mi hai insegnato molte cose, ti ringrazio. Tu mi hai parlato.»

Incontrai anche Giuseppe Passadori, detto Pino, reduce dalla Iugoslavia. Aveva combattuto con Tito. No, accidenti, nessun guaio, niente minacce. Gli avevano anzi offerto tante occasioni per riflettere sugli errori e sul futuro. «Adesso,» mi disse «aderisco ai cristiano-sociali; c'è una componente marxista nella dottrina, ma che non trascura l'insegnamento evangelico.»

«Falce e martello a bagnomaria nell'acqua santa» dissi con una certa volgarità.

«Questo, permettimi, è semplicismo e facile polemica: noi crediamo al materialismo dialettico, ma abbiamo in più la fede nel trascendente.»

Voleva laurearsi in fretta perché avevamo già perduto troppo tempo.

Giornale dell'Emilia si chiamava il quotidiano pubblicato con l'approvazione e la sorveglianza degli Alleati. Per le vecchie testate, sostenevano, non c'era più posto: troppo compromesse. Bisognava epurare i camerati più ardenti e impegnati, e cancellare le prove dei vecchi tradimenti.

Il nostro controllore era un maggiore dell'esercito Usa, mister Allison, roseo, sempre accuratamente sbarbato, che a New York, diceva, insegnava psicologia delle masse; aveva requisito una villetta dalle parti dei Giardini Margherita, dava delle feste, alle quali invitava i soci del Circolo della caccia con le signore, non voleva noie, e il solo atto del suo potere che lasciò un segno fu il sequestro dell'*Enciclopedia Treccani*, documento che dimostrava le deviazioni della cultura sotto Mussolini; la fece impacchettare dagli uscieri, e non tornò mai più in biblioteca.

Avevo visto pubblicare la notizia della caduta del fascismo, vidi comporre la prima pagina col racconto della morte del duce. Prima poche righe: «Partigiani italiani hanno giustiziato ieri a Giulino di Mezzegra (Como) Benito Mussolini», poi la confusa cronaca di quelle ultime ore.

Pioveva quando lo catturarono e lui disse: « Fa bene; avremo un buon raccolto ». C'era anche la sua amante, Claretta Petacci, che non volle abbandonarlo. Ricordo un commento: « Tra i fascisti, una sola persona ha saputo morire con dignità: una cortigiana ». Un astrologo spiegava che Mussolini era stato rovinato dal segno sfavorevole di Orione.

Arrivò una telefoto, con la fucilazione dei gerarchi, davanti a un muretto di Dongo: l'ultimo piccolo, magro, in fondo, con gli stivaloni eccessivi, sull'attenti, un po' sbiadito, mi parve di riconoscerlo, era il professor Martelli.

Disse Antonelli: « Se da Epicuro non aveva imparato a vivere, bisogna riconoscere che i classici gli hanno insegnato a chiudere con decoro ».

Nei tribunali nominarono le corti speciali; dovevano processare i capi del regime e anche gli ultimi seguaci, accusati di delitti.

Andai ad assistere a qualche udienza. C'era, dietro le sbarre, quel comico napoletano che aveva recitato per tutti. Lo avevano anche promosso colonnello della Guardia repubblicana, e si era fatto ritrarre in divisa: per la prima volta si sentiva qualcuno.

La sua difesa era goffa e patetica. « Signor presidente, » diceva « signori giudici: non sono mai stato niente, un guitto, e quando leggevo nei manifesti grand'ufficiale Raffaele Viviani, compagnia del commendator Marcello Giorda, io, lo confesso, li invidiavo. Così quei gradi mi fecero piacere. Un riconoscimento, il solo, e volevo che si vedesse. Mica sparavo; raccontavo barzellette, cantavo filastrocche senza senso. Signori, voi state facendo causa a un buffone. Sono Rigoletto, sono Yorick, ricordate Amleto?: "Yorick, mio vecchio Yorick"; non giocate anche voi col mio teschio. Un clown, signor presidente; d'accordo: ma questo è il mio mestiere. »

Mio cugino Domenico fu condannato a otto anni; ne

passò più di uno a Gaeta, nell'antico penitenziario, gli mandavo libri e giornali, e lui mi scriveva lunghe lettere; era un uomo fuori dal tempo, poi un'amnistia e il cancro lo liberarono di un peso e di una solitudine che non riusciva a sopportare. «Ci fu un momento» mi scrisse una volta «che parevano tutti d'accordo, e lui aveva un fascino che non è semplice spiegare.»

Ritornò Renzo dalla Germania; lo avevano catturato in Grecia e dal settembre 1943 era stato in campo di concentramento. Odiava Rino, un nostro amico del Guf, che quando la fame si faceva più forte, gli parlava di quelli che avevano aderito, ed erano rimpatriati, e che certo mangiavano.

Gli diceva: «Una certa prova di carattere, ormai, l'abbiamo data; poi potremo tagliare la corda», e Renzo, sfinito, cadeva in tentazione, una specie di deliquio, gli pareva di non farcela più.

Arrivarono i russi e buttarono giù i reticolati, e i prigionieri uscirono. Un francese trovò un sacco di zucchero, e morì di indigestione. Ognuno cercò alloggio in qualche casa; Renzo da una contadina che aveva il marito disperso.

«Due mesi di cura indimenticabile;» raccontava «gulasch, cosciotti di capriolo alla prussiana, e scopate a non finire. Non ci crederai, ma anche la debolezza aiuta.»

Ritornò Gaspare, congedato dal Corpo di liberazione, e spese tutti i soldi che gli diedero per liquidarlo dal servizio onorevolmente compiuto in via San Marcellino. Era sempre là, e la signora lo invitava anche a cena.

Tra le signorine c'era anche una ex ausiliaria. «Qui,» confessava «sono più sicura, e in materia di uccello io non faccio distinzioni.»

Era scappata da casa per seguire l'idea e un marò del principe Borghese; due sconfitte, anzi tre, ma lei, della sua, non ne voleva sapere.

Enrico si era dato agli affari; volle a ogni costo portarmi al Pappagallo.

«Lo avresti mai pensato?» disse compiaciuto quando ci sedemmo a tavola. Eravamo circondati dalle fotografie dei grandi del mondo, da Emma Gramatica a Jeannette McDonald, da Ruggero Ruggeri a Pirandello.

«Che cosa fai, Enrico?» chiesi.

Aveva anche l'anello coi brillanti. «Mi sembri» gli dissi «Carlo Moreno»; era un concittadino che cantava con l'orchestra del tango di Eduardo Bianco.

«Commercio. Tutto. Dalla carta carbone ai camion.»

«Pieni?» chiesi.

Rideva: «Acquisto e rivendo a telone abbassato».

«Ma quale lavoro ti piacerebbe?»

«L'organizzatore di pugilato, però occorrono più soldi. Li sto mettendo via.»

«Sempre la stessa tecnica?»

«Spiegati.»

«La bilancia.»

«Ma no. Qui sopravvivono i più forti, vero? Che cosa vuoi che rischi, con quello che ho sulle spalle? Sai cosa rende un viaggio a Roma, o a Milano, con un rimorchio? Mi dedico un po' ai trasporti, qualche mediazione, stabilisco, come dire?, dei contatti. Lo stemma di questo tempo è un camion rampante.»

«E la Lella?»

«Non ne ho più saputo niente. Sai, ho una amica. Una gran bernarda. Un tipo fine. Figurati che fa il bagno di schiuma. Suo marito è un agrario.»

«Anche lotta di classe, quindi.»

«Le piaccio, e mi regala delle cravatte.»

Non avevo nessuna voglia di fargli la morale; oltretutto, era anche inutile. E poi, cosa dovevo dirgli? Non è accaduto niente, torniamo come prima? Con tutto quello che aveva fatto, come poteva avere paura dei carabinieri, o della legge? Chi avrebbe spiegato a Rosalba Aldo, ad esempio, che la nuova società senza oppressi e senza oppressori era ancora lontana, e con le rapine non si accorciavano i tempi?

Una volta capitò Mirko, e mi chiese se poteva restare un po' con me, in redazione. Era agitato, fumava con accanimento.

« Ai ragazzini fa male » gli dicevo. « Dovresti anche andare a letto presto, e rimetterti a studiare. »

« Avrò tempo, credo, per tutte e due le cose. »

« Che è accaduto, Mirko? »

« Sono nei pasticci. Con altri partigiani, volevamo far paura a un prete. Era stato un gran fascista. »

« Allora... »

« Stava in collina; dicono anche che aveva denunciato dei compagni. »

« Allora. »

« Siamo andati in sette, comandava uno che chiamano Bicicletta, perché fin da quando era piccolo... »

« Allora. »

« Il prete si è messo a urlare, voleva correre in campanile, ha fatto un maledetto bordello. »

« Chi ha sparato? »

« Io facevo il piantone. »

« Sei sicuro? »

« Lo sai che non ho paura quando c'è da tirare una raffica. »

« È come se tu lo avessi fatto. »

« Il caricatore è intatto. Possono controllare. Che c'entro? »

« C'entri, Mirko. Se ti beccano, c'entri. »

« Tu che cosa puoi fare? »

« Ho preso lo stipendio; non ti ho più visto; potrei poi venire dai giudici, se ti pescano, a dirgli certe cose, ma credo servirebbe poco. »

« La pace » disse salutandomi « non viene mai. »

Antonelli prese il discorso molto alla larga. « Sai, quel cronista che aveva aderito, hanno detto che era morto, mitragliato mentre tentava di attraversare il Po, su un ponte di barche, avevano trovato anche la sua Topolino incendiata.»

«Forse è vivo, sta bene e mi saluta. Ne sono contento.»

«Non era malvagio. Lo hanno epurato. Gli altri, si sono infilati nella Dc, o hanno pianto tra le braccia dei comunisti. Lui invece si è nascosto. Ha più pudore. Intanto gli è nata una bambina. Non voglio dire un'altra disgrazia, ma è alla fame. Tutti si stanno sistemando, hanno ottenuto il grande perdono.»

Andammo, come due congiurati, al battesimo. Portammo anche le paste, e la bottiglia di vermut. L'epurato, quando suonavano il campanello, si nascondeva sotto il letto. Fu penoso vederlo venir fuori. Si vergognava un po'.

Mi mostrò come passava le ore: aveva costruito un treno in miniatura, elettromotrice Breda e vagoni, col velluto rosso negli scompartimenti di prima classe.

«Funzionante» disse con orgoglio. «Volevo studiare da ingegnere; forse sarebbe stato meglio.»

La moglie ci accompagnò alla porta; era grossa, in disordine, madida. La brave donne sanno sempre un po' di sudore: «Si ricordi, se può far qualcosa. Filippo è un poeta».

Gli Alleati arricchivano il nostro vocabolario di nuove parole: «sciuscià», «segnorina», «paisà», e qualcuna la imparavano: «pizza», «espresso», «va' a fa' in culo».

C'era uno scambio di servizi: ognuno offriva qualcosa, anche la sorella. Sui muri di Roma, una mattina, apparve una scritta: «Annatevene tutti, lassatece piagne da soli». Nessuno disse meglio di quello sconosciuto il sentimento della gente.

Sembrava un miracolo che i treni tornassero a risalire la penisola, invece arrivarono grandi locomotive americane a carbone, che sbuffavano, come nei film western, quando si vedevano correre nella pianura verso Santa Fe; con le coperte da casermaggio dell'U.S. Army si fecero cappotti tinti di blu; i disoccupati e i reduci si offrivano come sminatori, e verso settembre si ritornò ad arare la terra; nei teatri si recitava O'Neill, bisognava decidere: repubblica o monarchia?, e molti temevano «un salto nel buio».

Ma ci sentivamo come dei pionieri, era possibile credere anche in Dio, perché a pregarlo tra le rovine si ripeteva il rito dei cristiani che andavano a cercarlo nelle catacombe.

«Siamo un popolo di quarantacinque milioni di sinistrati» diceva Antonelli.

Credevamo, anch'io lo credevo, che la vita sarebbe cambiata.

Comparvero i primi settimanali a rotocalco; davano anche spazio alle cronache mondane. Non se ne era mai parlato. C'era un colore di moda, il *mauve*, che era spesso citato, si descrivevano feste ai bordi di piscine cosparse di petali, con rinfreschi da corte dello zar, champagne di annata, ostriche fatte arrivare in aereo da Ostenda, e case con letti dove aveva dormito la regina Margherita, e salotti inglesi del Settecento, e in più il rifugio antiatomico.

Nella pineta di Tombolo, disertori negri e ragazze italiane vivevano come in una impenetrabile foresta dell'Amazzonia. I banditi assaltavano le banche e i viaggiatori, nelle strade si barattava tutto: un po' di Chicago, e un po' di Piedigrotta.

Un professore di inglese, traduttore di Shakespeare, che era stato allontanato dall'insegnamento, perché compromesso, si esibiva nei club degli occupanti come prestigiatore con un nome cinese.

Con una biscia d'acqua addormentata attorno al collo, che doveva tener su a simpamina, e un turbante in testa, il cameriere di Gabriele D'Annunzio, senza impiego, faceva l'indovino, e andava a leggere la mano ai Tommies e ai G.I. curiosi del futuro. Ci si arrangiava, come sempre.

Mi mandarono a far la cronaca dell'ultimo processo

che si concluse con una sentenza di morte: un sergente della Rsi, di nome Tartarotti, accusato di sevizie, di saccheggi e omicidi. Era controllato e calmo, cercava di alleggerire le accuse dei testimoni con garbo: «Forse la signora mi confonde», «Perdoni, ma ho l'impressione che il teste non ricordi bene».

Il presidente era un vecchio magistrato, dalla faccia apoplettica, rossa, e dai modi pazienti; mi sembrava turbato da quel compito troppo pesante, pensavo che non ci sarebbe stato un giudizio senza appello. Ma dei giudici io non ho mai capito niente.

Il sergente Tartarotti dopo l'armistizio non sapeva che fare: se fuggire in Iugoslavia o se andare nelle Brigate Nere di Pavolini. Sbagliò scelta. La giuria popolare lo ritenne colpevole.

«Ha nulla da aggiungere?» gli domandò con aria paterna il presidente.

«Vorrei essere fucilato al petto, come il generale Bellomo.»

Dal pubblico una voce urlò: «Tu non sei un soldato, ma un delinquente».

«Davanti alla morte siamo tutti uguali» disse Tartarotti.

Non gli avevano insegnato che non è proprio così, perché ognuno se ne va portandosi dietro tutto.

Il furgone che lo trasportava al Poligono veniva fermato continuamente dalla gente che, non sapendo quale servizio stava sbrigando, chiedeva un passaggio. L'esecuzione fu rimandata di due ore perché il pubblico ministero, che doveva per regola essere presente, si era addormentato. Tartarotti, seduto sulla seggiola impagliata alla quale dovevano poi legarlo, attese fumando, senza parlare, guardava l'argine sfumato dalla nebbia.

Pareva che tutti i mali nascessero dalla politica. La politica faceva paura. Un commediografo napoletano, Guglielmo Giannini, diventò subito famoso come direttore di un settimanale, *L'uomo qualunque*, che attaccava i partiti e i loro capi: «Non abbiamo bisogno di essere amministrati,» sosteneva «per questo basta un buon ragioniere».

Se la prendeva con De Gasperi, con Nenni, con Togliatti, col presidente del Consiglio, Ferruccio Parri, che a Palazzo Chigi, per non lasciare l'ufficio, si era fatto sistemare anche un letto.

«Fetenti, fetentoni, fregnoni» gli diceva; molti lo seguirono e votarono per lui, capo del partito dei senza partito.

Quando i convogli del Brennero si fermavano nelle stazioni, c'erano sempre donne vestite di nero che mostravano delle fotografie e chiedevano: «Lo ha conosciuto? Ne sa niente del mio figliolo?».

Già, le fotografie. Una commessa della Motta, una certa Lucia Bosè, era stata eletta miss Italia. Si ricominciava. Sfilò, come le altre concorrenti, in due pezzi.

Dei bambini con le stampelle, nel cortile di un istituto, volevano giocare al pallone: saltellavano, cercavano di colpirlo con la testa.

A che servono le gambe?

Anche mia madre, come quelle dall'abito scuro, pensavo, avrebbe potuto fare la stessa domanda: «Sa qualcosa di mio figlio?».

X

Sono passati trent'anni. Nel 1948, dopo le famose elezioni, mi sposai. Nessun rapporto, evidentemente, tra i due fatti: il mio matrimonio e il trionfo della Democrazia cristiana. Feci il viaggio di nozze a Venezia: ho un certo gusto per le cose banali; d'agosto dico spesso: «Che caldo»; d'inverno, quando qualcuno si lamenta per la neve, ricordo il 1929.

Mia moglie si chiama Anna: se non avesse altri meriti, mi ha sopportato. Dice che sono pieno di contraddizioni;

mi costa un poco ammetterlo, ma ha ragione. Ci siamo fatti compagnia.

Ho due figli: maschio e femmina; perfetto. Al ragazzo ho messo nome Marco; sta per laurearsi in geologia. Mi pare lo abbia detto san Paolo: «Parleranno le pietre». Giovanna studia il flauto. Non mi contestano; c'è in loro, mi sembra, quella condiscendenza ironica che si usa verso le persone anziane. Giovanna una volta si è lasciata andare: «Secondo me, sei un turatiano».

Chi sa se è una offesa.

Sono tutti e due molto a sinistra. Gli ho detto: «Dovreste leggere i libri di Emilio Lussu; quella sì che è la storia di un uomo», ma loro i buoni esempi li cercano fuori. C'è stato il momento di Fidel, di Guevara, poi di Ho Chi Minh, per adesso Mao resiste. In seguito si vedrà.

Ho fatto una certa carriera: sono redattore capo, e curo la rubrica filatelica. È una passione che mi è venuta con la maturità. Da giovane sfottevo gli amici che facevano la raccolta di francobolli, citando la battuta di un umorista: «Collezionisti di sputi internazionali», ora guai se in segreteria non mi tengono le buste che arrivano dall'estero. Si cambia.

Non figura nel biglietto da visita, ma mi hanno insignito della croce di Grand'ufficiale della Repubblica per meriti culturali. Scrissi un articolo dietro richiesta di un esponente della Dc, che lo firmò, e un giorno un carabiniere portò il decreto di nomina. L'ho nascosto in un cassetto. Nessuno ne sa niente. È probabile che lo scoprano, a suo tempo, dal mio necrologio. Le vedove hanno certe debolezze.

Mi hanno invitato anche al Rotary e tra i Lions, ma c'è già il direttore che è socio, e non voglio averlo tra i coglioni anche a tavola: così garbatamente ho risposto di no. Ha dato la colpa agli orari, al mestiere, eccetera.

Per uno nato a Pianaccio, posso considerarmi riuscito. Avrei dovuto fare il boscaiolo, come i miei cugini, o l'operaio, come mio padre. Mi è andata bene: quindici mensilità all'anno. Andiamo in vacanza a Riccione, in albergo, così anche mia moglie per un mese si riposa, ho due macchine, Marco ha voluto la Honda e l'ho accontentato.

«Trockij la rivoluzione la faceva con l'autoblindo» gli ho detto, ma lui se ne è fregato.

Non mi occupo di politica. L'ultimo manifesto che ho firmato è stato quello di Stoccolma, nel '50, credo, per l'abolizione dell'atomica. Dissi: «Sono anche contrario a quelli che fanno bum con la bocca», ma l'amministrazione mi fece sapere che, con quelle sottoscrizioni, ci si prestava al gioco dei comunisti e di Mosca.

Dei vecchi compagni della giovinezza, o della vita militare, non vedo quasi mai nessuno. Ci si ritrova, qualche volta, ai funerali. Non partecipo ai pranzi celebrativi, alle ricorrenze, perché evito, nei limiti del possibile, quegli incontri che fanno precipitare nello sconforto. C'è quello che ti invidia, e quello che ti ispira compassione. Ne vengon fuori dei bilanci crudeli.

Una sera è passato al giornale il capitano Minguzzi; era felice, e voleva darmi una bellissima notizia: tornava da Milano, aveva superato gli esami da paroliere. In banca è assai stimato, da poco lo hanno passato vicedirettore. «Se hai bisogno di un mutuo,» mi ha detto «non farti riguardo.»

Mi raccontò che il nostro colonnello, diventato finalmente generale, ebbe le estreme onoranze che meritava: con la banda del reggimento, che eseguì l'*Ave Maria* di Gounod, e un picchetto armato in uniforme da parata.

Il mio comandante partigiano, invece, si era congedato dall'esercito; l'esperienza sui monti lo aveva mutato. Viveva nell'ossessione dell'arrivo dei russi, che prima o poi avrebbero travolto tutto. «E tu» mi diceva serio «voti per i socialisti, che sono legati al Pc, una quinta colonna.»

Viaggiava per una distilleria, era ispettore; lo incontravo con la valigetta del campionario, e qualche volta l'ho accompagnato a visitare dei bar, sempre discutendo dell'imminente irruzione dell'Armata Rossa.

«Scendono dalla Romania, entrano in Iugoslavia, e li abbiamo in un attimo a Trieste.» Spiegava: «Traiano mandava le sue legioni a occupare la Dacia; vedrai che invece dalla Moldavia e dalla Dobrugia scenderanno i bolscevichi. E allora noi, per questa Italia, che cosa abbiamo combattuto a fare? Dov'è la libertà?».

Mi dispiaceva che mi considerasse quasi un traditore, o uno stupido che non capiva nulla delle mire imperialistiche del Cremlino.

«C'è l'America che ci difende» gli dicevo per incoraggiarlo, ma chi sa perché, non si fidava neppure di loro.

«Te lo ricordi quel Clark al fronte? Kesselring gli ha pisciato in tasca fin che ha voluto.»

Lo trovarono morto in un albergo di Belluno; era in giro col copiacommissioni. Nessuno gli aveva mai detto che aveva il cuore malato. E quando lo sai, a che serve? Non volle che gli andasse dietro nessuno: solo, fino all'ultimo, come aveva vissuto.

Amleto è monsignore. Avrebbe desiderato una parrocchia, tra la gente, coi giovani si trovava bene, invece sta invecchiando negli uffici amministrativi della curia. Lo hanno fregato. Tiene i conti dei beni della Chiesa, riceve vecchi preti che si lamentano della scarsità delle offerte e dell'indifferenza dei fedeli.

Ho voluto che battezzasse i miei figli, ma ho l'impressione che siano dei cristiani di complemento. Non ne parliamo mai, ma non so se credono in Dio, se sono atei, se il problema li ha in qualche modo turbati.

In certi momenti penso siano molto infelici, più di quello che fummo noi.

«Almeno,» dice Giovanna «sapevate dove stava il nemico, avevate uno scopo.»

Amleto non si lamenta: «L'obbedienza ai superiori, mi hanno insegnato, è una legge fondamentale del sistema ecclesiastico. Dove mi mandano, vado».

«Senza discutere.»
«Senza discutere.»
«Il cardinale è come Stalin.»
«Certo, rossi tutti e due.»

Ma io so che si aspettava di meglio, qualcosa di diverso: anche il martirio, magari. Invece, un orario e dei timbri.

«Pensi davvero che un giorno risorgeremo?» gli ho chiesto.

«Ne sono sicuro; nessuno muore per sempre. Ci ritroveremo tutti.»

«Caino e Abele, Dante e Beatrice, Nerone e Agrippina, Hitler e Churchill, tutti. E molti andranno all'inferno.»

«È improbabile: neppure Giuda, che vendette Gesù per trenta denari, si può dire con certezza sia condannato alla dannazione eterna.»

«C'è anche chi Cristo lo ha liquidato per meno.»

«Lascia un po' di spazio alla speranza.»

Giuseppe Passadori, detto Pino, non è più cristiano-sociale: anzi, i cristiano-sociali sono scomparsi, come i liberal-socialisti, e i democratici del lavoro; in questo paese, quando comperano l'aringa, la vogliono o da latte o da uova.

Ha un posto di dirigente alla Rai; si occupa del personale. Sarei curioso di sapere come vota, chi ha preso il sopravvento: ma forse si astiene.

Boris è molto malato, non esce quasi mai. Vado qualche domenica a fargli visita. Passa le giornate davanti al televisore. La moglie se ne è andata, e si era appena fatta la dentiera, sembrava ringiovanita.

Pubblicò il romanzo che doveva spiegare tutto, la vicenda di una generazione, e anche quella dell'Italia, e la sua, uno di quelli, quindicimila su dieci milioni di consensi, che votarono no, che hanno avuto una sola tessera e una sola idea.

Si intitolava *La notte tra gli argini*, ma non ebbe successo. Il giovane critico dell'*Unità* lo accusò di «mancanza di visione storica» e di «insufficiente analisi del contesto sociale».

Ne fu molto addolorato. «E pensare» diceva «che il compagno Togliatti elogiò le opere di Germanetto, un barbiere.»

Ogni anno, per il 25 aprile, gli chiedono un articolo celebrativo, che è più o meno lo stesso, solo cambia il titolo e l'attacco; un riferimento alla Corea, o al Vietnam, o alla Palestina, alla Cambogia, al Portogallo, c'è sempre un posto dove qualcuno si spara.

Lo accusano di essere rimasto, nel fondo, stalinista, un duro e un romantico nello stesso tempo.

«Io» dice Boris «so che senza di lui ci saremmo arresi, che per noi voleva dire l'avvenire, che anche tra quelli che faceva fucilare, c'era chi andava al muro gridando il suo nome, che i russi con la sua guida hanno resistito ai nazisti, e li hanno sepolti nella steppa e nella vergogna; e se lui, come ha detto il compagno Chruščëv, ordinava di ballare il "gopak", tutti gli altri accompagnavano la danza applaudendo. C'è stata anche la Santa Inquisizione, e guarda come sono lunghe le processioni. Adesso arrivano i burocrati, gli innocenti, i colti; noi ci siamo anche sporcate le mani, non abbiamo compiuto gli studi regolari, ma che te ne fai di un rivoluzionario che ha solo testa e niente cuore? Stalin era un assassino che piangeva ascoltando un canto di deportati.»

«Non mi convince: ha distrutto una generazione di intellettuali; anche Gor'kij, dicono che l'ha fatto fuori lui.»

Boris tace. È un superstite. Sente che non può più marciare con gli altri, tenere il passo. «Io non voglio neppure capire, non posso. E non chiedetemi neanche perché accadono certe cose; non lo so. Tutto è molto incerto. La mia verità agli altri non serve.»

Giobatta è professore all'università. Fin da piccolo era

il più bravo. Se lo merita. Insegna storia della filosofia, vive con la madre e una vecchia cameriera. Mi hanno detto che era innamorato di una studentessa, se ne erano accorti tutti, tranne la ragazza, e lui non le disse mai niente. Ha la mia età, ed è sempre stato timido. Penso che morirà casto. Chi sa cosa si prova, o come immagina quella faccenda.

Mirko è uscito dopo otto anni, coi polmoni bucati. Aveva una morosa che lo ha aspettato. Ha voluto che gli facessi da testimone, avevano preparato una gran mangiata, con l'orchestrina sull'aia, si è sposato in municipio ma al banchetto c'era anche il curato.

Lo guardavo: gonfio, gli occhi infossati, la pelle unta. Che ne è rimasto del ragazzino della Segavecchia e di Monte Castello? È andato ad ammazzare ma, come dissi in tribunale, credeva di difendere dei princìpi che non aveva capiti. Dice Checco: «Tutti, allora, volevano uccidere».

Io guardavo Mirko, e pensavo: Ogni cosa si giustifica, il bene e il male. Si può perfino sparare con innocenza. Chi ci aveva insegnato il rispetto della vita?

C'era anche Checco, che va sempre, è quello che mantiene i contatti. «Bisogna stare insieme, fare insieme» dice. «Così è anche possibile capire e giudicare.»

Ogni tanto mi telefona: «Ho avuto una lettera di Parri. Purtroppo non sta bene».

Checco ha mantenuto l'impegno: è avvocato, come suo nonno, come suo padre, che andarono con Garibaldi e con gli alpini, e per lui fu naturale finire alla macchia. È abbonato ai concerti, va alle conferenze, legge molto, ha salvato qualcosa di sé, partecipa ai convegni per la libertà della Spagna, della Grecia e del Cile.

Io gli dico che esagera, che non si può essere mobilitati di continuo, per sempre, e lui sorride pacato.

«Non credi che ti riguardi anche la morte del mandarino cinese?» mi chiede.

Vorrei preoccuparmi anche di questo lontano dignitario, ma non ce la faccio. È riprovevole, ma della fame dell'India ci si libera, di solito, con l'invio di latte in polvere; già agli alluvionati della Calabria si mandano le giacche smesse che il portinaio rifiuterebbe.

«Allora,» domanda Checco «della carestia del Terzo Mondo, che mi dici?»

«È grave, ma all'inquilino del mio pianerottolo, hanno sequestrato la camera da letto, perché non può più pagare le rate.»

«E allora?»

«Ritirerò una cambialina; intervistai una volta un cardinale e mi spiegò che la redenzione del mondo compete, come sta scritto, a un altro.»

Sono io che peggioro. Fu un grande attore, John Barrymore, se non sbaglio, che disse: «C'è un momento in cui finiscono i desideri e cominciano i ricordi». È arrivato.

No, non pretendo di avere scoperto tutto, ma non incoraggio le illusioni. Vorrei, se fosse possibile, che ogni cosa rimanesse così, immobile, una specie di limbo. Mi sono arreso: posso fare, tutt'al più, qualche sortita, non ho fiato per le battaglie. Ammiro Checco: continua a resistere. Anche agli anni.

Non vorrei che queste righe fossero intese come una specie di elogio funebre, ma se faccio un appello, molti non possono rispondere.

Un flash di agenzia, questa mattina, annunciava la scomparsa, in Brasile, della contessa Dana De Teffé. Era Dana Havlova, la ballerina di Spadaro, l'amica di Muti.

Della nobile signora si stanno occupando i poliziotti. Pare abbia lavorato per l'Intelligence Service e per l'ammiraglio Canaris; nel settembre del 1943, anche lei scappò, e trovò rifugio in Spagna, e nel suo romanzo entrarono un diplomatico, poi un medico, poi un ricco corridore in automobile, poi un avvocato, e Dana passò l'oceano, con molti dollari, e un titolo aristocratico, sempre in movimento da New York a Rio; accidenti, che appassionante fumetto, con quella fine tragica e misteriosa. Che tristezza, però; anche le belle donne muoiono.

Ho detto al direttore: «L'ho conosciuta, con Ettore Muti, era una delle due soubrettes di Spadaro che cantavano *La carrozzella*».

Mi ha risposto: «Sono nomi che non interessano a nessuno».

Ha ragione; il direttore ha quarant'anni.

Luigino è finito inchiodato sull'autostrada del Sole, una notte di novembre, non si vedeva a due metri. Si è infilato sotto un autotreno, e c'è rimasto sul colpo. Aveva tentato molti mestieri, senza fortuna.

«Ci vorrebbero delle conoscenze a Roma» mi spiegava ogni volta che lo incontravo. «Tu Fanfani lo hai mai visto?»

Diceva che i fascisti stavano ritornando, ma non quelli ingenui, gli svelti, non manovrando il mitra, che è rischioso, ma i soldi, comandavano come prima, e senza dare nell'occhio.

«Meglio un capomanipolo di un commendatore» diceva. «I commendatori mi fanno una maledetta paura.»

Enrico, con la raccomandazione dell'Anpi, l'associazione partigiani, ha avuto un posto da custode della palestra, nell'ex casa della Gil. Ogni tanto il suo nome appare, per piccole somme, nel bollettino dei protesti. È molto invecchiato. Ha sposato una donna cattiva che va in giro a fare le punture e, mi hanno detto, quando si arrabbia lo picchia, e lui la prega: «No, per favore, non sulle ferite di guerra».

Questo è un breve riepilogo. Certo, ho dimenticato qualcuno. Le carte si rimescolano di continuo. Già: mia madre. È sempre sulla breccia e continua a parlare con Dio su un piano di assoluta parità.

Mi ha chiesto: «Vorrei essere sepolta col babbo. Pensi che a lui farebbe piacere?».

«Lasciamo stare» ho detto.

È convinta che il paradiso le compete, e magari sarà proprio così.

«Chi sa, però,» insinuo io per farla arrabbiare «se è tutta quella cuccagna che dicono.»

È sicuro che io ne sarò escluso.

Il racconto continua. Sono curioso di vedere come vado a finire.

UNA SIGNORA COSÌ COSÌ

Il concerto è terminato. Gli orchestrali vanno a casa.

INGMAR BERGMAN, *Il silenzio*

L'avenir, c'était plus beau hier.

Da una canzone di GUY BÉART

Oh, aspetta,
questo può accadere a chiunque.

BORIS PASTERNÁK

Al mio amico Federico Fellini, che in un momento difficile mi ha suggerito, per non pensare troppo alla morte, di inventare la vita raccontando una storia. È questa.

I

Lo guardavo e pensavo: non ha l'aria del cacciatore di mutandine. È venuto prima della recita. Mi ha spiegato che il suo direttore ci terrebbe proprio tanto. Tre puntate, lunghe.

«Perché?» gli ho chiesto. «Corro verso i cinquanta: nei film, faccio la parte di madre, quasi sempre abbandonata. Non mi chiedono più di mostrarmi nuda, né di recitare una scena d'amore con un alano. Adesso va molto. Non ho nulla contro gli animali, ma è già difficile con gli uomini. Dopo non si sa mai cosa dire, e si crea quel silenzio imbarazzante.»

«Certo,» ha detto lui «ma lei è una signora famosa. Una bella e rispettata signora.»

«Così così» gli ho risposto.

È molto impacciato: si mangia le unghie, fuma con eccitazione. È poco più di un ragazzo, deve avere anche i foruncoli sulla schiena, molto magro. Si vestono tutti nello stesso modo, giubbotto di pelle, camicia aperta sul petto, catenina con pendagli.

Mi veniva da ridere: i miei amanti portavano tutti la maglietta di lana. Forse per questo interessano le mie memorie.

«Potrebbe» ha detto «buttare giù le storie come le vengono in mente, prendiamo un registratore. Io le farei qualche domanda. Lei ha vissuto.»

La gente sa di quando io e Piero stavamo insieme: adesso pubblicano la sua opera completa. Nell'ultimo romanzo, Lia, dicono, sono io. Un motivo, credo.

Chi sa che cosa gli piaceva di me; ho le gambe un po' grosse, i lineamenti forti, la faccia quadrata e due tette piccole, buffe. «Sembrano quelle delle donne di Cranach» mi diceva Piero. Sono andata a controllare. Hanno anche il collo lungo; io porto un filo di perle, ma non nasconde le rughe.

La Signora quando entrai per la prima volta in compagnia, ed ero una stupidotta smarrita, tra i vari insegnamenti sulla «presenza», sul portamento, affermava, per consolarmi, che un seno giusto deve stare in una coppa da spumante e nella mano di un gentiluomo. Coi bicchieri non ho mai provato.

Ho avuto l'impressione che quello era il primo incarico di un certo impegno che gli davano; lo turbava, penso, anche quell'atmosfera strana e allucinata che c'è dietro il palcoscenico, quando la ribalta è buia, e l'odore dei camerini, del sudore che si attacca ai costumi, di trucco, di borotalco, di umori che vanno a infilarsi nel tubo del lavandino.

«Piero Cattani» ha detto il giovanotto (a proposito, non ho capito bene come si chiama: Gian Marco, mi pare, Piacentini, o Fiorentini) «aveva una grossa testa.»

Qualche volta la nascondeva tra le mie cosce: è quindi difficile per me dare un giudizio spassionato. L'ho conosciuto in maniera banale, in un caffè, mentre ero in giro con il Teatro Italiano del Grand. Uff. Un debutto straordinario a Fano. Piero era capitato laggiù per il suo giornale: un autobus che portava i bambini di una colonia si era scontrato. Quindici erano morti. Dicevano tutti che i bambini morti, come li raccontava lui, non c'era nessuno.

Pioveva, e la spiaggia era grigia e deserta. Gli ombrelloni chiusi e allineati sembravano una foresta di strani alberi, umiliati dal vento. Con l'impermeabile bianco, se ci ripenso, sembravo l'imitazione di Michèle Morgan nel *Porto delle nebbie*. Anzi, fu Piero che lo notò.

Aveva un tono lento, una cantilena; mi colpirono gli occhi, verdi, freddi, impauriti, e il fatto che portava il cappello a lobbia e il colletto inamidato: c'era in lui qualcosa di un altro mondo.

«Avrei voluto essergli vicina quando se ne è andato» ho detto. (Questo Gian Marco ha preso fuori un taccuino, e ha cominciato a prendere appunti.) «Ma è difficile capirsi fino all'ultimo, si ripetono sempre le stesse cose, e bisognerebbe che ci sembrassero, ogni volta, sorprendenti e nuove.»

«Forse,» ha commentato «conta anche la differenza d'età.»

Chi sa, ho pensato, se ha mai sentito parlare del vecchio Goethe e della fanciulla Carlotta. Non si annoiavano. Mi ha un po' urtato: e poi, perché dovrei confessarmi in piazza? Che pretesa, e che maniera di entrare nella solitudine degli altri. È vero che quando pagano il biglietto e siedono in poltrona, non guardano soltanto i gesti, non ascòltano solo una voce, inseguono le loro fantasie. Si crea, con le luci spente nella sala e la scena illuminata, un misterioso rapporto. «Tu vivi davvero, sul proscenio,» diceva il Grand. Uff. «quello che gli altri, sulla strada, recitano male.»

«Lei conosce certamente Henry Miller, non quello della Marilyn, l'altro; avrà letto qualcosa. Miller spiega: "Puoi richiamare l'immagine di una rosa, non il suo profumo". Certo sono arrivata all'età dei ricordi: ma ha un senso rievocare le mie vicende? Serve forse a qualcuno?»

«Magari,» mi ha detto brutalmente «alla sua vanità.»

«Ha ragione. Io ho amato soprattutto il mio mestiere, o forse me stessa. Hanno scoperto delle scimmie, ho visto da qualche parte, che si adornavano di strisce di rafia e di sgargianti petali tropicali, ballavano, battevano le mani, si grattavano il culo, facevano spettacolo, volevano farsi notare. L'attore discende dallo scimpanzè?»

Siamo onesti. Una persona normale, come fa a salire su quattro assi, con stracci, lustrini, piume che ti travestono, per apparire un'altra, e strappare un applauso, o far piangere quella grassona lì, in prima fila, con l'ombretto che si scioglie e le sporca la faccia?

Sentii un collega, un rassegnato «generico» condannato sempre a piccole parti, che sospirava: «Mi accontenterei anche di essere un cavallo, ma vorrei, nella corsa, piazzarmi una volta almeno fra i primi tre».

Ripeteva il Grand. Uff.: «Ragazzi, se aspirate a diventare qualcuno dovete essere dei mostri. Kean si ubriacava, Memo Benassi, il mio maestro, disprezzava tutti, Michel Simon colpiva per la sua bruttezza. Che vi frega se ci esibiamo in questi umidi cessi di provincia? Ma che facevano i comici di Molière, o quelli che andavano in barca con Goldoni, cosa faceva Shakespeare? Strada, locanda, corte, bordello, che cosa importa?».

Ho detto: «Per tirare la somma, bisogna mettere tutti i numeri in fila. Un esercizio faticoso. Non ci sarà più nulla da aggiungere?».

Un po' mi sgomenta il pensiero che tutto è ormai finito. E i conti non tornano. O salta fuori uno zero.

Ritorno al passato.

Non sono stata la adolescente che aspettava LUI, L'UNICO, IL GRANDE, anche se mi sarebbe piaciuto, ogni mattina, inventare una trama, e soprattutto, viverla.

«Se mi sposo, non mi rimane più tempo per l'amore» dice Maša, un personaggio del *Gabbiano*.

Quando ero piccola, mia madre mi sgridava perché non le piaceva il mio modo di odorare i fiori. Forse c'era qualcosa di sensuale. Chi sa come guardavo i maschi alla dottrina. Diceva Greco, il suggeritore: «Il guaio è che abbiamo troppi organi».

Volevo diventare un mito, come Greta Garbo, così

chiara e misteriosa, tra prati di nebbia, laghi di ninfee, umidi boschetti di betulle, una donna capace di incantare una platea innamorata. Essere, come si dice, un nome, la luminosa sulla facciata del teatro, ma poi si spegne, i caratteri maiuscoli sul cartellone, ma la pioggia li sbiadisce, e non sapevo che ti possono ferire con le parole perché il nome diventa qualcosa di tuo, come un occhio, e se lo colpiscono fa male come una ferita. Si impara poi. Già: anche lei è rimasta zitella.

Piero mi diceva: «Tu sei estroversa, e irresponsabile, e innocente, come una bestiolina: senza pudore».

È vero; ho sempre saputo che il pubblico non fissa soltanto il tuo volto, cade il peplo di Ecuba, e il pagliaccetto della sciantosa della farsa, e mentre Ofelia delira e sfoglia viole, rosmarino, margherite e ruta i pensieri che la circondano non sono né tutti càndidi né tutti poetici. Del resto lo sa anche Amleto, atto III, scena I: «Pur se tu sia casta come il ghiaccio e pura come la neve, non sfuggirai alla calunnia».

E allora?

Del giudizio degli altri, però, non mi è mai importato nulla: non sono seducente, dicevo, basta che mi trovino brava. Intendo chiarire che non mi ossessionava l'idea che mi pensassero anche virtuosa. Ho sempre risposto con entusiasmo ai richiami della gioia, e qualche volta l'ho perfino trovata, convinta come sono che si può vivere soltanto di rimpiànti o di rimorsi. Nel mio piccolo, sono riuscita a soffrire per gli uni o per gli altri, ma mi riscatto ridendo di me stessa.

In definitiva mi piaccio, mi voglio bene: e dunque? Non ho mai fatto lunghi programmi, né impegnativi progetti: ho troppo il senso dell'avventura o del provvisorio. Mi sono abbandonata con impegno all'istinto, anche se mi è rimasto poco. Della logica del prossimo, o dello scandalo, me ne infischio. Non so se, alla fine, ci sarà il perdono: nella Bibbia Jehovah si gira e mostra la schiena all'onesto

Mosè, ma guai se, anche dopo, quanto si spegne la ribalta sul nuovo giorno, la rappresentazione non continua, allora, tutto quello che è accaduto è, come minimo, una vera presa in giro, anni sprecati.

Ho detto: «Mi scusi, ma anche se io le rivelassi tutto, almeno quello che mi viene in mente, senza mentire, anche se le mie verità possono far male agli altri, e forse non c'è una confessione che sia completamente sincera, abbandonata, lei vorrebbe sbrigare questi fatti in cento cartelle spazio due, i miei successi, i miei peccati, o le brevi felicità: e i silenzi, come si fa a raccontarli?».

«Io sono qui per ascoltare, e non ho argomenti per convincerla: ho intervistato uno scienziato, un ricercatore, e mi ha spiegato che bisogna perseverare, si prova cento volte, e una riesce. Se lei crede, se vuole, è anche il mio caso: mi comunichi se ce l'ho fatta.»

È arrossito, ma mi ha guardata con ironia, senza umiliarsi. Come dire: Bambina, hai mollato a tante richieste, e adesso salta fuori questo sussulto di ritegno. Sii leale, liberati dai tuoi fantasmi, celebrati, commemorati.

Poi, ha insistito: «Fino a ora, lei ha ripetuto le parole degli altri. Ha l'occasione di far sentire le sue. Non solo la commediante, ma la persona. Conta, secondo me, di più. Quando ero studente, portavo nel portafogli, come tanti giovanottini, una istantanea ricavata abusivamente da un fotogramma di *Circe*: lei senza niente addosso, sdraiata sotto un baldacchino "dugentesco", sgomenta, con accanto un armigero baffuto e minaccioso, che pretendeva di essere torvo e aveva invece un'aria rincoglionita. Ma il guerriero non contava, spariva. Si vedeva un'ombra di peluria sotto le ascelle. Mi piaceva immaginare impossibili incontri».

«Adesso è qui, siamo qui.»

Ho pensato che essere vivi è già una cosa meravigliosa, e che anche un piccolo segno della nostra presenza può avere un significato, e magari consolare o divertire qualcuno.

Io non ho avuto neppure un figlio, non lo volevo, non lo voglio. Per lasciarlo a piangere tra le braccia della governante: «La mamma, dov'è la mia mamma?». Ci sono attrici che si portano dietro un cane o un bambino, seminando pisciate dietro i bauli del corredo, o strilli negli scompartimenti ferroviari. Non ho pensato al dopo. Non ho eredi, ma solo qualche parente, una serie di banali fotografie, e credo che i legami di sangue siano soprattutto una circostanza. Potendo, che padre mi sarei scelta?

«Come vogliamo cominciare?» ho deciso.

«Grazie. Si mettono sempre in cima al paniere le ciliege più rosse. Con Piero Cattani, direi, se non le dispiace.»

«Lo ha conosciuto?»

«No, appena visto. Ci divideva una generazione e il fossato che separa chi è arrivato da chi comincia. Poi, sono timido.»

Piero non aveva neppure gli occhiali, come gli intellettuali o i miopi irrecuperabili. Anche lui lo era. Molto impacciato, e i suoi complimenti erano goffi.

«Chi sa» mi disse al primo incontro «quanti la vogliono: belli, ricchi, potenti. Tutti la conoscono, tutti l'hanno vista: penso che fare l'amore con lei, sia come, mi scusi l'impertinenza, andare a letto con la Gardesana, qui c'è una curva, qui un cipresso.»

«E si intravede già qualche rudere?» lo avevo interrotto senza grazia.

Avevo vent'anni meno di lui, mi accorsi che portava i baffi, come Ramón Novarro, in *Mata Hari*, assomigliava un poco a Hemingway giovane, anche se era più piccolo.

Mi riempì la camera di tuberose. Cominciò a scrivermi delle lettere, faceva anche dei disegnetti, con la china, e qualche volta li colorava. Per me erano straordinari, per gli altri, forse, un po' folli. Gatti che parlavano, farfalle rosee e ampie come Mae West, trafitte, su un crisantemo, da un ispido bruco nero.

Penso ci siano uomini nati per fare gli amanti, altri per diventare mariti. Per lui, credo, io ero un pretesto, una occasione. Aiutavo la sua immaginazione; se gli davo un bacio, non sentivo nascere il godimento, ma un capitolo. Non mi piace la gente che vive per scrivere, preferisco il contrario, anche se io ho lo stesso egoismo. Guai se ogni sera non mi camuffo, non infilo questa vestaglia di flanella azzurra, armeggio con i cosmetici, ripasso le battute che ripeterò tra poco.

Piero mi diceva: «Voglio buttarti sul letto ancora sudata per gli applausi, e per la fatica, come faceva D'Annunzio con la Duse».

Io avrei preferito fare una doccia, ma lo accontentavo. Mi raccontò che Gabriele chiamava quella parte del corpo femminile alla quale si inneggia anche sui muri, la rosa; io trovo che il nome comune è magari più volgare, ma più eccitante. In fondo se per la strada gli allegri cialtroni mi dicessero: «Bella rosa», non mi sembrerebbe un complimento. Preferisco la vecchia maniera.

Credo sia il caso che decide la fortuna di una coppia, e ancora più la pazienza. Con Piero Cattani è stata una commedia e non era difficile immaginare il finale. Abbiamo chiacchierato tanto, e hanno ragione quelli che sostengono che parlare è una forma di rapporto amoroso.

Una vicenda può cominciare banalmente in un caffè: «Non ha spiccioli? Permetta che faccia io» e finire, magari, nei manuali di letteratura. Di Piero mi piacevano la compostezza e le premure: un uomo ti conquista qualche volta non chiedendoti nulla; era presente, ma senza pesare.

Farà ridere, ma tra me e lui c'era un'altra: sua madre. Accade abbastanza spesso: continuano a partorirli e ad allattarli tutti i giorni; che orrendi questi fanciulli calvi e segnati che restano attaccati per sempre a un capezzolo cadente.

Era il suo lato infantile.

«Scusami,» si giustificava quando doveva lasciarmi

«ma lei è sola. Bisogna capirla. È rimasta vedova che era tanto giovane.»

Non gli ho mai detto: «Perché non vi sposate?»; io sembro dura, ma sotto sono tenera come certe torte. Non ho mai dormito, a Milano, una intera notte con lui.

Era stravagante nel vestire, pareva uscito da antiche stampe, un po' rigido, come se rimpiangesse un'epoca che gli pareva migliore, più ordinata: come se fosse un superstite del diluvio; aveva anche invenzioni segrete e un po' ebbre. Si stordiva di discorsi, facevamo lo spogliarello interrogandoci, per ore e ore, cercando di scoprire le nostre pazzie. Lo sono poi? Ci rallegrava accorgerci che ci assomigliavamo. «Vivere» diceva Piero «vuol dire chiedere. Il mio mestiere, poi, è quello di fare domande.»

Voleva sapere come erano gli altri, cosa facevano. Aveva l'ossessione, ad esempio, di averlo di misura assai ridotta, forse un ricordo di assurde competizioni studentesche. Citava, per rifarsi, una aneddotica che, almeno, dimostrava come vi fosse uno scarso rapporto tra quell'accessorio e il cervello: anche Napoleone, diceva, anche Scott Fitzgerald, secondo alcune testimonianze, non erano molto dotati. Eppure...

Andammo un giorno, per consolarlo, alle Belle Arti, dove gli allievi disegnavano modelli dal vero; gli mostrai anche certe statue di gesso che adornavano cortili e corridoi, giganti gonfi di muscoli, ma con un gingillo di trascurabili dimensioni. Lo tenevo su, lo incoraggiavo: «Accidenti come sei bravo! Non ti stanchi mai?». Facemmo un rapido viaggio a Trieste, e tra l'arrivo e la partenza — sarà stato il pesce — tra un'alba e l'altra, cinque volte. «Soltanto Casanova» disse compiaciuto sgambettando nella vasca da bagno.

Chi sa come erano le cortigiane veneziane, morbide e intelligenti... forse io sono anche po' geisha, forse un po' madame Du Barry per i capricci, si intende; mi sento disposta anch'io a perdere la testa, ma non sotto la ghigliottina.

Si stupiva che non odiassi il primo, il dottore: quando mi portarono all'ospedale per quella ghiandola avevo sedici anni, lui stava per sposarsi. Mi piaceva, e forse glielo facevo capire. Bruno, sorridente, silenzioso. Bellissimi denti. Lo provocavo; secondo la mamma «approfittò di una giovinetta indifesa», a mio parere usufruì di un bene, diciamo così, che era offerto senza ritegno.

Di notte, nella stanza si accendeva una luce viola, la mia camera dava su un giardino, c'era un castagno fiorito, e io ho in mente, soprattutto, il canto di una civetta. Non sempre porta male.

Piero voleva sapere come mi aveva indotta al gran passo; in realtà non parlò. Chiuse la porta, e si infilò sotto le lenzuola.

Prima di andarsene, mi provò la febbre: trentasei e sette, regolare.

«Non ti è rimasto niente dentro?» insisteva Piero.

«Nulla.»

Gli sembrava impossibile. «Io» gli spiegavo «se ti accarezzo, non prendo appunti. Mi attira, mi delizia, e sono contenta.» Mi sentivo già cresciuta, c'era anche la guerra, era come una promozione, o un anticipo su qualcosa che avrei anche potuto non avere mai. Troppi morti. Perché dare una colpa al medico di guardia? Poteva essere, che so, un controllore delle ferrovie, in una galleria.

Non era peggio degli altri. Sono sempre stata sola e tutti cercavano di portarmi a letto. Ho la faccia di quella che si presta? Ci sto? Guardami, non sospirare. Ero un indefinibile affare magro, tutto occhi e capelli, andavo in campagna, e anche i miei cugini, e i compagni di corse e di nascondiglio, cercavano di saltarmi sopra, di tastarmi.

C'era uno sfollato, un vecchio che tutti chiamavano «il nonno», un maresciallo dei pompieri in pensione, che quando andavo a prendere il latte mi veniva dietro.

«Questi sono i ranuncoli,» diceva fermandosi ai bordi del sentiero «e questa è la genziana, serve anche per degli infusi salutari»; cominciò a slacciarsi i pantaloni, io scappai e ruppi la bottiglia. Mi pareva di essere Cappuccetto Rosso.

A Piero piaceva sentirsi umiliato, una volta si abbandonò: «Non prendermi sul serio, te ne prego, ma delle volte penso che se tu ti prostituissi, poi vorrei che mi confidassi quello che hai combinato, che cosa hai fatto. È una prospettiva che mi provoca. Di' la verità: ti piacciono di più i baci sulla bocca o laggiù?».

Gli dissi: «Io provo piacere a vedere come in qualche momento il tuo sguardo si smarrisce, sembri uno che annega, e io sono il mare che ti solleva, ti avvolge, che cosa c'è nel fondo?».

Non era torbido, continuava a vagheggiare imprese lussuriose, ma soprattutto con tante chiacchiere. Descriveva nuove scene, che non erano corrotte, ma gentili. Il mio reggipetto di pizzo diventava per lui una reliquia, sulla quale esercitava le sue devozioni; quando il giornale lo mandava in giro mi faceva lunghissime telefonate, e si arrabbiava se le centraliniste interrompevano: «Parla ancora?», «Fin che mi pare» rispondeva con rabbia.

Voleva sapere il colore delle mie calze, se mi ero depilata; una volta mi portò in regalo un minuscolo slip sul quale era ricamato un motto augurale: *Benvenuto amore*.

Una domenica andammo al mare: era di quelle giornate di autunno che seguono un temporale, con un tiepido sole che illuminava le nubi che si vedono nei quadri dei pittori veneti: soffici, sfilacciate, sul fondo celeste. Camminavamo tra meduse morte, ossi di seppia, alghe, conchiglie. Un deserto: non c'era nessuno. Il vento ci faceva compagnia, sapeva di erbe marce e di salsedine. Si immaginavano vascelli sommersi, vele strappate, il lamento delle anime dei marinai.

«Penso spesso alla morte, perché mi sento più distaccato da ciò che accade attorno a me» disse Piero. «Forse ci si spegne piano piano, ogni momento una rinuncia, niente vino, niente fatiche, niente emozioni; che pretesa. L'altro giorno, per un pezzo che mi hanno chiesto, ho consultato una enciclopedia dello spettacolo: Bogart Humphrey (1899-1957), attore statunitense, cinquantotto; Gable Clark (1901-1960), attore statunitense, cinquantanove; Cooper Frank James, detto Gary (1901-1961), attore statunitense, sessanta. I miei idoli, adesso all'anagrafe, li ho raggiunti. D'accordo, erano americani, quanto bevono; troppe disgrazie: posso toccarmi? Mi pesa una specie di vuoto. Mi sento pervaso di rassegnazione. Che cosa sono, una macchina per mettere insieme libri o giornali?»

«Il mio bene, allora,» dissi per aiutarlo «non ti serve. Un pretesto, e ne hai avuti molti, e consumati in fretta.»

«Non puoi amarmi, Maria,» (non è un nome da diva, le pare?) «perché non mi hai mai conosciuto. Ma forse non è possibile. È Musil, credo, che ha scritto: Ci vorrebbe un manuale di sessuologia che insegnasse come esser sposati e ugualmente felici. Meglio: una ricetta per stare insieme. Per me l'uomo è come un albero; ogni foglia prende la sua direzione, e così capita con le donne. Non credo alla gloria, o alla fama. È vero che mi sono sempre dedicato ai contemporanei, ma sono certo che esistono, tra i votati ai posteri, tanti morti senza avvenire. Non ho risparmiato nessuno, e ho rovinato molte famiglie, ma con le amanti che ho avuto è rimasta la tenerezza. Ci buttiamo le braccia al collo senza strozzarci. Chi sa perché erano tutte ebree. Riverenza per il patriarca? Anche loro cambiano: ho incontrato Sara. Da giovane aveva una voce bellissima, e tante altre qualità; sapeva anche tacere. Adesso parla sempre ed è un belato.»

Ho visto che rabbrividiva. Gli ho accarezzato i capelli bianchi e sconvolti: provavo un senso di pietà.

«Chi sa» ha detto «se mia madre crede che io sia sempre puro. Penso che vorrebbe mettermi ancora il grembiulino a quadretti. Se insiste, la accontento: io sono il suo bimbo obbediente.»

In quel momento lo sentivo vicino come non mai. Più di quando, nella stanza che gli prestava un amico, mangiavamo nudi sul letto, pane, formaggio, una bottiglia di champagne, poi si addormentava con la testa brizzolata abbandonata sul mio grembo, e mi pareva disperato e indifeso, più di quel giorno che lo vidi con le guance ispide, lui così preciso e riservato, sulle quali scivolavano due lacrime.

«Non bisogna vergognarsi di piangere» mi disse, senza spiegarmi il perché di quel dolore.

«Sai, Maria,» riprese «non è il tempo che se ne va, siamo noi che ce ne andiamo. Forse ancora due, tre natali? Che cosa ricordi degli ultimi dieci?»

«Uno sposato che forse mi amava, che doveva dividersi tra me e la moglie, e fece due cene, di corsa, doppio cappone, doppio cotechino con lenticchie, le tradizioni vanno rispettate, doppio panettone, doppio torroncino; era rosso, sudato, vomitò nell'ascensore.»

Incontrammo un cacciatore con un setter mansueto.

«Quel cane» disse Piero «ha lo sguardo paziente di mia madre. Aspetta il suo fagiano. A proposito: lo sai perché Simenon non scrive più? È un genio, ma guai se si avvicina alla portatile: gli si ribalta lo stomaco. Aveva un rituale, sempre lo stesso: tante risme di carta, una teiera sul tavolo, molte matite con la punta in ordine, tante pagine, gli bastava un profumo, una voce, una idea di un personaggio, e cominciava, diretto, fino in fondo. A un tratto, l'incantesimo si è spezzato. Una battuta sulla tastiera, e cominciava a rigettare. Finito. Per premio, nelle ore liete, si concedeva una sorpresa: aveva terminato il compito, meritava di vivere una favola. Usciva nella notte, solo, e a mezza strada, in campagna, trovava una Rolls-Royce ferma, con fanalini rossi accesi, e nessuno attorno.

Guardava dentro, quattro bellissime ragazze spalancavano le pellicce, sotto non c'era nulla, la pelle candida al chiaro di luna e lo issavano a bordo. Il suo autista aveva organizzato tutto, ma lui che sapeva, fingeva di sorprendersi.»

«Piero,» dissi «voltati, e aspetta un po'. Poi vai a vedere cosa c'è laggiù, in quel capanno.»

C'era una sdraio dalla tela ingiallita, un pallone sgonfio, il legno sapeva di abete, che è un sentore un po' funebre. Mi sono spogliata, sentivo le grida dei gabbiani, che non mi piacciono, mi sono distesa sulla seggiola ruvida, e ho chiuso gli occhi.

Ho sentito cigolare la porta, poi un fiato caldo sul volto, e il suo ansimare nervoso. Siamo usciti senza dirci niente.

Ora ci ripenso: in una sua lettera c'è scritto: «Le città hanno la tua faccia». Voleva dire che ero sempre con lui, che le vedeva attraverso di me. Quante contraddizioni; lo faceva per conquistarmi, o ascoltava il suo cuore?

In un'altra diceva: «Tu sei la mia primavera». Ho scoperto che la frase non è sua, ma di uno scrittore russo. E con questo? Un piccolo plagio, ma che non esclude lo stesso sentimento. Caro Piero.

«Perché» disse a un tratto «si dice "un desiderio fisico"? Che sciocchezze. Un frase fatta che non rispetta la logica e neppure la realtà. Io ti penso, ed è come se tutto accadesse. Conoscevo uno che andava in stazione, e passava ore davanti alle tabelle degli orari; niente lo infiammava come aspettare un rapido dal quale doveva scendere LEI, chi sa che cosa si sarebbero detti, che cosa avrebbero fatto. Capisci? Non basta avere dei grandi occhi, bisogna metterci qualcosa dentro.»

Quella camera che ci imprestavano era vicina alle scale; sul pianerottolo c'era sempre una carrozzina. Mentre eravamo abbracciati, si sentiva il pianto del piccolo. Lo portavano a spasso.

«Deve essere un maschio,» dicevo io «e ha pochi mesi.»

«Quando vedo un mendicante, o un carcerato» sussurrava Piero «penso che è stato anche lui così. Che cosa farà da grande? Odio i passeggini, li trovo tristissimi. Che ne sarà di quel tipo con la cuffia, che si succhia un dito? Che cosa lo fotterà?»

Il tempo passava, e la voce di quel bamboccio si faceva sempre più forte.

«Cresce» dicevo. «Mi piacerebbe vederlo.»

«Chi sa» diceva Piero, col suo falso cinismo «se Erode era veramente un malvagio? Conoscevo la mamma di due gemelli, precisi, le solite gocce d'acqua. Quando trovava un vaso rotto, o il maestro la mandava a chiamare, dava uno schiaffo al primo che le capitava vicino. Non indagava, non voleva sapere. "Debbono abituarsi" spiegava. "La vita non ha preferenze."»

Non sono più tornata in quel posto. Mi scopro un po' sgomenta: ho l'impressione di ricordare soltanto le cose insignificanti. Del resto, la mia esistenza non è intessuta di eventi — non sono mica Carlo Magno — ma di episodi.

Mi rassicurava la presenza di un uomo. Sentirlo muovere, respirare, guardarlo dormire, il disordine nel bagno, le tracce del sapone da barba, l'odore della sua camicia, della bancheria. Un istintivo bisogno di protezione, direbbe uno psicologo. Non credo: mi sono sempre arrangiata, e ho saputo ingannare la solitudine. È anche difficile stabilire come si è fatti: mi hanno giudicata imprevedibile, debole, fortissima, ambigua, sprezzante, indifferente, gelosa. Non sopporto quelli che ti chiamano gattina. Ecco: sono convinta che se diventassi un albero sarei un melo.

Piero aveva l'abitudine di dondolarsi avanti e indietro, una specie di tic; mi dava anche fastidio, e gli chiesi perché.

«Capita a chi da bambino non è stato cullato.»

Certo, gli mancava qualcosa: ma non è così per tutti? Odiava quelli che inneggiavano alla giovinezza; la vedeva come una stagione angosciosa, perché imponeva troppe decisioni. Diceva che per lui avevano scelto gli altri.

Era pieno di contraddizioni, ma chi non lo è?

«Sono sicuro che tra le SS ad Auschwitz,» spiegava «tra le guardie che portavano la gente alle camere a gas, ce ne era una che cercava di distrarre i bambini con le bambole o con un pianino... Qui ti fanno a pezzi, ma nei giardini pubblici c'è un cartello: Vietato calpestare le aiuole.»

Anche il linguaggio di Piero era insolito, curioso: forse proprio quello che mi incantava. Mi sembrava che rendesse tutto semplice, evidente. «Come si fa» diceva «a usare, per descrivere una manfrina, il verbo penetrare? A me sembra più adatto a Rommel: "Truppe corazzate sono penetrate nelle Ardenne". Una scopata, scrivono i neorealisti. È brutto: suggerisce i servizi dell'Agenzia di pulizie La Fulgida. Chiavatina, invece, ha un sapore e un ritmo rossiniani: tarararà, tarararà, tarà, tarà.»

Mi chiese: «Perché ti sono simpatico? Ti piace tutto, dico le stesse bischerate degli altri, ma ti rallegrano, le trovi sorprendenti, possiamo far certe cose insieme, io nel lavabo, tu nel bidet, senza imbarazzo. Il guaio, vedi, è che gli amori finiscono; è l'amore che non finisce mai. Hai mai letto un pianeta della fortuna? Non hai fiducia nel pappagallo? Perché? E magari credi ai miracoli. "Incontrerete un nuovo amore." È previsto. C'è anche il simbolo consacrato della passione che infiamma: Cupido, con la pancia idropica, turgida; secondo te, colpisce con la freccia, o coi due coglioncini?».

Ogni tanto litigavamo; per le riconciliazioni degli sposati c'è il letto a due piazze, una prepotenza che vuol dire: tutto sommato, se ci provi ancora gusto, ci vogliamo bene; per noi dopo i silenzi dispettosi, messaggi assurdi e delicati: mi mandava un paio di giarrettiere con sopra una rosa trapunta e un biglietto: «Come vorrei infilartele»; un costume che pareva quello della Favorita di Mahdi; molti veli che lasciavano scoperto l'ombelico: «C'è sempre posto nel mio harem»; un aeroplanino di latta: «Fuggiamo».

Una volta, per premio, penso, alla mia condiscendenza, mi portò a cena con una sua collega, la celebre Gigliola Martino.

Credo che in passato ci fosse qualcosa tra loro; Piero si lasciò sfuggire una vaga ammissione: «Con quella lì, è come infilarlo in un vocabolario».

Aveva la faccia che rammentava le terre dell'Arizona durante la siccità. Mancava solo il vitello morto, ma c'erano tutte le crepe ed era vestita da carnevale di Viareggio: un trionfo di colori e di trine, usava anche gli occhialetti cerchiati d'oro, vagamente goldoniani, sembrava svampita, ma era astiosa: «Piero, Piero, dovevi dirmelo, ma è ancora una bambina. In scena sembra tanto diversa».

Io: «Le luci ingannano».

Gigliola Martino: «Cara, mi dica la verità. Ci scommetto, lei è ancora vergine».

Io: «No, signora. E lei?»

Sapevo che, tranne i camion, le erano passati sopra tutti. Fu un dialogo movimentato; sostenne che, per forza, quelle che volevano far carriera nello spettacolo, dovevano essere un poco puttane. Una ballerina non può mica sempre cenare, diceva, con un caffelatte. E con quelle paghe.

Dissi io: «Però anche certe signore buttano giù il mercato».

Piero assisteva al duello con imparziale attenzione.

«Posso versarle un po' di vino? Non beve? È per il fegato?» attaccavo.

Gigliola Martino: «Prenda questa mela, ammiri la luminosità del frutto. Una tentazione. Ma, dopo averla morsicata, anche Eva si ricoprì. Cara, quella camicetta, permette di contare i nei che adornano la sua splendida carnagione».

«Meglio del pallottoliere che si usava, se non sbaglio, ai suoi tempi.»

«Mi conceda una confidenza: che cosa si prova a vivere accanto a una celebrità come il nostro Piero?»

«Dicono che chi sta vicino al sole si riscalda; a condizione di essere vivi.»

«Una volta, le attrici avevano un protettore che le manteneva. Un nobile, un ricco.»

«Deve essere così, ma come fa a ricordarlo?»

«Cara, adesso, o c'è un industriale, o un produttore; qualcuna ha provato con un giornalista, ma di solito non rende. Creda a me: pochi soldi; al massimo, qualche copertina nei rotocalchi, qualche articoletto compiacente.»

Continuò: «Conosce Silvia Antoni? Sudicetta, ma astuta. Prima un pittore, poi un cantante, ma sempre particine in quei filmetti per sporcaccioni che sembrano un catalogo dei mestieri: *La liceale*, *L'infermiera*, *La sartina*, tutte professioni che si esercitano in due pezzi e sul canapè. Adesso è l'amica di un fabbricante di tondini di ferro che pareva condannato alla totale rinuncia dei piaceri. Con lei, prodigio, funziona. Intende lanciarla.»

«Vuol dire che Silvia Antoni ha l'avvenire nelle sue mani.»

«Avrà anche una parte in un film ricavato da Flaubert.»

«Spero le abbiano spiegato che non è quello della carabina. Mi tolga una curiosità? Ma lei scrive quello che vuole, quello che è giusto? O qualche volta dice di sì, anche quando dovrebbe dire di no?»

Intervenne Piero: «Gigliola è troppo educata, una signora dice sempre forse».

Non mi convincono quelli che stanno seduti su una nuvola, e giudicano, e scagliano fulmini; se si decide che solo chi è senza errore può lanciare qualcosa, si aboliscono anche le Olimpiadi.

Non mi va la saggezza dei vecchi che dimenticano gli impeti della giovinezza, certe baldracche a riposo, che dopo tanti lavaggi pagani si rifugiano nell'acqua santa, e finiscono nelle opere di carità, per portare il corredino alle ragazze madri.

Mi avevano detto che quella Gigliola, per una delusione (Piero non c'entrava: era, il vigliacco, un corridore in automobile, che la trovava, intellettualmente, troppo impegnativa e mise incinta una cameriera d'albergo, e fu felice), aveva tentato il suicidio; pensatela come vi pare, ma io rispetto soltanto quelli riusciti. Finestra, treno: come si fa a credere ancora alla medicina, quando le pillole non funzionano quasi mai?

Gian Marco ha riempito un libretto di appunti.

«Ad ascoltarla» ha detto «Piero Cattani sembra un po' il dottor Jekyll, un po' mister Hyde, impeccabile di giorno, scatenato al calar delle tenebre.»

Il giovanotto è proprio ingenuo, e deve avere anche letto poco (a me, la solitudine, e la influenza di Piero, sono state fatali: ho sempre un libro sul comodino, e quando è noioso, e sono in albergo, serve almeno ad alzare i cuscini); se desse una occhiata, magari, alle lettere di Caterina da Siena, sentirebbe con quale impeto parla di Gesù. Che biondo, che sguardo, che potere, che capellone. Dagli una chitarra, e diventa un figlio dei fiori. Non sembrerebbe che dovesse dispensare soltanto la Grazia.

Non sa che c'è in noi un po' di tutto: Giuda e Giovanni. Quando la Maddalena stava in ginocchio, doveva pure mostrare qualcosa, ma il Signore l'aiutò a tirarsi su.

Tutti i mistici e gli idealisti sono pericolosi: inseguono la virtù e la perfezione, si ritirano nel deserto, o in una grotta, si cibano di radici, acqua e locuste, poi vengono sconvolti dalle visioni, osceni intrecci di corpi, larve che divorano cadaveri scomposti, boschi lunari popolati di fantasmi. Poi ti ammazzano per salvarti, sparano, o ti scaldano i piedi perché tu raggiunga l'eterna beatitudine, o per farti felice.

Divago e prèdico: ma siamo tutti un po' assassini.

«Scusi, Gian Paolo» gli ho detto.

«Gian Marco.»

«Sì, ma sia leale; non ha mai pensato di uccidere qualcuno? Non ha detto a se stesso: ma se quello là crepasse? Ha studiato la dottrina? Le parlavano dei cattivi pensieri?»

Piero sapeva fare la corte. «Vorrei avere gambe lunghissime per inseguirti, e braccia infinite per correrti dietro ovunque, per afferrarti» mi scriveva.

È una frase che ricordo; una volta sentii un regista che spiegava alla prima attrice: «Dovrebbe bastare un fiammifero per riscaldarti». Per me è così.

Io viaggiavo, lui anche; allora mi arrivavano i suoi messaggi sui fogli intestati del giornale: magari poche righe, buttate giù di notte, che agli altri potevano sembrare insignificanti o anche stupide; rivelavano, invece, la sua sollecitudine.

Ho aperto una valigia; non conservo ritagli perché ingialliscono, ed è una tinta che mi deprime. Il giallo sta bene nei girasoli, nelle pianete dorate, nei campi di ginestrino; sulla carta stampata dà un senso di consunzione.

Mi porto dietro invece certe lettere, anche se non apprezzo gli epistolari. Sono un po' come i diari: si capisce che l'autore vuole giustificarsi. Se è un artista, gli preme che non lo dimentichino, se è uno che ha fatto della politica, spera che non lo disprezzino.

Ho letto, qua e là: «L'altro giorno quando ci siamo lasciati, mi pareva che singhiozzassi. Non ti dona; ti viene qualche grinza. Diventi troppo pallida. Sono convinto che ogni tanto lasciarsi andare fa bene: lava, ma non voglio macchiarmi di troppi misfatti. Non ti ho mai ingannata: non ne vale neppure la pena, mi sento provvisorio in tutto. Non ho mai adescato educande, né mostrate le vergogne ai pargoli che inseguono il cerchio nei giardinetti, ma ciò non esclude che per qualcuno io sia un gran porco. Non posso pensare che cosa sarebbe il mondo senza donne; grazie, mia benefattrice, perché esisti. Ho sempre, lo ammetto, esaltata la vanità. La mia, s'intende. Ma io sono il mio lavoro».

Non ho tenuto questi fogli per metterli all'asta quando sarò vecchia, o perché ne facciano una preziosa edizione.

«Guardi qui, Gian Marco: viene da Parigi: "Vivere innamorati è un dovere dell'uomo". È tra virgolette; non deve averla inventata lui. E ancora: "Ricordi quella volta che andammo in chiesa? Dove fu, a Bologna? C'era, davanti, una grande piazza con degli olmi, e uscivano dalla messa devote vestite di scuro, che scappavano in bicicletta. Tu volesti che entrassimo, portavi un tailleur blu, con la camicetta; ci fermammo davanti all'altare, c'era una santa imbalsamata e corrosa, coi denti in fuori, e un odore di gigli sfatti, e di cera consumata, che sempre mi turba; tu mormorasti: 'Mi sembra quasi di sposarti' ".»

Dove andremo a finire? Anche gli amanti cercano una consacrazione, sognano un vincolo legale?

E all'inizio, quando ci conoscemmo, non volevi che allungassi la mano sopra il ginocchio, e io ti chiesi: «Ma tu l'amore lo concepisci a zone? Mi indichi da quale parte si può parcheggiare?».

Poi, divagava: «Senti, Maria, ti sei accorta che nelle insegne luminose degli alberghi c'è sempre una lettera spenta? HO EL, HOTE? Forse lo fanno per risparmiare. Sono finito in questo buco, ma non c'era di meglio. Quei fessi della segreteria si erano dimenticati di prenotare e siamo in cento corrispondenti. Anche telefonare è un problema. La stanza ha il catino di smalto con la brocca in un angolo, come in casa dei miei nonni, è tappezzata di fiordalisi d'oro sbiaditi, e fa pensare, chi sa perché, alla corte di Francia, sulle coperte ci sono delle macchie.

Sono andato al ristorante che ha un aspetto fine Ottocento, adorno di vasi con le palme, di ritratti dei sovrani che dominano il carrello dei bolliti, suonava un quartetto di dame, servivano gelato di fragole.

Sento che sei un po' triste. Mi raccomando: non piangere per niente. E neppure per qualcosa. Non scordare che i grandi dolori sono silenziosi ma, se per caso proprio non ce la facessi, tieni presente che i guanciali sono fatti soprattutto per gemere.»

«Che cosa vuol dire per lei vivere d'arte?» ha chiesto Gian Marco.

«Non saprei. I bagagli sui marciapiedi della stazione, la mattina presto, quando arrivano anche i treni coi detenuti in trasferta, e li vedi camminare umiliati, legati con le catene, una pagnotta sotto il braccio, e anche i carabinieri si vergognano un po', i viaggiatori leggono le etichette, Compagnia di prosa del Grand. Uff., e il tuo nome e qualcuno ti guarda con meraviglia, il profumo del caffè e del latte al buffet, che si mescola con quello della segatura bagnata, fuori c'è nebbia e freddo, ti sei fatta il visone (se rifletti, è anche economico, dura una vita), i brillanti non li hai, perché da molti sono ritenuti volgari, specialmente se debbono regalarteli.

Vuol dire, spiegano, seguire una vocazione, sfogare un talento: una voce che fa tremare i lampadari, una danzatrice che, roteando le tette, fa girare un fiocco come un cowboy il laccio. Vuol dire passeggiare su un filo, a quaranta metri da terra. Capito?

Non si stupisca. Come mai, mi chiedo, c'è chi pensa di diventare vescovo? Forse suggestionano gli abiti scarlatti, la croce d'oro sul petto. Chi sa che cosa conta. Secondo lei, c'è qualcuno che, da piccolo, sogna di essere promosso papa? Forse quella sedia per aria, portata a spalle? Ho conosciuto una soubrette che si faceva applaudire per l'abilità con cui scendeva da lunghissime scale. Non è semplice.

"È faticoso, ogni sera, con tutti quei baldacchini di finte gemme che le luccicano addosso, far tutti quei gradini?" le chiesi.

"È duro stare in cima" mi rispose.

Come le sarà venuta quella voglia: guardando passare i vigili del fuoco?

Tutto il mondo è un palcoscenico. Tutti recitano: siamo circondati da esibizionisti. Che cos'è un avvocato senza toga, un direttore d'orchestra senza bacchetta? C'è anche, ne sono sicura, una divisa per l'inviato speciale. Ho conosciuto un omino di Potenza che era vestito come un inglese; lo tenga presente se vuole fare carriera.»

«Che cosa non le piace del suo lavoro?» chiede Gian Marco.

«Quelli che ti guardano col binocolo, per fare un caso. Come se fossi una corazzata, o un finale di corsa all'ippodromo. Sembra che ti vogliano fare la radiografia, almeno gli piacerebbe. Scopriranno i segni di una pleurite.

Andai a vedere Joséphine Baker quando era ormai al tramonto. Un tizio la scrutava da un palco con un arnese che sembrava il telescopio di Monte Palomar. Lo notò.

"Signore," disse Joséphine "conservi le sue illusioni."

Sei come i campioni: loro diventano grassi, tu sfasciata. Ha notato le braccia delle donne? Cadono, tremano. Terribili gli ex belli: li osservi, si scompongono.»

Ha chiesto Gian Marco (ora non mi confondo più): «Perdoni l'impertinenza: ma nei rapporti amorosi, che differenza c'è tra un intellettuale e gli altri?».

«Lei mi tratta come se fossi una collaudatrice di ninnoli; ma penso di stare nella media. Sono forse più esplicita: io dico. Quelle che chiamano teste d'uovo parlano, parlano tanto. Devi mettergli le gambe attorno al collo, come dei boa di struzzo, per farli stare un po' zitti.

Per me, in queste faccende, non conta l'arrivo, come insegnava la mia maestra di recitazione, che sapeva anche tante cose dell'esistenza, ma il percorso. "Ha un bel porgere" si dice di un cantante. Capito?

Ci sono quelli che sostengono: "Comandare è come fottere"; non gli dia retta, c'è la sua differenza. Il prestigio, sui materassi, nasce da altre considerazioni. Poi, le dirò di Ugo: no, non era colto, ma lo ritrovavi con la faccia dappertutto. Un tipo allegro, canticchiava un vecchio motivo:

"Zum, zum, zum fa il campanello,
ma se cambi il ritornello"

e mi piombava sopra. Che matto.

C'è un segreto per far bene l'amore? Non sono una specialista, glielo ripeto; ho l'impressione che lei pensi di intervistare Messalina, ma è, tutto sommato, come stare a tavola: un buon antipasto, non c'è nessuna fretta, masticare bene.

Ai racconti erotici io concedo poca stima: gli uomini elencano più prodezze di Garibaldi, sono portati alla leggenda. Le donne che hanno peccato, invece, cambiano. Prendono, nella maturità, la cotta per qualche santo. San Francesco ha molte ammiratrici.»

«Se vuole, può tacere» mi ha detto l'attento cronista. «Sempre che lo creda: ha mai ingannato Piero Cattani?»

«Se gli ho fatto le corna? Sì, una volta e, pensi, con uno insignificante, che era anche ingegnere. Ci può essere una attrazione esclusivamente fisica. O il momentaneo bisogno di sentirsi accanto qualcuno. Non si scandalizzi; in un copione che ho interpretato c'era una battuta che mi sembra vera: "Noi sappiamo che cosa siamo, non che cosa possiamo essere".»

Ha detto Gian Marco, come se pensasse ad altro: «È bello il vestito che indossa stasera. Così, lei sembra una figura uscita da un quadro, una ragazza della vecchia Russia».

Ha sfiorato i ricami con le dita; mi è sembrato che tremasse un po'.

«Sono» gli ho detto «Nina Michajlovna Zarécnaja, figlia di un facoltoso possidente. Potrei essere la madre della ragazza, ma la finzione aiuta.»

«Vuol recitare una frase, solo per me?»

«Ecco! Pensavo che le persone famose fossero altere, inaccessibili, che disdegnassero la folla, e con la propria gloria, col lustro del proprio nome, quasi si vendicassero di questa gente, che pone al di sopra di tutto la nobiltà delle origini e la ricchezza. Invece piangono, pescano e giocano a carte, ridono e si stizziscono, come chiunque...»

«E l'ingegnere?»

«È importante?»

«No, così.»

«Vuol sapere come andò. Niente di complicato, o di patetico. Ripensandoci tempo sprecato. Un compagno di scompartimento. Non ci credevo, ma esistono perfino le avventure di viaggio. Far l'amore, affermano i materialisti, è come bere un bicchiere d'acqua. D'accordo; ma non è gradevole se non è lavato, e ci hanno messo le labbra in molti. Vede quanto sono obiettiva. Era coniugato; ci sono quelli che non resistono a mostrarti anche l'albo di famiglia. Lei aveva un aspetto pulito, da maestrina, il maschietto in triciclo era la copia di papà ingegnere senza i baffi. Lo vidi così impacciato e compìto, che gli dissi: "Dài, sembri un ministro o un generale quando sale all'altare della Patria".

Non mi piacque una cosa: mi raccontò che la moglie sognava spesso, e aveva una nonna che le portava ogni tanto i numeri da giocare al lotto. Buoni.

"Questa settimana" disse " 15-74-81-6-18 su Cagliari. Prova anche tu."

Che schifoso, pensai; questo è il vero tradimento.

Se rivivo quella serata, sorrido ancora. Volle che andassimo a casa sua; erano tutti via, a sciare. Salottino buono col cervo di porcellana. Sul talamo coniugale, no. Un po' di rispetto. Pensavo che ardesse di passione; volle, prima di tutto, dar da mangiare ai pesci. Spense la luce. Adesso, mi aspettavo, si scatena. Invece mi disse, sottovoce: "Guardali, col neon e il buio: sono meravigliosi".

Non so di che razza fossero, ma sembravano minuscole cravatte a strisce, che guizzavano impazzite; le piantine erano di un verde esangue, malato. Ricordo: lo pregai di togliersi anche i calzini. Non dissi nulla a Piero; certi discorsi leali sono delle coltellate.»

«Niente cuore, insomma» ha detto Gian Marco.

«Lei» gli ho risposto «crede che sia lì il rifugio, la sede dell'amore? Un medico mi disse che la avrebbe spostata più in giù. Prendiamola per buona, restiamo nella tradizione; in questo caso, è l'organo più vorace del nostro corpo, altro che lo stomaco. Se parliamo di sesso, invece, è qualcosa che Dio ci ha dato per combattere la morte. Una lotta senza fine.»

Ho ripescato, tra le carte, una fotografia che Piero mi mandò dalla Finlandia: è nudo, tra la neve, e si copre con un mazzetto di frasche, e dietro c'è la capanna di tronchi dove ha fatto la sauna e di fronte un fiume. Ha sempre un aspetto composto; credo gli sarebbe piaciuto indossare una divisa, quella di un reggimento degli ussari, o le uniformi candide degli ufficiali della reggia di Vienna.

Una volta venne a trovarmi, scomparve nel bagno e quando ritornò era vestito da marinaretto. Sul berretto c'era scritto: Regia Nave Doria.

Non mi scomposi. Gli chiesi che cosa voleva dire quel nastro nero sul petto: «È un ricordo della sconfitta di Lissa, quando le prendemmo, nonostante fossimo meglio armati. "Uomini di ferro su navi di legno," disse un ammiraglio austriaco "hanno battuto uomini di legno su navi di ferro." Buona, no?».

«Se è per le batoste» osservai «dovremmo andare tutti in giro vestiti a lutto.»

Credevo avesse voglia di scherzare.

«Giochiamo» mi pregò. «Tu sei la mia mammina.»

Gli sfuggiva il ridicolo e il paradossale di quella trovata, era teso, non una bizzarria, un capriccio, ma qualcosa di allucinato. «Va' a spogliarti, e mettiti la pelliccia. Lili Brik, la fiamma di Majakovskij, andava a spasso per le strade di Mosca, nel 1917, così. Almeno lo hanno scritto. Anche tu sei la donna del poeta.»

Gli diedi retta.

«E adesso prendimi per mano.»

Andammo da una stanza all'altra, canticchiando, poi lui cominciò a battere i piedi, furiosamente.

«Voglio la mia tettina» gridava.

Gliela ho data.

Stava cambiando; era irritabile, tutto lo colpiva, anche i fatterelli che un tempo lo avrebbero lasciato indifferente. Lo avevano escluso da un'antologia, e subito pensava a intrighi, o a vendette.

«Sono diventato come una mammola,» diceva «basta una bava di vento, e sussulto.»

Una recensione con delle riserve, ed ecco che scriveva su una lavagna che teneva nello studio un detto di un autore francese, mi pare Maupassant: «Il critico è un tipo che si mescola in faccende che non lo riguardano»; ricordo che quando se ne andò Pavese, confessò: «L'ho sempre stroncato senza averlo mai letto».

Rievocava il passato con crudeltà, quasi compiacendosi delle sue miserie, e si rifugiava sempre più dalla mamma. Mi raccontò che, quando morì suo padre, aveva un cancro, e non parlava più, lo fissava con disperazione, perché era ormai alla fine, ma lui scappò per andare a telefonare a una donna.

«L'ho rivista» diceva. «È un crollo; guardo le guance cadenti, il rossetto sui pomelli, come un pagliaccio. Aveva un petto imperiale, ora le arrivano allo stomaco.»

Si commoveva davanti a cose che portavano con sé un indizio di trapasso e di distruzione: un uccello marino sfinito dal volo, un giardino desolato invaso dalle erbe, un vecchio telaio abbandonato.

«Gian Marco, guardi questa cartolina al platino, chi sa come l'aveva pescata, da dove viene? Ortona. Un ramo d'edera, e la scritta: "Dove mi attacco muoio"; questa, spedita da Firenze: "Vorrei essere la tua ombra".

Gli confessai che, quando vado a spasso, mi fermo a guardare gli avvisi degli spettacoli. "Hai visto?" gli ho detto. "C'è un cartello grande alla stazione col nostro repertorio, e mi fa piacere sentire che Maria Berti sono io."

"Un giorno" disse Piero "ti peserà; la celebrità non è un mantello che ti cavi o metti quando vuoi."

Aveva pochi amici, e preferiva quelli che non erano del suo ambiente.

Uno era pediatra, uno avvocato, uno vendeva motociclette, un altro insegnava all'università letterature slave: con lui parlava spesso di Praga; di birrerie; di una cantante che aveva conosciuto durante la guerra, splendida e intrigante, e veniva dalla Boemia, diventò la mantenuta di un gerarca, e forse era una spia, parlavano di Kafka: era andato a cercare la figlia di Milena, l'amica e l'ispiratrice di Franz, per farsi dire qualcosa, e aveva trovato una ragazza dalle calze sfilacciate, grossi occhi dietro le lenti, piena di paure, coi ricordi di una bambina che vede la madre in fondo a un corridoio sporco, poi mai più.

Una volta Piero ci invitò a cena, tutti insieme, che bella brigata. Il suo ultimo romanzo non era andato bene; prima di arrivare in libreria, era passato per le mani di tre editori. Vi accennò appena: "Scarsi i giudizi, pochi i lettori: forse ho sbagliato tutto. Ci rifaremo".

Il pediatra disse: "Dovresti farti vedere dal tuo medico; mi sembri stanco".

"Alla mia età" commentò "si ha bisogno di pace. Devo pensare alla morte. So che in redazione hanno già pronto il mio necrologio. Non è cinismo, siamo organizzati. Che cosa posso fare per voi? Nulla. Che cosa avete da dirmi? I fatti del mondo non mi importano, le banalità mi annoiano. C'è qualcuno che può salvare la mia anima?"

Mi accompagnò.

"Quando tra noi sarà finita" disse "che cosa faccio? Vuoi che ti apra una boutique, o preferisci una profumeria?"

Usava così. Adesso ho l'impressione che le divorziate vendano maglioni a domicilio, o trattino un po' di antiquariato.

"Non ti offendere, sto solo riflettendo: non ho fatto felice nessuno. La vecchiaia non mi ha ancora afferrato, ma ci siamo. Dove mi colpirà? Da quale parte entrerà il lupo? Avverto già stanchezze e ronzii, la mia memoria si perde in storie lontane. Ho vissuto da dilettante. Si nasce, si muore: e in mezzo, che cosa ci mettiamo? Uno afferma che la felicità consiste nel desiderare quello che si ha; forse ce ne è un'altra, incosciente: quella delle spighe, che si piegano a seconda delle ventate, o quella dei passeri, che non cercano di cambiar piume."

Usciva la gente dai cinematografi, nella notte d'inverno, gelida e tersa. Si sentivano brani di discorsi, "Non capisco che bisogno aveva di ucciderla quando...", "Io le preferisco depilate", "Sai che cosa mangerei?".

Piero mi teneva a braccetto: "Ascolta Babele; è difficile capirsi e trovarsi. Scrissi una novella, quando ero giovane, una delle prime; compenso lire cinquanta. Parlava di due che si incontravano, no, nessuna folgore, non si erano mai visti prima, qualche chiacchiera senza impegno, lei notava che lui parlava con molta proprietà, e le piaceva, forse uno studente, lui capiva che lei era piuttosto sola, forse una commessa; si diedero appuntamento vicino a una statua, per la sera dopo, all'uscita degli uffici, quando si abbassano le saracinesche; ma era caduta improvvisa la nebbia, si passarono accanto e non si riconobbero. Mi viene uno scrupolo: non sarà stato così anche per noi?".

Comperò l'ultima edizione di un quotidiano.

Chiesi: "Che cosa leggi, tu che non hai interesse per

quello che ti succede attorno? Non sai che bisogna piangere anche per la morte del mandarino cinese?".

Mi disse: "L'oroscopo".

"Se Venere ha per ascendente Mercurio, per te cambia qualcosa?"

"Chi lo sa. Conta avere sul palmo della mano certe linee? Tutti i caduti in guerra le avevano? Penso proprio di no. È forse meglio cercare il futuro nei fondi di caffè."

Lesse: "Ariete (dal 21 marzo al 20 aprile). Affari: monterete in cattedra e lascerete tutti a bocca aperta. Sentimenti: si vive d'amore. Salute: fragilità.

"Sono a posto. Del resto, c'è anche chi crede alle novene e alle statistiche" commentò.

Camminava con passo lento, affaticato.

"Questa mattina" disse "per vedere il direttore, ho fatto due ore di anticamera nel corridoio. Stava parlando con Roma."

"Ha una donna che gli preme?" ho chiesto.

"No, un ministro. Un usciere mi ha portato una sedia. 'Dottore,' mi ha detto 'non deve strapazzarsi.' Ho riflettuto. Forse, Maria, avrei dovuto sposarti. 'Meglio era sposar te, bionda Maria'."

"Roba tua?"

"Carducci."

"Sii tranquillo. Non ci sono portata. Capisco Sartre e la Beauvoir, uniti, compagni, però camere, bagno, ingressi separati. Deve essere spaventoso stare con qualcuno e sentirsi soli. Anche Katharine Hepburn e Spencer Tracy vissero divisi."

"Ma lui aveva un figlio malato, e non voleva lasciare la moglie."

"C'è sempre chi piange. Però io non vorrei mai tenere uno come un prigioniero. Preferisco i volontari."

"Alla fine ti resterà poco; un crepitio di scintille, e neppure una piccola fiamma."

"Questa dove l'hai letta? Non ti pare bello incontrarsi

quando se ne ha voglia, senza imporci la nostra accidia, i raffreddori, le bollette del gas, o il mutuo che scade? Tu ogni giorno, io ogni sera, abbiamo bisogno di un foglio bianco e di una biro, di un applauso e di una scatola di vasellina per ritrovare la faccia, altrimenti non ci sentiamo vivi. Una convivenza opaca, rassegnata, non faceva per noi. Ciò che è nostro resta nostro. Penso che avrei sbagliato tutto. Credo che non sarei capace di amare il marito, i figli, il gatto e il barboncino senza fare preferenze."

Di ciò che accadde poi ho ricordi confusi; o forse c'è qualcosa che voglio cancellare, o che si imbroglia, come certi sogni. Un film, ecco, in cui saltano intere sequenze.

Mi sembra di avere visto con lui delle collinette coperte di erica, ma non ne sono sicura. Lui aveva un vestito da pastore, io portavo una crinolina, e Piero diceva: "Questa è l'Arcadia, e noi siamo innocenti, non sappiamo cos'è il male".

Mi rovesciò sotto un albero, c'erano formiche nel muschio: le sentivo camminare sulle gambe.

"Senti le onde del laghetto, gemono gli ormeggi delle barche" diceva Piero. "Ti piacerebbe se arrivasse un pescatore, violento, bruciato dal sole, e ti chiedesse di andare con lui? Dimmi, dimmi, che cosa faresti?" »

« Non ho gioielli, la Signora ne aveva avuti molti in dono dal famoso drammaturgo, uno per ogni prima rappresentazione. "Monili" li chiamava lui, e lei, naturalmente, li conservava in uno scrigno. Tutti pezzi unici che un "mastro orafo" cesellava apposta, secondo gli ordini del Vate.

Quando la Signora, ormai si era ritirata dalle scene, e viveva, raccontava con enfasi, "come le rondini, di briciole e di memorie delle terre felici", pensò di tradurre quegli omaggi alla sua arte e alla sua venustà, "alla eletta bellezza", in un piccolo alloggio, ma gli esperti riconobbero a quelle gemme preziose soltanto un valore sentimentale.

Una mattina mi portarono un pacchettino; c'era un fischietto d'oro, e un biglietto: "Quando mi vuoi, soffia. Piero". Lo tengo nella borsetta, anche se so che nessuno ascolterebbe i miei trilli. Volli ricambiare, e trovai un piccolo orologio di porcellana che aveva suonato le ore in un refettorio di monache: sul fondo bianco, spuntavano tanti timidi non-ti-scordar-di-me.

Non me la sentivo di augurargli che scandisse sempre giorni lieti e sereni, ho anch'io il mio pudore; allora, e fu l'unica volta in cui ricorsi a una citazione dotta, che non mi assomiglia, ricopiai: " 'O gentile Romeo, se mi ami, dimmelo francamente. Se pensi che troppo presto ho ceduto, aggrotterò le ciglia, sarò spietata e ti dirò di no, perché tu sia costretto a supplicarmi, altrimenti non te lo direi mai, per nulla al mondo. È vero, bel Montecchi, io sono troppo innamorata di te; e tu potresti per questo considerarmi leggera. Ma tu credimi, signore, io ti sarò fedele più di tante esperte nell'arte di farsi ritrose.' Maria, detta anche talvolta 'Ofelia' ".

Si ammalò all'improvviso; mi avvertì il suo amico pediatra, era una domenica pomeriggio. Stava guardando, alla tv, la partita di calcio; sentì a un tratto un grande peso alla schiena come se gli avessero caricato una catasta di mattoni. Poi, sudori caldi e freddi. "Ho capito che era il cuore" disse. Lo portarono in clinica.

Sua madre era molto contenta; finalmente lo riaveva, ed era tutto suo. Lontane quelle donne cattive che potevano portarglielo via. Nessuna visita, per favore.

Mi scriveva dei biglietti; quando era solo, ne approfittava per brevi telefonate. La voce era stanca, con lunghe pause. Una volta mi disse: "Stanotte, dopo l'iniezione, mi sono addormentato. Ti ho sognata. Facevi Cleopatra. Gridavi: 'Beato te, cavallo, che reggi il peso di Antonio'. Poi hai preso con le lunghe dita che mi piacciono tanto, perché arrivano ovunque, il serpente, ti eri scoperta il seno, ma io sono saltato in palcoscenico, ho strappato via quella vipera che stava per morderti, e ti ho baciata, leggero, come vuoi tu. C'era tanta tenerezza in quel gesto; mi sono svegliato che piangevo. Sono, forse, gli effetti del calmante. Credi, Maria, che mi pentirò in tempo? E di che cosa? Degli atti impuri? Delle piccole infedeltà? Ci hanno cresciuti così, con la paura dell'inferno, delle fiamme eterne, e tutto per quel fottuto sesto comandamento. E poi, perché proprio dieci? Il Signore si sarà consultato, prima di stabilire le tavole della legge: "Facciamo" avrà deciso "numero pari. Può darsi che in questo modo li ricordino meglio".

Anch'io gli scrivevo; dopo, me le hanno restituite: del resto, a chi servirebbero? Questa mi pare abbia un senso.

Caro Piero,
Oggi sono passata dal tuo ufficio, e tu non c'eri. L'usciere Margotti che mi conosce mi ha fatto entrare un momento. Era un modo per stare un po' con te. Avrei cercato di dirti che ti ho voluto veramente tanto bene, che se penso di vederti, mi tremano un po' le gambe. Ci siamo fatti tanti sgarbi. Perché? Volevo spiegarti, ma fa niente. Che cosa vedi dal tuo letto? Baci.

Una sera, dopo le dieci, mi permisero di andare. "Portami" mi aveva chiesto "un cartoccio di castagne. Niente mi ricorda di più l'uscita da scuola. Che liberazione."

Era molto dimagrito, le vene disegnavano nel pallore sottili intrecci blu.

"Non so" mi disse "chi è quell'idiota che ha detto: La malattia è uno stato di grazia."

Lo vidi abbandonato, come sono nelle litografie i grandi della storia nell'ora del congedo, che so: Washington, re Luigi XIV, Vittorio Emanuele II, ma non c'erano attorno al capezzale i cortigiani afflitti, e un confessore pronto a raccogliere l'ultima confidenza e l'ultimo sospiro.

"Sei bellissima" disse. "Desiderabile ma, purtroppo, non desiderata. Maria, non ce la faccio più. Sai, non mi ero mai accorto di come è lunga la notte. Alle due vengono con le pastiglie, alle cinque apre l'edicola all'angolo, mezz'ora dopo il bar di fronte; nel silenzio, si sentono gli sbuffi di vapore della macchina degli espressi. Che fatica farmi la barba; mia madre dice: 'Hai sempre detto che ti sei raso anche a El Alamein, allora...'

"Le infermiere sono inesorabili: arrivano quando vorresti addormentarti, alzano la tapparella, lavano il pavimento, ascoltano la radiolina, scroscia l'acqua del bagno. Ti rimane troppo tempo per pensare. È una occasione in più per invidiare gli idioti. Assicurano: il popolo italiano ha tutti i difetti, ma è intelligente. Come se non fosse un'aggravante.

"Guarda quel quaderno con la copertina di tela: ho buttato giù un diario di questi giorni. Appunti. Prendilo; non ho altro da aggiungere. Sono pensieri stravaganti, ma tu mi conosci. Mi conosci?"

"Penso di sì, Piero."

"Mi sarebbe piaciuto far qualcosa di più per te."

"Mi hai molto aiutata, Pigmalione."

"Non ti ho insegnato a parlare come una lady. Pigmalione è un personaggio superato. Oggi, che differenza fa? C'è un linguaggio della contessa e uno della lattaia? Tu capisci tutto, e poi hai capito me. Mi hai dato una mano, mi hai liberato di tante inibizioni, e mi hai fatto scoprire una cosa che non conoscevo: la tenerezza.

"Vorrei suggerirti un consiglio; quello che diede un allievo di Freud a una vedova, che non aveva più rapporti sessuali: 'Fatti un amante, arrangiati, trovati un marito'."

"Mi sto già orientando, ho cominciato le ricerche. Stupido."

"Raccontami quello che fai."

"È proprio una mania."

"Ci si abitua anche al vizio. Dimmi."

"Come sempre: leggo copioni che non reciterò, e dico, come si usa, che non esiste il teatro italiano, mancano gli autori. Ho in mente una trama; scriveresti qualcosa per me?

"Lui è separato dalla moglie, ma oggi è il compleanno della bambina. Va a trovarle, ha comperato dei regali, quello che vuoi tu, un orsacchiotto, dei libri molto illustrati, e anche un fazzoletto di Hermès, non costa nulla essere gentili. Quando sta per spingere il bottone, arriva trafelata una ragazza: ha il primo appuntamento con l'amante. 'A che piano?' chiede l'uomo.

"Dopo qualche metro, la cabina resta bloccata. Rimangono, così, sospesi, per mezz'ora, parlano, si sentono ogni tanto le voci della portinaia, dell'operaio che aggiusta, degli inquilini che passano, ma loro due sono come isolati, e dalle chiacchiere insulse, salta fuori qualche sprazzo di verità, una simpatia, le ragioni dei loro fallimenti. Ti va? Forse per la tv. Quando ritorna la corrente, lui le domanda: 'Allora?' e lei, suppongo, risponde: 'Giù, per favore'. Che cosa ti dicevo? Vado dal parrucchiere, un giorno sì e un giorno no, mi mandano qualche sceneggiatura, ed è quasi sempre una scena con due donne che se la fanno, rotolano su tappeti, si inseguono, mostrando chiappettine, in parchi autunnali, tra busti di illustri defunti, o due giovanotti con occhi chiari e inutili barbe alla Che Guevara che si baciano nelle latrine di un cinematografo, osservo con attenzione la mia immagine negli specchi dei camerini, quello del Teatro Sociale mi favorisce, forse cerco qualcosa."

"Non c'è nessuno che si aggira nei tuoi paraggi? Non sei innamorata?"

"Guardami: forse che i miei capelli sono più lucidi, ti sembra che la pelle sia più fresca, lo sguardo più acceso?"

"Sì."

"Vedi che mi succede quando sto con te? Una volta, al momento di entrare in scena, mi facevo coraggio, diventavo quasi sprezzante. Adesso spacco tutto. Ora ho paura. Quello che è detto è detto, non si cancella. Chi sa se il costume mi sta giusto? Avverto la cintura che stringe, la parrucca insicura, e tremo. Nell'intervallo, non voglio vedere nessuno: mi pare che si rompa un incanto.

Se ho mal di pancia mi passa. C'è sempre nella leggenda un attore che fa ridere, e ha appena avuto la notizia che suo figlio è morto. È vero. Quando cade l'acrobata, tutti tornano in pista, il clown deve provocare le solite risate.

Sono superstiziosa: guai al colore viola, un chiodo piegato porta bene, per me Pierrot, bianco, nero, infarinato, è uno scalognatore. Sei stanco. Vuoi qualcosa?"

"Narciso si invaghiva della sua bellezza, voi altri, e anche noi, del nostro nome: peggio, molto peggio."

"Se potessi, cambieresti qualcosa?" gli ho chiesto.

"Sono d'accordo con Montherlant: almeno i contemporanei."

"Sai, Piero, quando ero piccola sognavo di far l'infermiera, o la missionaria."

"Per questo, forse, ti sei affezionata a me." »

Gian Marco mi ha chiesto: « Che cosa le ha detto quando lei se ne è andata? ».

Si aspettava che avesse cantato la romanza: « Niente, anzi: "Copriti bene, guarda quei ghirigori sui vetri: fa molto freddo". Si è addormentato un martedì mattina, mentre stava prendendo il tè. Era solo. Sono andata a guardare il suo oroscopo. Diceva: "Non prendete iniziative".

Ho notato che i morti diventano più piccoli. La mia corona di lillà bianchi era molle d'acqua, gli ombrelli lucidi di pioggia, sembrava anche un congresso di vedove. C'erano, anzi, c'eravamo tutte.

Gigliola Martino indossava un modello di Valentino, adatto alla luttuosa circostanza; si occupa di moda, e lo ha avuto di sicuro con uno sconto. A una certa età, però, bisognerebbe avere più misura: queste gallinacce ritinte, siamo sinceri, fanno anche un po' ribrezzo. Ti verrebbe voglia di dirgli: "Passa via".

C'era una biondina che mi fissava con ostentazione: poteva essere anche lei nella lista. O forse, ho pensato, è una mia estimatrice.

Il professor Frabboni, dell'università, ha fatto il discorso commemorativo. Piero non lo sopportava. "È un trombone" diceva. "Credo che goda ascoltandosi." Ha detto, ho visto nelle cronache, nobili parole. Senza compromettersi.

C'era molta folla nel corteo, ma sentii uno che domandava: "Chi è morto?".

Hanno scattato delle fotografie, sono sincera, mi fa piacere di non esserci. Figuro, però, nell'elenco degli intervenuti.

Apro ogni tanto il quaderno che mi ha lasciato; la calligrafia era diventata ancora più illeggibile, forse la fretta.

Mercoledì 13, san Vincenzo

Ho sessant'anni, quaranta li ho impiegati viaggiando. Ora posso dirlo: non mi è mai piaciuto. Sviluppa troppo il senso del provvisorio. Credo che pochi si siano divertiti: Marco Polo, Colombo. Non c'è niente da scoprire. Penso che anche il vivere sia così. Tutto fatto, tutto detto. Che cosa ricordo? Un negro, sul molo di Ancona, un pomeriggio di domenica; era uno dei miei primi servizi. Guardava il mare, lontano, e anch'io mi sentivo solo.

A Taipei, bussarono alla porta della mia stanza: una piccola donna, dalle piccole mani, non riuscii a liberarmi, pretese a ogni costo di lavarmi.

Quando ripartii da Fort Worth (Texas) fui assalito dalla malinconia: non rivedrò mai quella brunona cordiale che nella hall dell'albergo vende sigarette e riviste. Quante persone ho conosciuto, e non le incon-

riviste. Quante persone ho conosciuto, e non le incontrerò mai più?
La trattoria dove mangiai la prima volta che andai a New York; il juke-box ripeteva con ossessione *Avril in Portugal*, piaceva a un ubriaco col quale era inopportuno discutere. Metteva gettoni e ruttava.
Il casino di Reno, Nevada, tutto su roulotte; c'era un vastissimo campionario, la negretta vispa, la viennese voluttuosa e accogliente, una francese troppo altera, una mulatta che, assicurava, aveva ballato nelle riviste; scelsi una mingherlina insignificante, che era scappata dall'Ungheria. Le dissi che avevo passeggiato anch'io per viale Andrassy, ai bei tempi ritrovo degli innamorati, e si mise a singhiozzare. Ricordo un manifesto vicino alla cassa: "Quando il sesso era sporco l'aria era pulita, ora è vero il contrario".
Certo ho frequentato cattive compagnie, e chi sa quanti pugnali ho messo anch'io nel cuore insanguinato di Gesù.

Giovedì 14, ss. Sebastiano e Fabrizio

Mi sono stancato anche dei treni, di quei discorsi: so già come lui sistemerebbe l'economia italiana, gli scioperi, quei ladri che stanno al governo.
C'era uno, l'ultima volta, che sosteneva i meriti e le virtù degli svizzeri: tra l'altro, non rubano le biciclette. Neppure da noi; conviene di più le automobili.
Ero nato, probabilmente, per una esistenza normale, ma i genitori, anche senza rendersene conto, decidono tutto: quale scuola, quali amici, quale carriera, quale fidanzata. Non voglio scaricare le mie responsabilità, ma quante volte ho scelto io, e quante gli altri? Per le iniziative di mia madre mi sono ritrovato cattolico, per quelle di Mussolini volontario. Vorrei fare causa per danni: chi mi rende la mia giovinezza?

Venerdì 15, sant'Emerenziana vergine

Mi rendo conto che le mie condizioni vanno peggiorando: ricevo telegrammi e piante sempreverdi anche da personaggi che non mi hanno mai sopportato, o coi quali non ho avuto niente a che fare. Giustifico E.P.: odia gli altri come se stesso.
Esisterà la Città Celeste? Non mi sono mai preoccupato del dopo. È possibile che di là io ritrovi il mio compagno di banco, Zanzani Cesare, scomparso in Russia? E poiché i preti assicurano che neppure Giuda, con certezza, si può collocare nel rogo eterno, è esclusa l'eventualità di una lunga, quasi eterna consuetudine con Adolf Hitler?
C'è un infermiere che mi fa molte domande: poiché con quasi assoluta certezza è analfabeta, escluderei intenti memorialistici. E poi, che cosa c'è da raccontare? Ma bisogna diffidare: i registratori girano.

Sabato 16, san Mauro abate

Ammiro molto Saul Bellow: cosa deve l'America agli ebrei? C'è una sua opinione che ho sempre condivisa: "Il destino di un uomo è il suo carattere". Sono stato fortissimo nel respingere le tentazioni che non mi attraggono, che non mi turbano. Da quando ero ragazzo mi sono sentito dire: "Ha ingegno", ma mi pare sia un giudizio senza significato. Come: ha i capelli rossi.
Secondo alcuni, in campo femminile avrei fatto molte conquiste. L'ho lasciato credere; qualche volta, mi sono fatto prendere. In questo momento ho in mente soprattutto Anna Maria; era la figlia del vicefederale. Avevamo diciotto anni; mi piaceva perché era fragile, portava ancora le treccine. Stavo delle ore sotto il suo portone, per vederla uscire, andavo ai saggi ginnici dell'istituto magistrale.

Io ero goffo, timido, inelegante, scrivevo addirittura poesie:

Scintillano false le perle
su un capo di donna, ma vera,
le riga una lacrima il volto
che, pallido, sembra di cera.

Mi disse di no. Ci patii molto. Più tardi, seppi che suo padre era stato trasferito alla Federazione dei fasci di Bergamo. Caddero le ultime illusioni.
Non l'avevo mai più rammentata, né rimpianta. Ammazziamo anche i ricordi.
Tante volte mi sono domandato: chi è il pubblico, chi è la gente? Ho sempre pensato che fossero gli altri. Adesso so che sono io.

Domenica 17, sant'Achille eremita

Mia madre non si è mossa: legge, ma credo che non segua, vorrei sapere che cosa afferra, che cosa capisce. Glielo ho domandato: "Che cosa succede?".
"Niente."
Ma ha ragione: i soliti titoli, i soliti aggettivi. Chi auspica, chi protesta, chi assicura: che cosa?
Rimarrà sola, ma chi sa se soffrirà molto. Con gli anni si attenua anche la capacità di patire. Sarò rimpianto, e anche amato da qualcuno: avrò tolto il disturbo. Anche se sono convinto che, ormai, i libri muoiono con l'autore. C'è qualcuno che legge Cardarelli, o Papini, o Barilli? Da vivi, sembravano già classici. Forse mi intitoleranno una strada, e la mamma sarà felice quando la inviteranno per lo scoprimento della targa. Le sono sempre piaciute le bande.

Martedì 19, sant'Elena imperatrice

Nel sogno, passeggiavo con Maria in un paesaggio dipinto da un naïf, alberi tronfi di gemme, casette coi comignoli che sbuffano, agnelli e lupi che scherzano su campi nei quali sbocciano fiori dalle gigantesche e malsane corolle.
A un certo momento erano gli agnelli che ammazzavano le belve terrorizzate. Chi sa se questa visione ha un qualche significato?

Mercoledì 20, san Fiorenzo vescovo

Mi hanno portato un volumetto che raccoglie alcune lettere di D'Annunzio a Barbara Leoni; ci si fa l'idea che per lui, tra scrittoio e alcova, non ci fosse alcuna differenza: sempre ore lavorative. Descrive, a lei che dovrebbe pure saperlo, che cosa avevano combinato quel giorno; elenca i vari settori che ha baciato, doveva essere preparato anche in anatomia: il seno, il ventre perfetto, quella fessura "calda e viva", coscia, ginocchia "e relativa piegatura", e poi "su la schiena tutta dorata e sparsa d'acini d'oro e segnata d'un solco dove la mia lingua correva rapida e umida nella carezza".
Che fusto: migliaia di pagine, e in più tutta questa ginnastica.
Capisco perché oggi va tanto il romanzo breve.

Giovedì 21, sant'Alessio confessore

Il professore, più che visitarmi, viene a chiacchierare. È un omone robusto, si tinge i capelli, fuma una sigaretta dopo l'altra; sorride troppo.
Chi sa perché, forse per compiacermi, o per presentarsi in una luce ancora più umana, o per dimostrarmi la sua confidenza, mi ha detto: "Ho fatto piangere molte donne".
"Io, invece, le ho fatte ridere."

Venerdì 22, sant'Anastasio papa

Anche nei momenti estremi, gli intellettuali, forse senza saperlo, si ripetono: "E per favore non fate pettegolezzi", si legge nell'ultimo biglietto lasciato da Majakovskij e da Pavese.
Posso associarmi anch'io?

Sabato 23, san Girolamo Emiliani

Chi è questo servo di Dio di cui non so nulla? Che cosa avrà fatto per guadagnarsi il paradiso?

Domenica 24, san Mattia apostolo

Maria, per sempre.

Ho chiesto a Gian Marco: "Secondo lei, che cosa ha voluto dire?".»

II

Quando andai al concorso delle miss, la nonna mi avvertì: «Le tette sono una bella cosa, ma non fartele palpare troppo perché si rovinano».

Era una persona saggia, che aveva fatto le sue esperienze: guardarobiera in casa dei marchesi Thiers, che possedevano molti poderi in Toscana e cascine in Lombardia, e perfino un banco col loro nome e lo stemma, da trecento anni, in una cattedrale delle Fiandre.

Io ho antenati contadini, qualche piccolo mercante che aveva aiutato la fortuna costruendo caserme con cattivo materiale; la vecchina raccontava di come era stata condotta a servizio, in biroccio, un mattino d'autunno, e le ultime raccomandazioni: «Sta' attenta ai padroni, ma anche ai servitori».

Il marchesino Denis non sentiva i pregiudizi di classe, e le cameriere lo sapevano; quando il signor padre gli rimproverò la scarsa coscienza del suo rango dicono che si giustificò citando un non trascurabile evento: la rivoluzione francese.

Quelle escursioni notturne erano ancora strascichi delle discutibili idee degli enciclopedisti, e gente che era sfuggita alle iniziative puritane di Robespierre e di Saint-Just, doveva in qualche modo rifarsi.

Il sangue blu riprendeva il sopravvento sulle virtuose predicazioni della borghesia (di quei tempi): avanti col libertinaggio.

L'uguaglianza, nel palazzo di arenaria di corso Trionfo, almeno sul piano del talamo, trovava ogni tanto ulteriori conferme e celebrazioni.

Nonna aveva ancora in mente la dispensa odorosa di formaggi, di mele che maturavano, coi festoni di prosciutti e salami, gli orci di olio verde, i grandi pranzi dopo le cacce, accendevano i caminetti nel salone, i cappotti degli ospiti erano umidi di nebbia, i colli di volpe rossa luccicavano per le goccioline, non c'erano donne, e i convitati parlavano di tordi e di fagiani, ma spesso lei sentiva che si accaloravano per decidere se sotto le braccia femminili e tra le cosce il pelo ci sta bene, oppure no, se è possibile, dopo i settanta, darci dentro ancora, o qualcuno riferiva sulle novità di via dell'Orso, il più rinomato e costoso casino della città.

Quando arrivò una giapponese, che era partita da laggiù per imparare a cantare le pene di Turandot, la conversazione fu particolarmente brillante e animata.

Denis bussò anche alla porta della mia congiunta, e nonostante che a questo punto la narrazione diventasse confusa, ho sempre avuto la certezza che evangelicamente gli venne aperto. Quegli occhi di un irripetibile azzurro venivano descritti con troppa appassionata partecipazione.

Nonna aveva sposato un bravo giovane, che esercitava il mestiere di canapino, così forte che anche dopo una giornata di mietitura aveva ancora voglia di tirarsela dietro un argine.

Nonno Luigi pare fosse uno di poche parole, probabilmente anche perché non aveva nulla da dire. Prendeva i libri in prestito alla biblioteca parrocchiale, ma solo quelli avventurosi. Li imparava a memoria. Aveva sempre tra le mani i fascicoli dei *Tre boys-scout*, conosceva tutti gli scali di Phileas Fogg, l'indimenticabile eroe del *Giro del mondo in ottanta giorni*.

Una sera si presentò vestito per la festa e la nonna, un po' meravigliata, gli chiese dove andava.

« Caffè » rispose lo sbrigativo Luigi, senza però precisare che aveva in tasca un biglietto di piroscafo per il Brasile.

Non se ne seppe più nulla; per questo io continuo a sperare di essere chiamata al consolato di quel lontano paese che ha per motto « Ordem e progresso » per sentirmi dire da un distinto funzionario: « Intendiamo riparare a una antica ingiustizia; lei è l'erede universale di alcune immense piantagioni. Ci sono poche pratiche da sbrigare; per favore, si cerchi un avvocato ».

Nonna viveva con noi, e trovò abbastanza naturale che sua figlia restasse vedova, e che io fossi orfana. Sono guai sempre accaduti. Non aveva studiato, però riusciva a rendere con chiarezza i suoi pensieri, e senza ambiguità i suoi giudizi. Ma per non scandalizzare la mia innocenza, ricorreva a qualche formula allusiva: F.D.P., andava inteso come figlio di puttana, G.T. stava per gran troia. Erano — a suo parere — le due più spregevoli categorie tra le molte che compongono l'umanità.

La sua ponderatezza si rivelava anche attraverso i proverbi, ne conosceva perfino uno cinese: « Il luogo più buio è sempre sotto la lampada ».

Aveva della vita una prospettiva molto terrena: moriva l'uomo come la rondine, nasceva il bambino come il vitello, e se la brina gela le dalie, i capelli grigi sono, per le creature umane, l'annuncio dell'inverno.

Secondo lei, Gesù era « un bravo ragazzo », e fu per questo che lo uccisero. Tra i miracoli, due erano i preferiti. Primo: la moltiplicazione dei pani e dei pesci; che allegria. Tutti a tavola, tra scherzi e risate, e tutto pagato.

Secondo: le nozze di Cana. Anche qui una grande abbuffata, ma in più si insinuava anche l'aspetto erotico della cerimonia. Come sarà stata la sposa? E il Nazareno, vuoi che non l'abbia data una occhiata alla damigella d'onore?

Sulle resurrezioni si permetteva qualche dubbio. E poi non le sembrava neppure un gesto di carità far rivivere un defunto: quando è chiuso è chiuso. Non vorrei che qualcuno la immaginasse gretta e limitata. Aveva anche colpi di fantasia. Non voleva che i vicini, benestanti, si rendessero conto della nostra scarsità di mezzi; per questo cucinava spesso le patate al forno con il rosmarino, e attorno si diffondeva un appetitoso profumo, che poteva anche sembrare di arrosto.

Si sa poco delle leggi che regolano le misteriose funzioni dei cromosomi; mamma aveva ereditato soltanto l'aspetto favoloso di quel carattere; infatti ha inseguito fino all'ultimo, e disperatamente, le sue chimere.

Mio padre era impiegato alle dogane; un essere mite e rassegnato, che accettava sorridendo tutte le stramberie della consorte. Perché si sistemasse in pianta stabile, lei lo aveva costretto a partire volontario per tre guerre: generosità che, invece, gli fu poi rimproverata.

Gli dava ogni giorno i soldi per il giornale, il tram e le sigarette, qualcosa di più la domenica, quando andava a far la partita a scopone con gli ex combattenti, ma guai se perdeva, e doveva portare anche le caramelle.

Lui non si ribellava. Non so se per amore, o perché quella instancabile e sconvolgente svampita lo divertiva. Io l'ho conosciuto poco; e forse mi è mancato, ma mamma mi consolava: «Sei figlia di un eroe». Ascoltando i mugolii di nonna, ebbi fin da allora il sospetto che il prode e il bischero, come diceva il Grand. Uff., che era nativo di Fiesole, possono anche coesistere nella stessa persona.

Se ne andò, povero babbo, lui che era scampato alla campagna d'Africa (1935), a Guadalajara (1937) e ad El Alamein (1942), per un banale incidente stradale: fu investito da un ciclomotore (1946).

Imperversavano le Vespa; la Patria stava risorgendo e il babbo era tanto contento.

Non saprei stabilire con esattezza quando mi resi conto che il mio destino era, come si legge nei manuali di una volta, quello di declamare.

Niente saggi scolastici: saltellavo anch'io con un costume da libellula di raso bianco e arancione, ma senza intravedere un futuro.

Forse fu quando scorsi le ragazze della Compagnia Schwarz che alloggiavano in una pensione per artisti di via Cartolerie: faceva caldo, e ricordo due marcantonie danubiane che, finestre spalancate, poco vestite, e con gli stivaletti scarlatti della *Principessa della czarda* nei piedi, si inseguivano gridando. Mi sembravano felici.

Forse quando accompagnai la signora Paulin, dama della San Vincenzo, che abitava di fronte a noi, a trovare una «stella» dei «telefoni bianchi» (erano birichine, smorfiosette, pepate e con la frangetta) appena uscita dal manicomio, e alloggiata in una soffitta.

Aveva perso qualche dente, e la cattiva tintura color carota le bruciava le rade chiome. Eppure anche nella composta pazzia, vi era una certa grandezza. Non mancava di dignità.

Odiava le monache, alle quali attribuiva la colpa della sua decadenza fisica.

« Là dentro » diceva « mi trattavano male. Le suore sono detestabili; mi facevano mangiare sempre verdura. Come si fa a mantenersi belle senza bistecche? Una attrice ne ha bisogno. »

Aveva le mani unte di vaselina, e le massaggiava in continuazione: « Mi hanno promesso il ruolo della regina, e, loro capiscono, nevvero? Il gesto, il gesto è tutto ».

Quando confessai a mia madre questa aspirazione a misurarmi nell'arte drammatica, tenuto conto anche delle scarse soddisfazioni che le avevo dato col latino, mi fissò come un'apparizione, come se dovesse scoprirmi, poi emise la sentenza: « Sei un tipo, ce la farai ».

Aveva, finalmente, qualcosa da plasmare, una vendetta da prendersi sulla mediocrità delle sue giornate: la sorte non le era stata amica. Si sarebbe rifatta con me.

Per eccesso di entusiasmo e di dedizione sbagliò le prime mosse: pensò di impormi con le risorse dell'aspetto, seguendo la trafila che aveva spinto verso la fama la Lollo e la Loren: i concorsi.

Oh, io non ho mai posseduto quei vantaggi concreti ed evidenti che hanno reso celebri le due acclamate compatriote, però lei non aveva capito che l'italiano non guarda l'insieme, ma si esalta per il particolare; i complimenti più frequenti che si ascoltano cammin facendo, infatti, sono « Bel culo », « Bel petto ».

Tanto mamma come nonnina insistevano: « Rinforza quelle coppette, e guarda i giudici con sicurezza, non con sfida, ma neppure come una vittima rassegnata delle loro ironie, e le gambe, mettile così, un po' di vuoto, lassù in alto, ce l'hanno tutte. Ho visto una fotografia di Ava Gardner, e non raccontarmi che è di uno splendore regolare ».

Venivano citati, nell'ordine, dallo strabismo di Venere, alla piattezza di Greta Garbo, al naso un po' largo della Dietrich, al sedere basso di una mantenuta che, appena uscita dalle canossiane, aveva conquistato, in una botta, due fratelli fabbricanti di passamaneria. Uno, poi, si impiccò, disperato, a una tenda, e per la famiglia fu di conforto sapere che il robusto cordone, usato per la penosa necessità, aveva la marca della ditta.

Arrivai terza all'elezione di miss Guastalla, e non scorderò mai quella serata, odorosa di primavera e di apprezzati prodotti caseari.

Ero una delle concorrenti arrivate da fuori, ma si sapeva che le finali sarebbero state in Emilia, questa terra così sensibile a tutto quello che c'è di attraente al mondo, ed era opportuno cominciare a muoversi in zona.

Ci fecero indossare la tenuta da sfilata nel retro del dancing, «La Lucciola», dove il barista teneva le casse di Coca-Cola e di birra; e fu un trionfo di gridolini e di deodoranti, di madri che impazzivano urlando nella confusione: «Mary, pettinati bene», «Morena, scegli lo slippino che ti valorizza», «Sabrina, stai calma».

Osservai la commissione che doveva valutare le nostre grazie: c'era un giornalista che si occupava di ippica, il capo ufficio stampa di una società di assicurazioni, un avvocato che rappresentava la Pro Loco, un disegnatore di fumetti pornografici, una sarta che aveva smarrito, a guardarla, il senso delle proporzioni, e vari, indefinibili tizi.

Ci misero una fascia di traverso, che reclamizzava delle macchine da cucire o delle calze, non ricordo bene, e ci diedero un numero, come all'ambulatorio della mutua; mamma stava abbandonata davanti a un tavolino sola con un'amarena.

Dopo mi disse: «No, non piangere, la colpa è stata mia. Vedrai alla prossima occasione diventi miss Cinema; miss Eleganza non pensarci, costa troppo. Dovresti essere, almeno, l'amante di un petroliere».

Poi si convinse che la strategia era sbagliata per le nostre forze esigue.

Mi portò allora allo studio del cavalier Benfenati, che

non si dedicava soltanto a cresime, matrimoni, anniversari particolarmente gioiosi, ma metteva il suo obiettivo e il suo gusto anche al servizio di fresche bellezze in cerca di riconoscimenti.

Bisognava vedere con quale solerzia studiava una scollatura, aggiustava un drappeggio, valorizzava un ginocchio: a me, tutte quelle toccatine parevano perfino eccessive, ma la creatività ha i suoi diritti.

Le mie foto, intere e a mezzobusto, furono inviate, e senza alcun esito, a una casa cinematografica che cercava una Sofonisba, a un settimanale femminile che prometteva buone carriere ad aspiranti modelle, a una ditta che confezionava biancheria intima, e voleva imporre, oltre alle sue maglie, anche «il volto dell'anno». Evidentemente non era il mio.

Fu in questo desolato momento che mamma si ricordò della Signora. «Senti» disse «come quelli della radio dicono "Giorgio" e "quattordici"; bisogna studiare dizione, devi imparare a muoverti, le indossatrici americane passeggiano ogni mattina un'ora con due vocabolari sulla testa, vedrai che, con la tua intelligenza, stracci tutte quelle stronze che non fanno altro che calcoli sulla circonferenza. Ma stanno cercando forse un altro Magellano?»

La nonna era d'accordo. «Maria,» diceva «tu non hai da vendere i capelli, o i fianchi, ma gli occhi. Sono lo specchio dell'anima, mi insegnavano a scuola.»

Una concessione all'ascetismo per farmi contenta.

La Signora riceveva in via Oberdan, all'ultimo piano, un piccolo appartamento sotto i tetti, che sapeva di memorie e di frittate di cipolla. C'erano molte foto alle pareti: lei abbracciata al drammaturgo Sem Benelli, lei con D'Annunzio che, per darle un bacio, si toglieva il monocolo, un busto in gesso ingrigito di Ercole Luigi Morselli, autore del *Glauco* — «È morto così giovane» diceva sospirando la Signora — e poi locandine delle sue maggiori interpretazioni, era stata anche in rivista, perché per essere davvero completi non bisogna fare questione di generi.

La applaudivano molto quando recitava un monologo in versi di cui, purtroppo, ricordava soltanto l'attacco:

Palla, pallina,
tu sei la regina.

Cantava anche un ritornello che fu soppresso del censore fascista perché ritenuto allusivo:

Oggi no,
ma domani chi sa
forse qualcosa
cambierà.

La Signora conviveva con un ex baritono, che in gioventù, prima delle apoteosi, aveva fatto lo scaricatore di porto a Livorno, e si vedeva. Fu lui che mi accolse, perché lei era impegnata in una audizione.

« Che cosa vogliamo fare bella bambina? » chiese, molto cordiale.

La mamma, che mi aveva accompagnato per prendere gli accordi economici, lo guardò con diffidenza: « Non le manca nulla per diventare qualcuno ».

Il baritono, col vocione suadente, e dopo avermi ispezionata, fu della stessa idea: « Credo ci sia proprio tutto ».

Della Signora mi colpirono le labbra che il rossetto, sparso alla svelta, rendeva ancor più frastagliate, e la capigliatura color stoppa, e anche la parlata, per niente declamatoria o divagante, ma esplicita e precisa, « moderna », si direbbe. Del suo passato le era rimasto poco: qualche valigia, qualche cappelliera, una discreta reputazione di buona professionista.

« Non sono stata la Melato, o la Palmer, non facevo ridere come Dina Galli » spiegava. « Una attrice onesta, ecco. Ma chi lo è? Quella che ha un marito, un amico regolare, un pechinese che non addenta il trovarobe, e non rompe i coglioni a chi viene a salutarti in camerino? Quella che sa la parte, che si adatta alle situazioni, sono stata primadonna con Ruggeri, era lui che dominava, e in ditta con Vanni e Romigioli. Sissignori, anche avanspettacolo. Il finale si svolgeva nientemeno nel paradiso terrestre. C'era un quadro dove io ero Eva, figuratevi. "Tutto per un pomo," attaccavo "chi sa se fosse stata una anguria."»

La Signora volle ascoltarmi. Mi mise in mano un copione sgualcito, intitolato *Fedeltà*, e mi invitò a leggere qualche battuta di Soledad, incantevole bruna sivigliana, che tradisce l'opprimente sposo col primo che le capita nei paraggi della mantiglia, perché non sopporta gli eccessi del sospetto e dell'assillo: e quando questo gelosone iberico muore, lei ammazza l'amante insistente, che vorrebbe spassarsela ancora. Se è stata adultera, non cercava le beatitudini dell'alcova, ma voleva appagare un insoddisfatto bisogno di libertà.

Capii che il caso era piuttosto insolito, ma lessi qualche pagina così come mi veniva; penso orrendamente. La Signora concluse, come faceva del resto con tutti gli aspiranti scolari: «Il temperamento c'è, ma anche Giotto, fatta l'O, dovette poi applicarsi allo studio».

Furono due anni che mi fecero capire, se non tutti i segreti del palcoscenico, molte cose della vita. Mi insegnò a guardarmi dentro e fuori, a cercare di considerare intelligenti, come diceva un suo amico accademico d'Italia, anche quelli che non la pensano come te.

Aveva la misura del relativo. «L'esperienza» diceva «non serve agli altri; è una moneta che soltanto uno può spendere; e poi io ho commesso tutti gli errori possibili, e mi dispiace di avere poco tempo a disposizione, perché vorrei allargare il campionario.»

«Anche lei» mi ha chiesto Gian Marco «ha molto amato e molto sofferto?»

Ho l'impressione che il ragazzo si accalori troppo allo svolgersi della vicenda: pare quasi stia passando dal ruolo del testimone a quello di protagonista.

«Vuol dire, forse, che ho avuto cattivi maestri?» ho detto lievemente risentita. «Io mi trucco soltanto in scena, ma fuori mi piacciono quelli che mostrano la loro bella facciotta senza cosmetici, senza camuffamenti. Vede, la Signora aveva l'improntitudine dei comici, abituati, secondo la tradizione, a tutti i sortilegi, a tutti i possibili imbrogli per sfamarsi.

Si arrangiava, tentava di difendersi, anche se le sue ribalderie erano ingenue, un po' guitte, come le sue origini. Il servizio da caffè si distingueva per le sigle di parecchi alberghi, e così gli asciugamani, rubava anche il velluto delle prime classi, quando viaggiava in ferrovia. Se la invitavano agli sposalizi, non poteva mandare il suo regalo, ma non se la sentiva di mancare: le piaceva tanto avere un pubblico.

Adocchiava, tra quelli esposti, un dono decoroso, e sostituiva il biglietto da visita del donatore con il suo. "Uno scherzo" raccontava poi divertita.

Lei che ha fatto l'università, suppongo, come la chiamerebbe? Perché no commedia dell'arte?»

«Che cosa le è rimasto di quelle lezioni?» ha insistito un po' polemico Gian Marco.

«Moltissimo. Ho capito, ad esempio, che non sarei mai finita all'inferno per una chiavatina, come diceva Piero. Da ragazzetta andavo alle funzioni, venivano i missionari, uno faceva il Maligno, l'altro l'Angelo, un dialogo combinato, teatro. Mi divertivo. I discorsi di Lucifero erano i più suggestivi; sentii una volta un terziario francescano, dietro di me, che sospirava con la moglie: "Se insiste, me lo fa tirare". È questo che offende Dio?

Per intenderci: la Signora non era una baldraccona. "Sono una di fede anche se ho fatto quel mestiere lì" teneva a far sapere.

Non negava, quando poteva, l'elemosina ai ciechi, credeva a certi santi specializzati in infermità e in affanni d'amore, ai quali accendeva ceri propiziatori, e anche negli spiriti, nel malocchio e nelle streghe.

C'è qualcosa di male? Neanche io escludo che esistano.

L'altra sera, al Residence, abbiamo fatto il tavolino. Eravamo in quattro: un pilota, io, Amelia, la mia cameriera-segretaria, il portiere di notte. È venuto Collie, un bambino di quattro anni, che si presenta spesso, e che mi chiama mamma. Sa che gli volevo bene, sua madre è una mia collega di cui non desidero parlare. Collie mi informa di molte cose che stanno accadendo, e di altre che avverranno.»

«Sapeva dell'intervista?» mi ha domandato Gian Marco.

«Sì.»

«E cosa ne pensa, cosa consiglia?»

«"Maria," mi ha avvertito "vedrai il finale."

Non m'è parsa, però, una ammonizione minacciosa.

Poi s'è fatto sentire un barone dissoluto, ma si è trattenuto poco perché aveva degli impegni. A certe sedute ha partecipato anche Francesco I, ce ne sono stati tre, e non vanno confusi, uno era duca di Lorena, l'altro re delle Due Sicilie. Parlo di Francesco di Valois, il mecenate di Leonardo, quello che fece costruire le Tuileries. Simpaticissimo. Ha dato alcune tastate ad Amelia, e ha fatto qualche apprezzamento pesante su di me, ma niente di offensivo: ci conosciamo.

"Ogni donna è volubile" ha detto andandosene. Ho voluto riscontrare in un manuale di storia se quella frase gli si addice: l'ha pronunciata.»

«La Signora» ha insistito Gian Marco «si sentiva in dovere di fare conferenze sul sesso?»

«Nel mio caso, sarebbero state superflue. Io ho imparato tutto da piccola, guardando i girini nello stagno, l'arnese del toro, osservando il grano color ruggine, i corvi sugli aceri; mi pareva che ogni cosa fosse al suo posto, e con uno scopo.

Alla dottrina c'erano disegni che rappresentavano Satana col forcone, e i peccatori avevano facce pallide e smarrite: invece ne ho trovati tanti rosei e sereni. Soltanto in certi momenti si agitavano: "O godi o ti ammazzo", ma era una inutile minaccia.

L'infanzia mi riporta a tante sensazioni; a quadretti sfumati: trote grondanti in un paniere, maialetti magri al pascolo, il bucato fatto con la cenere, profumo di pane cotto, ma anche gridolini finali che piovevano dai granai o dai paglericci di foglie secche di granturco.»

«Adesso, che odori sente?» ha detto Gian Marco insinuante.

«Di sigarette, di caffè, di Arpège, di cipria.»

«Degli uomini che idea si è fatta?» mi ha chiesto.

«Mi piace che uno sia coraggioso e leale: dobbiamo essere d'accordo sul prezzo, e anche sul peso, senza imbrogliare. Dobbiamo sapere, tutti e due, quali sono i rischi, e stimarci.

Mi va che sia lui a decidere, e anche a comandare, ma deve meritarselo, e io debbo rispettarlo. A me deve far piacere sentirmelo addosso, a lui starci. Senza fingere.»

«Tutto qui?»

«No, c'è ancora dell'altro. Bisogna sapersi perdonare. La Signora diceva: "Quando troverai uno serio, e anche benestante, sistemati". Come vede, io sono, io sarò sempre una spostata. Forse, in quelli che ho conosciuto, cercavo me stessa.»

«L'indagine continua?»

Si sta facendo ardito.

Ho ripreso: «Quando raccontava le sue storie, la Signora sembrava che recitasse una favola. Era come sfogliare le vecchie annate dell'*Illustrazione Italiana*.

Descriveva i suoi abiti: un mantello di raso celeste con collo di renard blu, andò a un ballo con un dragone che aveva invece un mantello azzurro e un colletto giallo. Guastava un po' la magia dell'idillio il fatto che la portasse a cena in Trastevere da Gigetto il pastarellaro.

Ne possedeva anche uno di ermellino, fermato da un prezioso scarabeo, e aveva sul letto una coperta dello stesso infelice animale: quella specie di piccoli carnivori doveva odiarla. Sulla candida cappa le rotolò sopra, furente di passione, un tale Max; ma lei ebbe ancora, nonostante l'impeto, un lampo di buonsenso: "Tesoro, guarda di non rovinarlo".

Rievocava quegli attimi con qualche sospiro: "Forse i miei sensi assestati nell'autunno della vita si risvegliavano".

Poi, ci ripensava, e tornava pratica: "Max rideva sempre e combinava poco".

Le brame ardenti, alle quali concedeva molto spazio, erano in qualche modo la prova del suo successo, della sua importanza, lo sfoggio verbale di un lussuoso abbigliamento, così in contrasto con gli attuali, e sia pur estrosi abitucci di cotonina, la misura vera di quello che era stata. "Se sarete brave" intendeva dire "quegli omaggi e quei lussi li avrete anche voi."

Conservava in guardaroba un abito liso di crêpe maroquin, sopra il quale portava un paltò di gros blu e in testa un cappello a cloche.

Con quella tenuta si concesse al principino, un bruno e insignificante giovanotto che la stampa argentina aveva chiamato l' "hermoso muchacho". Aveva dovuto cedergli: Sua Altezza, per conquistarla, le mandava ogni sera corbeilles di gardenie, o di rose baccarat; poi si era goduto, da una barcaccia, quattordici repliche di *Sirena*.

La Signora di quella commedia dava una interpretazione memorabile: nel finale si spogliava, e il pubblico, apprezzata novità, la contemplava nuda.

"Ma di dietro" precisava.

"E poi?" chiedevo interessata.

"Sembrava che, per gli applausi, ma devi credermi, venisse giù il teatro. Dovevo o no ringraziare?"

"Capisco. E che cosa succedeva?"

"Che mi giravo. Così mi vedevano anche davanti."

Sua Grazia, seguito da alcuni questurini discreti, la condusse nell'alloggio particolare, e lei ricordava la soddisfazione che manifestò per averla lì, e per potere slacciarsi il collo dell'uniforme da sera troppo stretto.

Mise su un disco e ballarono un "exitation", anche se tutti e due non avevano dubbi su come poteva andare a finire, le offrì delle sigarette orientali, pasteggiarono a Chablis e conclusero con una anisetta.

"Tutto squisito" diceva la Signora "ma un po' scarso."

Quando tornò in albergo si rifece con panini alla mortadella e un'insalata di tonno; albeggiava, e bisognava accontentarsi.

La colpirono i tappeti, sparsi a profusione, i ritratti degli avi, c'era anche qualche infante anemico e i velluti neri degli abiti ne facevano risaltare il pallore, e veniva spontaneo pensare al vizio solitario, le armi e le corazze: dopo essersi spogliata, lei volle provarne una, e Bert (diminutivo di Ariberto), scosse la testa un po' avvilito: "Per favore no, apparteneva al conte Biancamano".

Bert ammirò molto i suoi capelli color tiziano, lei lo trovò mesto, un po' ovvio e anche indifeso.

Le disse, mentre le chiedeva con discrezione se doveva spegnere la luce: "Siamo come foglie travolte dal vento; non si sa dove né perché".

Le regalò una fotografia in uniforme da cavalleggero, con l'autografo, in una cornice d'argento, e una copia di *Toi et moi* di Géraldy. La fotografia del nobile personaggio l'aveva ancora, e anche incorniciata in legno faceva la sua figura.

Ogni tanto Ariberto la andava a prendere per portarla

a spasso fuori dagli sguardi indiscreti, sulla collina. Lui guidava una Lancia Lambda, e la Signora deplorava sempre il fatto che nelle nostre vetture è poco diffuso il cambio automatico.

"Diventa così faticoso abbandonarsi" commentava.

Nei suoi paesaggi c'era sempre una pensilina carica di glicini, un viale di tigli, qualche oleandro in fiore; ma rovinava l'incanto descrivendo romantici tête-à-tête, interrotti da improvvise porzioni di ossibuco e piselli o di coda alla vaccinara.

La conquistava la deferenza con la quale veniva servita, abituata come era ai camerieri che, per invitarla a sloggiare, accatastavano le sedie. Bastava che l'aiutante di Bert si presentasse, e lei accorreva.

Raccontava: "Io gli porgevo la mano che lui baciava con devozione; era molto educato. Conta avere avuto l'istitutrice tedesca. Prima di alzarmi la sottana, chiedeva sempre: 'Permetti?'.

"Mi confidava che non gli piaceva la vita militare e neppure la politica; se avesse potuto, avrebbe fatto il direttore d'orchestra. Mi disse che c'era un suo amico, in Danimarca, anche lui con la corona, che ogni tanto suonava davanti ai suoi sudditi che si divertivano."

Si dimostrò sempre garbato e parsimonioso: mai doni clamorosi. "Il denaro non va amato, ma rispettato" affermava la Signora, nel tentativo di giustificare tanta moderazione.

Bert le confidò i suoi tormenti religiosi, forse dovuti anche al peso della tradizione, perché nell'augusta famiglia c'erano stati alcuni santi. Le disse che aveva riferito di loro due al direttore spirituale, che gli aveva chiesto, per rendersi conto di fino a quale punto lo portasse l'incontrollabile frenesia del desiderio, molti particolari. Quante volte? Lei come si mette? Che genere di carezze? Il bacio era accompagnato da titillamenti?

Alla Signora pareva che ci fosse un eccesso di zelo apostolico, e insinuò in lui la voglia di sbigottire il dotto gesuita. "Digli cinque, Ariberto, spiegagli che io salto giù da un lampadario e non sbaglio la mira, e digli anche che ti passo sotto e ti bacio, di corsa, come i bersaglieri a Porta Pia."

Veniva fuori l'anima popolare della mia cara insegnante.

Bert fu, anche al momento del commiato, e come sempre, di una encomiabile delicatezza.

"Leggerai sui giornali" le disse "che mi sono fidanzato con una discendente del re di Sassonia; l'ho vista una sola volta, quando era ancora collegiale. Mi colpirono i lineamenti delicati e i piedi grandi. Sua Maestà, d'accordo col primo ministro, trova che questa unione rafforzerà le nostre alleanze e il prestigio del trono. La divisa della nostra casa è: servire."

La Signora non pianse, anche perché il rimmel avrebbe provocato disastrose conseguenze. Bert era sconvolto dall'imbarazzo.

"Ti ho portato" disse "questi galli cedroni. Vengono dalle tenute reali."

La Signora si sentì come un'eroina del Risorgimento, chiamata al sacrificio per il bene comune, non si spinse fino a dire: "obbedisco", ma cominciò a slacciarsi la blusa.

Per questo, ogni volta che sentiva la banda suonare *Fratelli d'Italia* si inteneriva.

"Nel cuore umano" sosteneva la Signora "c'è posto per tutti."

Non va presa per l'affermazione di uno scettico, ma come una porta spalancata sulla speranza. Era una creatura irruente e generosa; non aveva cambiali da presentare a nessuno, ma neanche a se stessa.

"Certe cose, quando debbono accadere, accadono" predicava. "Al mio paese dicono: 'Se uno deve prenderlo in quel posto, il vento gli tira su la camicia'. Del resto, lo aveva previsto anche Wring, il mago. Un omaccione senza fronte, sudaticcio, strano. Andava a cercare i segni del futuro nelle stelle, ma era anche capace di far suonare un pianoforte guardando, da lontano, la tastiera. Io non so che cosa hanno quegli individui: mentre tracciava il mio oroscopo, grosse gocce gli bagnavano la fronte. 'Incontrerete' disse con accento siciliano 'la vigilia di Natale del 1928, un uomo che conterà molto per voi. Le sue iniziali sono R.C., e ve le scrivo su un foglietto. Tenetelo nella borsetta. Duecento.' "

Porse, come da esplicita richiesta, il compenso e si allontanò turbata.

"Non credi alla chiaroveggenza?" insisteva. "Una donna, in Messico, vide in sogno una automobile che travolgeva il marito; prese anche il numero della targa. Si svegliò, e si rasserenò perché le dormiva accanto, tranquillo. Ebbene, tre mesi dopo..."

Conobbe Renzo Conti, il 24 dicembre 1928, al ballo della Tazzinetta Benefica. Lei era lì come ospite d'onore, lui come federale della Decima Legio. Lei, lo ricordava come fosse adesso, indossava un modello in pizzo di San Gallo, lui la divisa regolamentare con decorazioni.

Aveva la mascella quadrata, ma non per piaggeria, il torace ampio e le spalle larghe, dava la colpa delle calvizie all'elmetto che gli aveva protetto la testa sull'Adamello. Ma anche suo fratello, arruolato nella Territoriale, era pelato.

Ci fu prima un breve concerto: una ragazzina eseguì *Le printemps* di Gounod.

Renzo le riuscì immediatamente simpatico, l'avevano subito informata che era stato anche olimpionico di tiro alla pistola, che era diviso, in pratica, perché Mussolini voleva le famiglie unite, dalla moglie, rimasta a far scuola in una cittadina di provincia, e che godeva di una solida reputazione di *tombeur des femmes*; "puttaniere" precisava subito la signora, perché capisse anche il baritono.

Chiunque volesse dare allo scoccare di questo nuovo intreccio un significato politico, vederci un'ulteriore prova dell'acquiescenza di un intero popolo al regime o ai suoi rappresentanti, sbaglierebbe.

La Signora, ad esempio, mi parlò di una tournée in America Latina, dove era stata eletta "Reginetta del tango", che dovette essere interrotta a causa di una rivoluzione, ma non sapeva da chi provocata, e neppure come era andata a finire.

Sentimento e basta.

Renzo le chiese di accompagnarlo in un valzer lento, e fu accontentato. L'avvio del dialogo non fu avvincente.

"Cos'è questo delizioso profumo che mi va alla testa?" domandò Renzo.

"Bellodja di Caron" rispose la Signora.

"Però ne hai fatte" commentava senza finezza il baritono, che assisteva spesso a queste rievocazioni.

Allora lei si abbandonava alle teorie.

"Il sesso" declamava con tono ispirato "è immaginazione. Il grande Talli, col quale esordii ancora fanciulla (facevo la parte di una muta con una parrucca che grondava boccoli), giunto a tarda età ammoniva: 'Esigo una di quelle che lo fanno drizzare d'ufficio'."

Vista così, nella sua decadenza sembrava impossibile che quella vecchia fosse stata corteggiata, desiderata e i suoi discorsi ti mettevano dentro, più che disagio, un certo malessere. Non so: come pensare a tuo padre e a tua madre in quel momento.

Tirava fuori le sue teorie su quando è giusto, e a suo parere lo era sempre, godersi un'ora di giochetti, chi può stabilirlo, e chi ci assicura che è proprio indispensabile una benedizione o un contratto? Diventava perfino aggressiva.

Ci sono di quelle che scoglionano il marito, e se lui dopo prende su e se ne va a cercare qualche sollievo, deve essere maledetto?

Dice un poeta americano: "Quando una donna si sente sola piange, un uomo prende un treno e se ne va". Per me, uno può arrangiarsi come gli pare, anche sulla strada, a condizione, come diceva Oscar Wilde, di non spaventare i cavalli.

"Chi è questo Oscar di cui non mi hai mai parlato?" interveniva sospettoso il baritono.

"Stai calmo. Un disinteressato."

Renzo Conti era, a suo modo, gentile e dolce, nonostante i precedenti bellici e le imprese eroiche, che gli avevano lasciato addosso il piglio del guerriero, e una certa rudezza di modi.

Gli piacevano, e si divertiva come un matto, gli scherzi: specialmente quelli che faceva agli altri. Buttò, ed era tutto vestito di bianco, un intellettuale autore del saggio "Il veltro dantesco è l'anticipazione del duce?" nella piscina comunale, e questo rallegrò molto le scolaresche presenti.

Non conosceva nessuna lingua, e già l'italiano gli creava qualche difficoltà, tanto che durante un discorso gridò: "Non abbiamo mai *indietrato* e non *indietreremo* mai", e durante la campagna d'Africa assicurò i superiori comandi che, in gioventù, aveva studiato l'amarico.

Alla richiesta di qualche assicurazione rispose: "Mio padre era preside".

Lo adibirono all'interrogatorio dei prigionieri, ed ebbe qualche difficoltà nel raccogliere notizie. Ma risolse tutto spiegando: "Non vogliono parlare". Uno che aveva la faccia più dura e che sembrava il più reticente venne anzi fucilato. "L'Etiopia" diceva "è un paradiso. Io avevo quattro mogli, costavano pochissimo. La più vecchia, diciotto anni. 'Tu grande mandrillo' mi dicevano."

"Renzo era molto sensibile; una sera che ero di riposo mi condusse alle giostre. Ci divertimmo moltissimo. Al tiro a bersaglio li lasciò tutti di merda. Tornai a casa con nove bambole." »

«Anche la Signora aveva il cuore semplice?» ha chiesto Gian Marco.

«Ti sembrerà strano; mi scusi, le parrà una trovata da teatrante, ma c'era davvero in lei qualcosa di infantile. Si chiudeva nella sua stanza, e con le pupattole e i fantocci giocava per ore: li vestiva, li muoveva, li faceva parlare. "Tu reciti bene tutte le commedie tranne quella dell'amore" le disse un romanziere, che non ce l'aveva fatta a portarla a letto.

Renzo la divertiva, e mi pare non sia un merito da poco. Era strampalato, eccessivo, con molta considerazione di sé, con piccole manie: fece capire alla Signora che l'avrebbe apprezzata molto se si fosse tinta tutta d'ocra, come faceva l'ammiratissima Wanda Osiris.

"Debbo anche cantare?" chiese lei.

"No, basta che ti muova con condiscendenza. Capito?"

Aveva anche ideato l'apposito costume, di foggia molto semplice: un nastro legato ai fianchi che, volendo, poteva cadere tanto davanti come di dietro.

"Così" diceva soddisfatto "non ti ha mai vista nessuno."

Il prefetto gli aveva confidato che il conte di Torino manteneva una relazione con una nobile dama di Ferrara, li aveva visti qualche volta a teatro, lei con una toeletta svolazzante e un po' lugubre, e secondo voci attendibili si stendevano su lenzuola nere e si coprivano con una coltre di pelli di scimmia. Voleva provarci anche lui. Non ci furono difficoltà per i teli, ma non c'erano sulla piazza abbastanza resti di quadrumani scorticati, e l'agnellino di Persia non avrebbe dato lo stesso risultato.

"Tu mi hai stregato" le diceva, e per darle ancora una prova della sua devozione, la portò con sé a Roma per la sfilata dei dubat.

Alla Signora piacque molto la corsa dei cammelli tra le rovine dell'antico impero: sentiva il richiamo dell'esotico. Le sarebbe piaciuto un viaggio sull'Orient-Express, ma non poteva intonarsi con la figura di Renzo Conti, tenace assertore dei treni popolari.

Era prigioniero del suo mondo.

"I giovani" le confidava con rammarico "non sanno che cos'è la guerra. Collezionano distintivi, patacche, baionette: la vedono come un film di Gary Cooper, o con Fosco Giachetti, ma col distacco che li separa da quelle puniche. Molto lontana."

Aveva sul petto i nastrini delle varie campagne, ma quasi quasi passavano in secondo piano davanti alle gesta erotiche decantate, anche se senza simboli evidenti.

Raccontava che quando suo padre cultore della pedagogia, avvilito dalle scarse possibilità educative della scuola (e fu per lui un duro colpo) decise per il collegio, gli offrì, anche da un punto di vista licenzioso, imprevedibili orizzonti.

C'erano giovanetti che amoreggiavano, nientemeno, coi termosifoni, resi praticabili, ovviamente, da morbidi asciugamani piazzati in modo opportuno, e il rettore padre Saverio S.J. scoprì due monelli mentre stavano ansimando: "Pensa alla Dolores Del Rio, dài bella mora".

Inutilmente i precettori li rendevano edotti sui pericoli della masturbazione, di quei continui attentati al pudore: guai, alcuni che avevano abusato di sé, informavano minacciosi, avevano perduto la vista.

Secondo Renzo, la cosa era inattendibile, tenuta presente la bassa percentuale di ciechi in circolazione.

Quelli che Renzo tanto condannava, nella sua virile concezione della razza, erano i gusti abominevoli, fuori natura; tutto, spiegava, esalta il corpo, e le sue felici e normali funzioni: il menù, le riviste di moda, i libri di medicina, ma certi perversi proprio non li sopportava.

I travestiti, ecco, che adescavano gli inesperti, o gli eccentrici per le strade. L'idea che a Michelangelo, con tutta quella barba, piacevano i garzoni, lui, un genio della stirpe, gli pareva intollerabile.

Passeggiavano spesso, qualche volta anche all'alba, per giardinetti deserti, tra aiuole tenere di rugiada.

Un giorno stavano sulla gradinata di una chiesa; osservavano una coppia, di spalle, una donna matura ed elegante che parlava nell'orecchio con insistenza, quasi con tensione, di un giovanotto.

"Che maiala" disse Renzo indignato. "Glielo sta leccando, e in pubblico."

Si avvicinarono; il ragazzo malato, dagli occhi senza luce, ripeteva sillabando: "Il cielo è azzurro".

Renzo aveva slanci cortesi, amabili galanterie: "Innamorarmi di te" le diceva "è la cosa migliore che mi è capitato di fare".»

«L'indifferenza uccide» ha commentato Gian Marco.

«"Aveva una voce così bassa, così delicata" raccontava la Signora " e io gli dicevo spesso: 'Sei qualcosa di speciale'. No, non era come lo vedevano gli altri: rozzo, volgare, forse anche prepotente. Parlava della morte per riderci sopra, senza presentimenti, senza timore. 'Se per una qualche ragione dovrò mollarti,' diceva 'promettimi che sceglierai il meglio, un campione.' Mi vedeva molto in alto."

Una mattina andò a prenderla che dormiva ancora; i loro orari erano così diversi: "Vieni, facciamo la gita".

Gli piaceva guidare veloce, andarono verso la Romagna. Si fermarono al castello di Gradara, e lui si mise a declamare Dante: soltanto qualche verso, non li ricordava più: "La bocca mi baciò tutto tremante...". "Chi sa" commentò "se anche allora adoperavano la lingua."

Era fatto così; della storia di Paolo e Francesca gli sfuggiva il lato patetico.

Scesero alla spiaggia: c'erano dei collegiali in gita che raccoglievano le arselle. Uno era lunghissimo, con una macchia di vino sul volto, e se ne stava da solo.

Renzo le prese una mano: "Devi solo guardare il mare assieme a me".

Non c'era una vela, le onde schiumose lasciavano detriti sulla sabbia: piante filacciose, legni marci. Era commosso.

"Quando la ferita fa male," le disse "io piango."

Poi c'era in lui l'aspetto spavaldo e picaresco: faceva un uso smodato di parmigiano, crostacei, cipolle, Vov, carne cruda, e di pillole medicinali che, almeno nella pubblicità, garantivano "la eterna primavera dell'organismo". Rientrava nello spirito competitivo di quei tempi: primi anche sul sofà.

Aveva una ridottissima biblioteca, qualche romanzo di Jack London, memorie di generali, gli scritti e i discorsi di Mussolini; gli servivano, più che altro, a nascondere una piccola collezione di fotografie pornografiche.

C'erano vispe africane con le tettine diritte, molte sconosciute con le calze nere e le natiche bianche, Arletty che si passava una spugna sulle gambe e guardava con intenti maliziosi. C'era un adolescente smarrito, nudo come un verme, e stretto tra due pancione vogliose, istantanea che lui chiamava "il sandwich", degli incappucciati che inseguivano una specie di Lorelei, su scogliere ventose, e un paio di vecchie stampe che Renzo Conti mostrava con orgoglio agli amici: "Me le ha lasciate il povero papà. Era un uomo di cultura".

In una un pedagogo in livrea insegnava a comporre a una madamigella in crinolina, tenendo una mano sulla pergamena e l'altra tra le cosce robuste della pulzella; due diavoletti sinistri e guardoni, intagliati nel legno, sostenevano il prezioso tavolo del Settecento.

Nell'altra, calvi gentiluomini di origini prussiane si genuflettevano per baciare gli stivaletti di un mascalzoncello spaparanzato su un divano. "Io" diceva Renzo "li avrei presi tutti a calci nel culo."

Non sapeva nulla di Sade, di Freud, di Krafft-Ebing: alla sua deficienza di cognizioni si debbono dunque queste terapie istintive.

Aveva un modo di ragionare tutto suo; non sopportava

che qualcuno, per giudicare uno sciocco, usasse la volgare, ma diffusa espressione ”testa di cazzo”.

Gli sembrava impropria: ”Se c’è uno che fa quello che gli conviene, che per ogni fatica riceve il suo premio, che si colloca sempre al posto giusto, che è prepotente quando è necessario, è lui; ed è per questo che non tollero queste valutazioni così non pertinenti e superficiali”.

Alla Signora indirizzava lettere tenerissime, ma la preferiva, anche come spettatore, nelle parti un po’ scollacciate. Di certe opere aveva visto trenta volte soltanto il primo atto, quello in cui lei appariva, e non sapeva neppure come si concludevano: un’altra prova di devozione.

Renzo Conti venne trasferito a Roma, alla Corporazione della carta e del legno, e si sentì un esiliato.

Quando il giro la portava all’Eliseo, la Signora sapeva che, in camerino, c’era sempre una cesta di fiori. Non sottointendeva alcuna contropartita.

Andavano a cena, lui le raccontava della sua vita. ”Morirò” diceva ”di noia. Sarà l’ultimo servizio che rendo al partito.”

Non era nato per mettere delle firme, non sapeva intrigare. Prese gli orecchioni, una malattia dei bambini che fa male ai grandi, qualche complicazione, e chiuse gli occhi tra le braccia della moglie che lo aveva perdonato.»

Ho chiesto a Gian Marco: «Posso fare una domanda anch’io? È concesso all’intervistata? A lei, questi fatti, non sembrano irreali? A me non interessano le storie dei marziani; la mia, quella della gente che ho conosciuto, le sembrerà una vicenda che si svolge sulle palafitte, agli albori dell’umanità».

«Perché, c’è forse qualcosa che noi non abbiamo?»

«Non vi conosco abbastanza; ma forse la malinconia.»

«Non pensa che io potrei essere disperato? Lo sa che ci sono ragazzi che si uccidono?»

«Erano già infelici Amleto, Osvaldo, Werther.»

L'ho guardato per la prima volta in modo diverso. Tra noi due il più fragile è lui. Sarei contenta che non mi contemplasse come un monumento, ma non voglio che mi fraintenda: i giovani sono crudeli.

«Perché ha parlato tanto della Signora?» mi ha chiesto.

«Perché le assomiglio. Chi lo ha detto? A ogni incontro, qualcosa in te nasce, qualcosa in te muore. Anch'io, come lei, ho baciato degli uomini di cui non ricordo più il nome, la fisionomia. Uccisi, scomparsi. Ha amato, più di tutto, quello che amo io. Ha mai visto il magazzino di un teatro? Scenari col Vesuvio che fuma, ovvie sale da pranzo borghesi, cieli di garza, grigi cimiteri coperti di muschio, il sacro Graal tutto d'oro, palmeti e templi dalle immense colonne contorte: oggetti morti, fantasmi. Poi, le nostre voci, su il sipario:

"È questo il prologo o il motto di un anello?"

"È breve, mio Signore."

"Come amore di donna?"

Ogni sera le stesse parole, ma tu sei sempre nuova. Così accade anche fuori dalla scena.»

Gian Marco: «E la Signora?».

«Se ne è andata con decoro. Mi ha preparata all'esordio, mi ha insegnato a difendermi. Non mi piacciono, si usa molto, nel nostro ambiente, quelle che si baciano troppo fra di loro. Io sono compita, ho ritegno. Non pensi a una società di degenerati; non ce ne è neppure il tempo, o i mezzi. Le storie di balletti verdi sono popolate di distinti professionisti, io le fruste, i vasetti, le comitive, non le capisco. È già un impegno, non le pare?, sbrigarsela con uno.»

«Mi pare. E la maestra, allora?»

«Venne a vedermi al Dopolavoro ferroviario, i treni c'entrano sempre nelle mie avventure, io facevo *Santarellina*. Non rida: non era una scelta, ma una occasione. "Il talento" mi incoraggiò "prima o poi salta fuori. Stai tranquilla."

C'era un vecchio ex capocomico sordo, il cavalier Soprani, che aveva curato la regia. Non capiva. A ogni richiesta, per non sbilanciarsi, rispondeva con un vago: "Certamente". I ragazzi del complesso si divertivano: "Cavaliere, per favore, andrebbe a dar via il culo?". "Certamente." Che vergogna: è quello che ricordo con più chiarezza di quella serata. La Signora spirò, nel suo letto, con una camicia da notte all'Aemilia Ars e, poco prima, mi aveva pregata di pettinarla. Il parroco tardava. "Questi preti" disse "sono come le soubrettes; si fanno aspettare." »

Sono uscita con Gian Marco, dopo la recita. Cadeva un po' di nevischio, e siamo finiti in una pizzeria che chiude tardi, e dove si ritrovano gli attori. Il neon delle insegne sfumava nelle pozzanghere: mi incantano quei colori che si dilatano e sciolgono sull'asfalto. Mi ha offerto il braccio, ho capito che gli faceva piacere.

« Poi » gli ho raccontato « sono stata Salomè: era difficile essere voluttuosa e crudele, con tutti quei veli. Mi sembrava stupida quella infatuazione per la testa del profeta, quel volerla a tutti i costi: ho capito in seguito che si poteva avere senza bisogno di tagliarla. »

« Come faceva, così inesperta, a esprimere le sottili astuzie della seduzione? » mi ha chiesto Gian Marco.

« Non c'è bisogno di leggere il rapporto Kinsey per sapere certe cose. Credo anch'io che già Adamo e la sua compagna, nel paradiso terrestre, fossero informatissimi. »

Ci siamo messi in un angolo, faceva caldo, si stava bene a chiacchierare.

« Cosa conta nella sua vita? » ha detto Gian Marco.

« Quale vita? In quale momento? Ho tentato di diventare qualcuno. Ho dato retta a mia madre, che fino all'ultimo si è raccomandata: "Non sposarti. Cerca di farti compagnia, non ascoltarti troppo, così non ti annoi". Mamma è morta proprio quando stavo per avere il nome in rosso nel cartellone; per lei, tutte le cose sono arrivate in ritardo. Ho avuto dei guai, e delle soddisfazioni. Come tutti. Qualche grana, perché mi consideravano troppo di sinistra. Facevo una operaia, e dicevo con foga: "Dividi, dividi in parti uguali". Poi fui Maria Antonietta, e mi presero per una reazionaria. Ma sarebbe proprio oltraggioso dare al popolo qualche brioche?

Divago, ma non ho mai seguito le mode. Ci sono anche delle idee che vanno o meno a seconda delle stagioni. Anche quando usava, non mi piacevano i giovanotti con troppa brillantina.»

«Io» ha detto Gian Marco «ho i capelli puliti.»

«E così le frasi fatte. A letto, se quell'altro gemeva: "Dio, che piacere", io subito ricorrevo alle precisazioni: "Bada che lui non c'entra". Insomma, se ho qualche merito esigo che me lo riconoscano.»

«Nessuno l'ha fatta felice?» ha chiesto il mio reporter.

«A loro modo, molti. Lei chiederebbe a Leopardi le stesse prestazioni che a Tarzan? Qualcuno mi ha dato senso di protezione; qualcun altro di pace. C'è chi ricorre ai tranquillanti; io ho sempre preferito due braccia di uomo. Ho letto anch'io *Psicopatologia della vita quotidiana*, ma non credo di aver sofferto per i traumi dell'infanzia. Non c'è un girotondo che non presupponga qualche maneggio.»

«Come sceglie i libri, come si è fatta la sua cultura?»

«Coi medicinali mi regolo a seconda delle confezioni; per le letture dai titoli. Se sono enfatici, li lascio lì. Ignorante, ma non stupida. Una cronista donna, spesso sono le più perfide, mi chiese, per vedere il mio quoziente intellettuale, un gioco, diceva, se il delfino era un pesce, un mammifero o un cetaceo. Non risposi, anche perché non lo sapevo; anzi, dissi: "Sto misurando io la sua testa".

Mi piace imparare; ma se dischiudo le labbra, non è

perché si fa per dare un brivido sensuale: è perché non voglio mostrare le gengive. Non ho mai ricercato nei miei amanti il padre, perché trovo che l'incesto rafforza troppo i legami familiari.

Ma sono anche ingenua: i complimenti mi rallegrano. Se mi dicono: "Che bella bocca, che belle gambe, che begli occhi hai" mi disfo. Non penso: sta facendo l'inventario, poi mi domanderà lo sconto; mi sento proprio meravigliosa.

Ho molti timori: il gatto nero che attraversa la strada, di venire sepolta viva, di tutto quello che non capisco. "Non avere paura di esprimere le tue opinioni" mi diceva la Signora. Ecco, questa è un'ansia che non ho.»

«Di chi sei?» ha chiesto Gian Marco, prendendomi una mano.

«Di nessuno, neanche di me stessa.»

Ha tirato fuori il taccuino, e se l'è segnata.

Non gli ho detto che l'ho sentita in un film con Marilyn Monroe.

III

La mia memoria funziona a scatti e i ricordi non vengono avanti ordinati, come i reggimenti per la sfilata del 2 giugno. La mamma aveva in mente soprattutto certi episodi dell'infanzia; accade quando si invecchia. Io non sono arrivata proprio a rievocare quella volta che mi ruppi le ginocchia inseguendo un coniglietto selvatico, ma già tendo a colorare di rosa le mie storie. Mi guardo con tanta comprensione.

Mi ha chiesto Gian Marco (adesso si presenta in albergo, ed è buffo: ieri è arrivato con un mazzo di violette e un vasetto di amarene; sapeva che è il mio frutto preferito):

«Come fa a piangere, in scena, con tanta naturalezza? C'è un segreto?»

«Penso» gli ho risposto «come sempre a me stessa.»

Non voglio angosciarmi per il futuro, la mia vita è nel passato. Ho scoperto che si rimpiangono perfino i nemici. Anche gli antifascisti, il 25 luglio del 1943, quando cadde Mussolini, si sentirono un po' smarriti.

Ho anche la tendenza ad allontanarmi dalla realtà che mi circonda: ci sono giornali che considero sgradevoli, e non li leggo; persone che non voglio conoscere, e non le incontro.

Durante la guerra sfollammo nei granai di un palazzo abitato da una vecchia marchesa. Era una donna magrissima, con la frangetta, la faccia infarinata, portava svolazzanti abiti di chiffon. Pareva una maschera.

Quando suonavano le sirene di allarme, e poi le bombe cominciavano a cadere, ordinava con modi decisi alla servitù: «Tirate le tende». Poi si sedeva al pianoforte.

La capisco.

Non è che io abbia delle offese da vendicare. Ero ancora una ragazzina e un mattino, sulla spiaggia di Rimini, una zingara mi lesse la mano, e mi rivelò le sue previsioni: «Farai quello che vuoi, ma resterai sola».

Ci ha preso.

Avevamo fatto amicizia con una villeggiante tedesca, vicina di ombrellone, vasta come una pianura, con polpacci robusti, che raccontava a mia madre i suoi incontri sentimentali: c'erano sempre letti che sussultavano, ma è molto difficile separare con un taglio netto il sesso dall'amore, forse è impossibile.

Le chiese, e la mia genitrice ne fu un po' stupita, se era mai stata con un russo: «Lei non sa che cosa ha perso» commentò con un tono compassionevole.

È strano, ma quando sento discutere degli eccessi dello stalinismo, io penso a quell'avventurosa Fräulein che passava le vacanze al Grand Hotel, e ai suoi tempestosi amplessi.

Gian Marco mi ha domandato se, di temperamento, sono gelosa.

Ho riflettuto: non capisco quelle che, per rifarsi di un torto, si buttano tra le braccia di un altro. È ancora una prova di attaccamento. Poi: sei mio, o sei mia, che cos'è? Che vuol dire? Un diritto di proprietà, o una concessione di usufrutto?

Infine, col sospetto, col dubbio, col tormento, avrei fatto l'elogio della mia rivale.

E per concludere: se c'è una che non può permettersi di queste sensibilità, data la spregiudicatezza, o l'indifferenza, con cui mi sono regolata, prendendo quello che mi piaceva, o mi conveniva, sono proprio io. D'altra parte, in questi intrighi, è come in politica: quando c'è un vuoto di potere, qualcuno si fa sotto.

Dice il mio giornalista, col linguaggio che si usa:

«Non si sente un oggetto?»

«Sì, ma bello.

Un amico mi confessò: "Sono qui da te, ho tanto bisogno di parlarti". Lo fissai un po' delusa: "Solo per questo?".

Chiacchierano tanto del problema della donna, ma io con gli uomini non ce l'ho. Anche se mi sforzo. Li trovo più fragili, più vulnerabili di noi. Hanno, fin da piccoli, una parte molto difficile da sostenere. Gli insegnano subito che debbono essere i più intelligenti, i più forti, e anche quando crescono sono costretti a continuare a lottare.

Hanno bisogno di noi; uno mi disse: "Io sono la barca, ma tu sei la vela"; mi ammainò appena poté attraccare sui fianchi accoglienti di un grazioso cioccolatino che era stato, meritatamente, lo ammetto, proclamato miss Asmara.

Del resto, io non mi sono mai considerata indispensabile alla felicità di qualcuno; se lo credi, è da quel momento che cominci a renderlo più disgraziato.

C'era il personaggio di una comica, di quelle che covano sempre la sorpresa di un generale in mutande nascosto in un armadio, che diceva, girando pensosamente in frac attorno a un abat-jour: "Bisogna che una donna scelga:

con uno amato dalle altre, e non è tranquilla; con uno che le lascia indifferenti, e non è contenta".

C'è chi mi ha giudicata concreta, sensata, anche spiritosa. Sono un'attrice: non sogno, faccio sognare. Le passioni le ho recitate e le ho vissute: non c'è poi tanta differenza. Anche per questo mi è difficile condannare.

Non ho mai dimenticato un fatto al quale ho assistito una estate, per la festa del Corpus Domini, in campagna. Faceva il caldo di giugno. In cantina, avevano messo i fiori a macerare, per spargerli lungo il percorso della processione: c'era un odore struggente di petali, di bosco, di erba e di menta. Poi i ceri, tremanti in quel torpore.

La Lina, la merciaia di piazza, una vecchia zitella, si era vestita da Figlia di Maria, tutta bianca, con le calze di cotone, il velo, le scarpe da infermiera, i guanti di filo, e la candela in mano.

I chierici agitavano il turibolo, e sulla folla accaldata si posavano nuvolette di incenso.

A un tratto, mentre il Capitolo intona il *Pange lingua* (allora cantavano in latino), la Lina, sconvolta da bramosia, dal delirio, alza la gonna, tira giù le mutande, e si mette a gridare: "Guardatela, sono vergine. Chi mi vuole?", e la mostra a tutti, e si avventa su don Paolino, il cappellano sgomento, e gli gualcisce la cotta inamidata e gli arruffa i capelli.

La banda attacca, e la guardia campestre e il brigadiere della Forestale afferrano quella poveraccia, che si dimena: "Dove mi portate?". "A Lourdes," dice don Paolino "e vengo anch'io."

Si calma, la caricano sull'autoambulanza, che si allontana, mentre anche gli infermieri accompagnano la Lina che ha intonato quell'inno che invoca:

> Scendi dal trono fulgido,
> bella del ciel regina

Dunque. L'erotismo non è meglio amministrarlo con saggezza, cominciando quando si è giovani?

Certo, non bisogna eccedere. La Signora raccontava che durante una tournée in Sicilia era andata a fare una passeggiata in un aranceto. Cominciava con lo spiegare che cosa accade nell'aria quando le zagare o i gelsomini, non sono in grado di precisare, sbocciano impetuosi; c'era tanto sole e lei portava un cappello di paglia di Firenze, dalla larga tesa, perché ci teneva molto a conservare un soffuso pallore; da un sentiero spuntò un grazioso monello, adorno di riccioli bruni come certi angiolotti che fanno da cornice a visioni paradisiache, il quale con garbo, ma recisamente, sorridendo, le chiese: "Me la dai?".

Sul momento, e si può capire, la Signora rimase un po' meravigliata, ma dopo un attimo di riflessione si domandò: Perché deluderlo? Forse gli creo un blocco psichico, uno sconvolgimento interiore.

Si andarono a sistemare dietro un boschetto di papiri, piante che crescono, informava, oltre che in Egitto, soltanto dalle parti di Siracusa. Non dava alcun peso a quell'incontro, stante, oltretutto, l'esiguità dell'impegno.

No, non mi scandalizzo. Forse perché, se c'è una cosa che odio, è l'ipocrisia: la ammetto solo in qualche caso: "Simulate, ma fate finta di volermi bene" ho detto certe volte. Uno solo spese la vita, a quel che so, perché trionfasse la verità, ma non ritengo che la maggior parte della gente abbia la vocazione di finire in croce.

Forse questa mia tolleranza per le debolezze della carne, e quel "debolezze" è quanto mai improprio, nasce dalla mia infanzia.

La nonna, che vedevo china sul mio lettino, e che aveva tanti capelli, e anche tanta barba (ecco un particolare che ho trascurato; da qui il detto, riflettevo: "Donna barbuta, donna piaciuta"), era un tripudio del crine, tanto che io credevo fosse il Padre Eterno, perché così lo rappresentava la tradizione popolare, la cara vecchietta, dicevo, invece delle solite ninne nanne mi cantava la romanza: *Ma l'amor, l'amore ond'ardo*, incoraggiando evidentemente una mia naturale disposizione incendiaria.

Col lavoro che ho scelto, ho avuto sotto gli occhi un campionario di "gusti abominevoli", e non mi sono mai sdegnata, perché condivido il contegno di quel professore, trovato in atteggiamento scomposto con un alunno, che diceva al giudice: "Scusi, ma lei ha mai provato?". E poi credo poco alla forza trascinante dei cattivi esempi. Tra il corrotto e il corruttore c'è sempre un filo che li lega.

Non sopporto, invece, che i "diversi" tentino di imporre la loro legge o le loro inclinazioni; per cui se una non è lesbica, si sente quantomeno a disagio.

Come si può dividere il piacere? Esistono due parti uguali? E c'è un godimento pulito e uno sporco?

Lasciamo stare quelli che si sono messi in testa di assicurare, riempiendo le culle, l'avvenire dell'umanità, che è un bell'impegno, o di accrescere i seguaci della Chiesa, che è un altro degno scopo, ma io penso che la maggioranza, quando sbriga certe necessità, si sente leggera, poco obbligata. Di solito una chiede: "Sei stato bene?", e non pensa che aprire le cosce sia un apostolato. Tutt'al più è una occupazione.

Io ho interpretato anche Strindberg.

Domanda il servo Jean: "Ma lei, signorina, odia tutti gli uomini?".

E la signorina Julie risponde: "Sì, quasi tutti. Nondimeno, qualche volta, quando sono presa dalla noia... Ma che schifo, però".

Questo è un punto di vista contraddittorio, ma si può accettare.

Non bisogna credere alle regole in assoluto: non è vero che i pesci grossi mangiano i più piccoli, anzi spesso accade il contrario, e branchi di sardine distruggono la balena; ed è una zanzara che rende frenetico il leone.

Nel dramma c'è sempre il lato ridicolo; facevamo l'*A-*

delchi, io ero Ermengarda, sposa ripudiata, e il coro declamava: "Sparsa le trecce morbide", e a un guerriero, all'improvviso, si scucirono le braghe, mostrò il didietro, e l'altro verso: "sull'affannoso petto", non lo sentì nessuno, perché tutti sghignazzavano.

Poi non bisogna fidarsi delle apparenze.»

Ho chiesto a Gian Marco: «Che ne dice di Guido Vinci?».

«Bravo, anche se un po' trombone.»

«D'accordo. Ma bellissimo, no? Un atleta. Con quel fisico trionfante: forse, perché ha la madre svedese, un po' torvo, di sicuro carogna. Le fa diventare matte. Io non ci ho fatto niente, però una mia amica (ma questo, per favore, non lo scriva) mi ha confidato che vale zero.

Si risparmia, ha paura di rovinarsi la pelle. Sono sicura, invece, che quell'esercizio rafforza i muscoli e favorisce la circolazione.»

«Però John Barrymore, e anche il siciliano, come si chiamava? ci rimasero stecchiti» ha osservato Gian Marco, che evidentemente segue le vicende dello spettacolo.

«A Bologna la chiamano "la morte dell'angelo"; Ugo, ma gliene parlerò poi, andiamo con ordine, diceva che non deve essere così terribile affondare la faccia tra due enormi tette, e assopirsi per sempre.

Si ammazzano anche in motocicletta, ed è meno divertente, mangiando, ed è più spiegabile, o impegnandosi a ridurre in cenere ogni giorno quaranta sigarette.»

Ha detto Gian Marco: «Vedo che lei non fuma».

«Non consumo sostanze stupefacenti, fornico, ma non rubo e non uccido; e mica posso, da sola, disobbedire a tutti i precetti. Se scegli uno sport, e vuoi importi, non devi distrarti; quello e basta. Vale anche per il resto.»

Ho apprezzato la sua discrezione; non ha fatto alcun commento volgare.

«Non ho capito» mi ha detto «quel discorso sulle apparenze.»

«Mi distraggo, ogni tanto. Ho letto le memorie di una dottoressa che viveva a Capri, e che ne aveva combinate di tutti i colori. Mi sono segnata una frase: "Per conoscere bene un uomo bisogna averci fatto l'amore". C'era, alla fine del volume, un elenco dei suoi studi, delle sue esplorazioni: quaranta divertenti ricerche. Da quasi tutti si sentiva ingannata, ma da ognuno di loro aveva ricevuto qualcosa, e anche dato. No, non mi pare esatto.

Penso di aver capito Vanni Trentini; voi altri giornalisti siete pettegoli, sapete tutto di tutti. Scusi, Gian Marco, a forza di camminare nel fango, qualche schizzo non arriva alla veste immacolata?»

«Per lottare col male» ha risposto Gian Marco «bisogna starci in mezzo.»

«Si sbrighi, allora, a finire questa intervista, altrimenti arriverà in ritardo per la salvezza del mondo.»

Non dovrei infierire sul mio piccolo crociato; egli non ha ancora capito chi sono quelli che reggono gli stendardi.

«Lo sanno tutti che Vanni è invertito, finocchio, nana, checca, pederasta: c'è un mezzo vocabolario per definirli; io ho conosciuto poche persone umane come lui. Penso proprio di capirlo. Gli voglio bene. Le sue preferenze sessuali non mi hanno mai turbata, e ritengo che le mie non lo abbiano infastidito. Per due anni, abbiamo girato l'Italia insieme, tutte le sere davanti a un fondale, sporchi di cerone, a ripetere scene di un improbabile ardore.»

«Rodolfo Valentino» ha detto Gian Marco che deve avere uno smodato interesse per l'aneddotica e la maldicenza «lo avevano battezzato "piumino roseo da cipria". Aveva gli occhioni languidi, il petto senza un pelo, e si ammazzavano per lui.»

«Vanni no; soltanto giovinetti; soffrì molto per una guardia di finanza che lo aveva abbandonato. Era discreto, e anche tenero; lo trovai una volta che, in fondo alla platea buia e deserta, stava strusciandosi con un suo piccolo ganzo.

”Scusami, Maria” disse, e diede un casto bacio anche a me.

Una volta sentì il bisogno, come si dice, di aprire l’animo. C’è sempre un momento in cui diresti tutto anche al primo che passa: perché ti pesa, per sentirti vivere o per avere un complice o un testimone.

Mi spiegò che se è un problema, per un maschio e per una femmina, formare una coppia ideale, lo è ancora di più per chi sta in mezzo.

Io so poco, quasi nulla, su questo argomento; l’idea che gli esquimesi si inebrino sfregandosi il naso mi ha sempre lasciata indifferente, e anche la possibilità che certi signori, o signore, se la spassino tra di loro, strofinandosi dove e come gli pare.

Ho visto le solite fotografie di baroni tedeschi a Taormina, con figli di pescatori incoronati di pampini, spilungoni slavati con in testa berretti con la svastica o l’elmo del Kaiser, e che mostrano lunghe gambe inguainate in calze di seta nera, e la boccuccia troppo rossa, ho sentito storielle di piscine e di saune, liete di gorgheggi come una voliera, ma è un programma che mi fa pena, come nelle riviste pornografiche, vedere certe esangui troiette, che per dimostrarsi emancipate e per trovare una scrittura posano con una gardenia tra le chiappe.

Guardo e penso: quella corolla sfiorirà presto.

Non ho mai appurato a quali conclusioni è giunta la scienza: caso clinico o alterazione psichica, malattia o depravazione; quello che penso è che tutti hanno diritto a stare tra gli altri. C’è chi mette sul piedistallo un ragazzo, chi una signorinetta: si trovano bene tra di loro, mentre io ho preferito sempre una compagnia nuova, le donne che si sbaciucchiano continuamente tra di loro mi disturbano, come gli uomini che piangono. Ma chi è normale?

Vanni cominciò a parlarmi, è naturale, di quando era piccolo; forse il pretesto furono i fedeli che entravano in chiesa per il rosario, eravamo di maggio.

Si ricordò che nella sua parrocchia c'era un dipinto che rappresentava sant'Agata: aveva gli occhi rivolti al cielo, perché neppure lei se la sentiva di guardare il piattino che le avevano messo accanto con due tettine staccate e le colpevoli tenaglie.

"Che cosa sono?" domandava l'innocente.

E la madre: "Sono delle focacce".

È così, pensavo ascoltando, che si ingenera confusione nelle semplici menti dei fanciulli, che poi da grandi, invece di andare a donne vanno dal fornaio.

Ma io non ho sufficiente preparazione psicoanalitica, e non voglio lanciare teorie.

Vanni fu messo in collegio, perché i suoi volevano che studiasse e non ne avevano i mezzi. Lo mandarono dai Padri Somaschi, il cui fondatore, Girolamo Emiliani, aveva per motto: *Orphano tu eris adiutor*, che vuol dire pressappoco: all'orfano darai una mano.

Padre Venturati gliene dava anche due; prendeva i convittori, li bloccava tra le ginocchia, gli toccava le gambe, con tanta forza da lasciare il segno, e domandava con sguardo lampeggiante: "Hai peccato contro il sesto?".

Vanni ricordava quelle giornate oscure, e cariche di presagi. Il prete lo conduceva nel suo studio, chiudeva le imposte, si metteva attorno al collo la stola viola, accendeva nervosamente la luce e la spegneva, poi gli dava uno schiaffo: "Tu sei un bambino impuro, e fai sanguinare Gesù".

Vanni contava i bottoni della tonaca del reverendo, tanti, come piccoli grani di liquerizia, c'era un attaccapanni con un cappello a tre punte, e poi alcuni dipinti, san Tarcisio, con uno straccio sui fianchi, san Sebastiano, bellissimo e quasi sprezzante, san Luigi, con una faccia smunta che non lasciava supporre niente di buono.

"Digli la preghiera" comandava padre Venturati, e Vanni, genuflesso sul pavimento di mattoni che sapeva di olio putrido, ripeteva: "O Luigi santo, di angelici costumi adorno, io indegnissimo vostro divoto, mi prostro ai vostri piedi e domando il dono della purità".

San Luigi aveva un crocefisso in mano e schiacciava la corona ducale; evidente segno di disprezzo per il potere e il comando.

"Ti tocchi?" continuava, implacabile, il sacerdote.

Gli tirò fuori il pistolino, minuscolo, inerme. "Bisogna benedirlo" decise.

Prese un batuffolo, e non lo spruzzò d'acqua benedetta, come si potrebbe immaginare, ma di lavanda, che pizzicava.

"E di notte" insinuava "dove tieni le mani? L'angelo non vuole; fammi vedere."

Vanni cominciò a rendersi conto che qualcuno che lo osservava con perversità ci sarebbe sempre stato; perfino nelle docce, su un muro, avevano dipinto un triangolo, con dentro un grande occhio, che spiava ostinato, tra i vapori, gli allievi che si lavavano. "Dio ti vede" ammoniva una scritta.

Vanni cominciava a sentirsi strano, differente dai compagni: prima, ricordava, faceva lunghe gite in bicicletta per andare a trovare una bambina, che una volta si era tolta le mutandine, suscitando la sua curiosità. Tutti gli altri parlavano di quell'argomento: "Chi sa come ce l'hanno le negre? E le cinesi? A mandorla?" e tante altre sguaiataggini. Lui ascoltava, ma senza troppa attenzione.

Se me ne venisse voglia, pensava, e pregava anche perché il Signore lo aiutasse.

Tutti quei controlli diventavano una persecuzione; nei lunghissimi dormitori, pieni di ombre, il precettore della sorveglianza faceva la posta da dietro una tenda bianca. Vanni stava nella stanza dei partenici, che voleva dire "i puri", ed erano quelli della prima ginnasio, ma intravedevano anche loro inquietanti apparizioni, e nel silenzio si udiva qualche affanno.

Facevano le recite, per carnevale, rappresentavano le

virtuose gesta dei martiri Tarcisio e Fabiano. Fabbricavano le aureole per i due buoni cristiani, e con i tovaglioli che lavavano le suore, e che odoravano di bucato, si facevano il seno, perché nella trama era contemplata anche qualche equivoca presenza femminile.

Nel refettorio, ricordava Vanni, c'era un effluvio di chiesa e di minestrone, e nelle stanze dei padri, puzzo di sudore, di scarpe e di calze nere, di tabacco.

Le prediche parlavano troppo di san Luigi, fino a renderlo odioso: una volta, vide le caviglie della fantesca e svenne.

"Chi sa che risorse aveva quella ragazza" dissi poi io.

Li condussero a vedere la cella, il luogo dove si flagellava. Ma non era sufficiente. Una creatura incorporea scesa dal cielo gli aveva messo un cordone attorno alla vita, così si quietava.

I padri conservavano con ogni cura anche il cilicio della castità di san Tommaso d'Aquino, con gocce di sangue; Vanni credeva sempre più che ogni pensiero scostumato conduce al peccato mortale e quindi all'inferno. Poi uno resuscita, e vomita zolfo e fiamme.

Non si sfuggiva. C'era la prova dell'esistenza dell'altro mondo; a don Bosco apparve la sera, dopo il funerale, come d'accordo, il beato Luigi Comolli che diede l'atteso annuncio: "Sono salvo".

Quando c'erano avvenimenti tristi, le ossa del santo Girolamo Emiliani scricchiolavano nella tomba. Ai migliori, veniva promesso di portarli in gita perché potessero assistere allo straordinario evento. Ci furono molte infauste circostanze, ma evidentemente nessun convittore si rese meritevole della pia escursione.

C'era un altro venerabile, che veniva spesso citato come modello di perfezione, il quale, per non farsi prendere dalle tentazioni, metteva dei sassi nelle scarpe, così non si distraeva con estasi scurrili; si spense giovane, ma presumibilmente casto.

A meno che, pensavo sempre io, quando era scalzo, non avesse anche lui qualche voglia proibita: chi sa quali lusinghe possono nascere da un pediluvio?

Guai se, raccontava Vanni, durante la comunione, l'ostia cadeva per terra: bisognava raccoglierla con la lingua, così col corpo del Signore, si accompagnava il sapore disgustoso del vecchio piancito.

I grandi servivano i piccoli, e Vanni si accorse di Giovenale: gli versava il vino bianco in un bicchierino di latta, gli dava i dolcetti coi semi dell'anice che preparavano le monache, lo guardava in un modo inconsueto. Giovenale era biondo, con un po' di peluria: aveva sedici anni, e frequentava il primo anno di liceo. Aveva al collo un nastro celeste con una medaglia che rappresentava l'arcangelo Gabriele.

Un giorno gli sussurrò: "Vieni al gabinetto stasera, che ho bisogno di parlarti".

Finirono sulla scala di ferro che portava al teatro, dove erano i ritratti severi dei rettori.

"È vero che ti piaccio?" gli domandò Giovenale.

Si sbottonarono i pantaloncini, cominciarono ad accarezzarsi. Ne rimase invaghito, e si incontrarono altre volte.

Era un piacere segreto che lo turbava, e a cui non sapeva rinunciare. Arrossiva, ma non si sentiva colpevole di infamie. "Mi accorsi" diceva "che lo facevano in molti, adesso vanno in fabbrica o hanno una bottega, e i loro figli adempiono al servizio militare. Io ho continuato."

Un anno dopo andò a cercare l'amico al suo paese. Fece tanti chilometri pedalando, bussò, e gli andò ad aprire una contadina vestita a lutto. "Cosa vuoi?" e lo fissò sospettosa.

"Sono un amico di Giovenale, e non so più nulla di lui" disse con imbarazzo, come se tutti dovessero sapere.

"È morto da tre mesi, una forma di tifo."

Chiuse la porta, senza dirgli neppure di entrare.

"Lo ricordo sempre" disse Vanni "e ho sempre avuto voglia di uno come lui."

Mi raccontò delle lotte che erano scoppiate quando in casa si accorsero che non pensava alla fidanzata, almeno nel senso più diffuso, alle liti coi parenti, alle ironie dei maestri. Chi parlava dell'onore, chi di un impiego che sarebbe stato difficile trovare.

Lo aveva molto avvilito il colloquio con la madre; una aggressione isterica: "Giurami che non è vero quello che dicono".

"Che cosa dicono, mamma?"

"Che ti piacciono gli uomini."

"Sì, mamma..."

"Ti piacciono come?"

"Come a te papà."

"Che vergogna, un diplomato. Che cosa diranno le mie amiche?"

Allora abbracci, lacrime, una disperazione irrefrenabile, allucinata. Tutto il fiele della piccola città tornava di continuo nei loro discorsi: i doppi sensi delle sale da bigliardo, le allusioni delle canaste benefiche, lo sapeva perfino il direttore della banca, che lo aveva tenuto alla cresima, qualche eco doveva essere arrivata anche a monsignore.

E poi le sorelle, che si impegnavano per redimerlo, e gli presentano delle amiche poco serie, e una gli balza addosso, e cerca di infilargli di prepotenza la lingua tra le labbra, e lui stringe i denti, e la morde, e quella scappa gridandogli dietro: "Accidenti a te, brutto culatone".

E il padre che gli fa trovare sul comodino certi libri illustrati, con delle catene infinite di ragazze e ragazzi che compongono allegre carole, sperando di ridestare nel giovanotto desideri che si sono perduti nei meandri della psiche, o negli enigmi dei caratteri ereditari.

"Ho odiato questi loro tentativi di conquista" diceva Vanni. "Ecco cos'è la violenza."

Durante la guerra, arrivarono i tedeschi, e occuparono il collegio. Erano allegri, suonavano l'armonica, ammazzavano vitelli che andavano a rubare. Ce ne era uno che assomigliava a Giovenale, si chiamava Hans, però aveva i capelli a spazzola. Indossava la divisa della Luftwaffe, tenente aviatore. Portavano, gli pareva di vederli, mutandine bianche e gambali, mandavano afrore di cuoio.

"Ti sembrerà un discorso da branco di cervi: sentii per la prima volta odore di maschio adulto" sospirò Vanni. "Facevano la doccia, buttandosi il sapone, scherzavano: quei nudi mostrati senza ritegno e senza malizia mi colpirono."

Chiesi a Vanni come facevano a intendersi, se c'era qualche imbarazzo, e lui citò nientemeno Socrate, che evidentemente era del ramo: "Ci sono regole per cacciare gli amici come per prendere le lepri" insegnava il filosofo.

Vanni si mise con Kabir, un indiano. Lo aveva incontrato a un ostello della gioventù. "È bellissimo" diceva "e farei per lui qualunque cosa. Ha due occhi diversi, uno quasi blu."

Gli chiesi se era contento, e mi recitò un verso di Walt Whitman, ancora un affine: "Essere con chi si ama è abbastanza", e mi spiegò che Kabir era bravissimo a far di tutto. Quel golf di lana che portava, a punto inglese, glielo aveva confezionato proprio lui.

"E quando sarete vecchi, grassi, con le vene varicose?" gli dissi.

"Resteranno le premure, o la compassione, o il rimpianto. Che accade agli altri, che succede a voi?"

"Ma Kabir è un giovanotto, e ti tradirà."

" 'Ecco quello che non capiscono' diceva Cocteau a Peyrefitte. 'Che noi siamo dei padri.' E alla fine, con le nostre cadute, col nostro errare, il Signore ci accetterà tutti, così come siamo." Vanni era molto devoto.

Una domenica mattina andammo allo zoo; da piccola mi divertivo a fermarmi davanti alla gabbia delle scimmie con un cartoccio di noccioline, e a mangiargliele in faccia; ero così dispettosa, e quelle si arrabbiavano tanto.

"Io le detesto" diceva Vanni. "Guardale, sembrano bambini viziosi."

Lo portai all'acquario, ma volle uscire subito: "Ho il terrore della profondità, dei coralli, dei molluschi: laggiù non arriva la luce". »

Questo Gian Marco non finirà mai di stupirmi:

« Forse ha ragione Bette Davis » ha detto. « Lei sostiene che il nostro è un mondo dove abbondano i maschi e scarseggiano gli uomini. »

« C'è chi è convinto che, ad ascoltare le dicerie, le maldicenze, anche la prima parte dell'affermazione è discutibile. Ho letto oggi che hanno arrestato Claudine Marchand, quella francesina che è specialista in pellicole ambientate a Singapore, a Hong Kong e alle Molucche: c'è sempre un fumatore d'oppio, o un cacciatore di tigri, che davanti al marito cornuto e felice — anzi: è proprio lui che organizza questo nuovo genere di safari — se la sbatte su una stuoia e la denuda su una giunca che scivola silenziosa nella laguna.

Ho lavorato con lei in una pellicola dove io facevo la madre superiora e lei la novizia: come vede, le strade della redenzione, anche nel cinema, sono infinite.

La piccola è molto graziosa e molto gentile, e anche molto svanita: non so se annusa, o se è arrivata già alla siringa. Aveva sposato uno più vecchio di lei, quel bel tenebroso che faceva l'ufficiale della Legione straniera, o il bandito, uno di quelli che senza la pistola non comunicano, come si dice. Il padre di Claudine è regista, lei li ha trovati tutti e due a letto, sposo e papà che facevano le prove.

Non so se queste sono maledizioni bibliche, Sodoma e Gomorra, ma anche la carriera di Gino Leoni è cominciata pressappoco così: con un americano. Gino Leoni che in realtà si chiama... »

«Spazzacappa» ha precisato Gian Marco.

«Che mostro; aveva come precedenti artistici una buona educazione fisica ricevuta nel corpo dei Vigili del fuoco, calzava gli stivaletti e coltivava la barba carbone. "Voglio arrivare" diceva.

Si presentò al director di Hollywood, che stava preparando uno dei soliti fumettoni con le corse delle bighe, i triclini e le matrone che fanno il bagno nel latte di asina e vanno a spasso con la tetta fuori.

Il ruolo del pretoriano, dell'amico di Caligola, del reduce dalle Gallie, con quelle spalle larghe e la fronte bassa da deficiente, gli andava alla perfezione.

Era anche aggressivo e impudente; si fece tradurre una sola frase, e la pronunciò con energia: "Tra poco sarò qualcuno; e se non mi scrittura lei se ne pentirà".

Il mago dello schermo non fu tanto impressionato dalla cattiva pronuncia, quanto da quei fasci di muscoli che scappavano fuori dalla camicia opportunamente slacciata. Ebbe la parte, ma la tresca venne scoperta dalla moglie del disponibile artista Usa.

Mildred è una vera dama; non si scompose, e siccome Spazzacappa non è da buttar via, pensò di vendicarsi. Hanno una deliziosa bambina, che ha le efelidi britanniche e le chiome brune dei latini.»

«E poi dicono che questa non è una società permissiva» ha commentato Gian Marco.

«Dipende. Io, per esempio, provo una invincibile ripugnanza per i maschioni che si fanno mantenere dalle vecchie o dalle bambinacce come Vanni; posso capire le vegliarde, se pagano con l'accendino d'oro, l'auto, l'orologetto dal quadrante nero, un mediocre inganno. Dietro a quei toraci c'è la morte. Sono delle cretine, ma capita. Gli stalloni mi disgustano, perché mi pare di sentire il loro fiato all'aglio, olio e peperoncino, sotto i loro gemiti avverto la contabilità. Ma questa società moderna fa morire suicida Gabrielle Russier, quell'insegnante di lettere della Provenza, divorziata, mi pare, che si era invaghita di un suo scolaro. »

« Diciassette anni, pochini; lei verso i quaranta. »

« Ma chi è che non si è innamorato del professore? La misero anche in cella, con le prostitute. C'è un'età per volersi bene? »

« Perché si esalta tanto? »

« Perché mi riguarda. Andai anch'io con quello di disegno. Mancava un mese: non ero ancora maggiorenne. Si chiamava Bisini, Tano Bisini, ma i nomi li lasciamo perdere, vero? Dipingeva, faceva delle mostre. Era sposato con figli; ce ne era uno della mia età, che veniva a ballare alle feste degli studenti. Mi faceva anche la corte.

Andavo nel suo studio: guardavo i manichini, le composizioni, frutta, molte melegrane, c'era un odore acre di vernici e di trementina, mi sdraiai, la prima volta, sul sofà, guardavo un abbozzo di paesaggio, un tronco lacerato dal fulmine, e non credevo che Tano fosse capace di tanta dolcezza.

"Sono matto?" mi chiedeva. "No, non mi sembra pazzia. Non credo di violentarti, sto con te dolcemente, come con nessuna altra."

Non godeva di buona reputazione, aveva avuto qualche guaio con le autorità scolastiche, fu scoperto, durante la guerra, con la fidanzata di un ufficiale al fronte, e il preside lo ammonì: "Non è bello con la donna di un combattente".

Vuole saperlo? È stato uno dei più bei giorni della mia vita. Poi, come tutte le sceme lamentose, mi sono messa a tenere un diario. Bisogna ricordare quello che conta, il resto non ha significato. C'è forse qualcuno a cui dovrò contestare qualcosa? Molti quaderni personali mi sembrano una minaccia, o un ricatto a scoppio ritardato: ora sapete quello che pensavo davvero, e come andarono effettivamente i fatti.

Raccontavo a me stessa quello che avevo vissuto. Forse

con esaltazione, di sicuro senza inquietudine. Mia madre scoprì quelle confessioni, ma ebbe la saggezza di non ricorrere ai poliziotti o ai giudici; si limitò a parlarne col nostro medico che volle visitarmi e mi fece qualche domanda tecnica: come lo aveva lungo, come facevamo l'amore? Ma questa non è la vera sopraffazione? Non ricorsero ad alcuna denuncia: perché dare pubblicità a una vicenda "vergognosa"? Del resto avrei trovato orribile che lo avessero messo in prigione per il reato di avermi amata. So che la mamma andò a parlargli, ma non ho mai saputo quello che si dissero. Quella esperienza mi ha insegnato che bisogna diffidare di tutto quello che è scritto, è una imprudenza abbandonarsi anche alle cartoline con i saluti.»

Ha detto Gian Marco: «Che cosa è ancora vivo del passato in lei?».

«Non lo so; ma mi chiedo che resterà in coloro ai quali lo racconto. Non li inganno, ma li deluderò. Chi sa come mi vedono. Ma perché dovrei scusarmi dei miei limiti? Ho avuto dei colleghi, che la battuta più lunga la dicevano fuori del teatro, al momento di addormentarsi: "Buona notte". Reggevano un candeliere, stavano in livrea immobili accanto a una porta, e negli intervalli inchiodavano le scene. Si difendevano, immagino, evitando i confronti.

Non mi sono mai sentita distrutta se il mio nome non figurava per primo: il problema mi avrebbe appassionato in caso di naufragio, ma non ho mai inteso la vita come una corsa verso la lancia di salvataggio.

Non sono mai stata carina: ma hanno apprezzato anche il mio naso curioso, gli occhi non immensi, ma che rivelano, spero, la presenza dell'intelletto.

Mi sarebbe piaciuto apparire come certe creature che mi entusiasmavano quando ero giovanetta, scoperte nei romanzetti o al cinematografo: belle, ricche di dignità e di fascino, mangiavano solo una volta al giorno, facevano ginnastica.

Sono pigra come una odalisca; anche se mi ci provo, anche se volessi, non mi toccherebbe mai la parte della raffinata. C'era un giovanotto di nome Ambrogio, studiava economia e commercio; nel tentativo di apparire squisita arrischiai di chiamarlo Lony. Non fui apprezzata.

Non intendo buttarmi giù: ho avuto anche le mie soddisfazioni. Renato Simoni, va be' che era verso la fine, e forse aveva qualche sussulto senile, scrisse che ero "grande perché vera".

Caro Gian Marco, lei non sa quanto è difficile collocare da qualche parte le braccia, che in palcoscenico sono quasi sempre superflue. Non puoi tenerle lungo i fianchi, altrimenti sembri un maresciallo dei carabinieri sull'attenti, né muoverle disordinatamente, come un pugile che si difende.

Dicono che sono brava perché non si ha mai l'impressione che io stia recitando: non bisogna che quelli in platea si accorgano della macchinetta, anche se le cose più spontanee sono quelle più pensate.

Ha mai sfogliato quei trattati di una volta, che insegnavano la mimica? C'era una posa per ogni situazione: occhi al cielo, preghiera o rassegnazione; socchiusi: godimento o vendetta; pugni e denti stretti: vedrai che cosa ti succede; labbra piegate in giù, disprezzo: scusi, ma oggi chi si indigna più?

Il Grand. Uff. disponeva di una dentiera a seconda delle interpretazioni. Cavour, in *Villafranca*, ce l'aveva scettica e allusiva; ricordo i bagliori passionali di quella di Otello.

Sentiva anche gli umori delle stagioni, e si tirava dietro le parrucche adeguate: color lino, per i mesi caldi, che diventava di un ruggine fiammeggiante nell'inclemente inverno. Una tinta un po' accesa è sempre una nota di allegria.»

« E alla vecchiaia » ha detto Gian Marco « come si prepara? »

I giovani, lo sanno tutti, sono feroci.

« Si vede già la neve che cade sui miei capelli? » gli ho chiesto. « Imporrò che, attorno a me, ci siano sempre delle luci attenuate, farò coprire, come la celebrata contessa Castiglione, gli specchi con dei crespi scuri; ma più probabilmente me ne fregherò.

Vedo delle lentiggini che non c'erano, sento degli scricchiolii alle giunture che ignoravo, ma poi me ne dimentico. Ci si abitua. O non sono mai stata vergine, o lo sono ancora, penso. È all'ultimo che mi donerò davvero? Sarà l'incontro più doloroso.

La vecchiaia si vede soprattutto negli altri. Ma non dia retta neppure ai retori che sostengono: ogni epoca ha il suo incanto. Che magia c'è in un ricovero, quando i pioppi del giardino ti suggeriscono i cipressi del cimitero? Finirò forse circondata da molti gatti, e dimenticata da tutti. "Attore morto" ammoniva il Grand. Uff. "non porta soldi al botteghino." Non conserverò bauli di vestiti e di cianfrusaglie, i documenti della gloria, la crinolina della *Locandiera*, o il modello di Coco Chanel che portavo in *Come tu mi vuoi*. Non si può recitare all'infinito, e poi non è questo che vale. Mi accorgo che sto parlando per massime, ho la saggezza dei gianduiotti. »

Ho notato che Gian Marco mi osservava smodatamente, con ingordigia.

« Che cosa guarda? » gli ho chiesto.

« Le sue ginocchia. Non pensavo che contassero tanto. Anche lei mi sembra assorta. »

« Sto ascoltando il mio cuore. Ho scoperto che ce l'ho ancora. Mi sono chiesta: Ma chi è questo Gian Marco? Mi sta facendo una radiografia, mi spoglia, mi rigira, e io, in fondo, mi sento sollevata, come se mi liberassi da un peso. Mi sembra quasi di parlare di un'altra, e il tempo fugge veloce.

È già sera, tra poco dovrò andare a teatro. È l'ora in cui la camera di albergo mi avvilisce: sono fatte per dormire, non per viverci. Nel palazzo di fronte, si spengono le luci degli uffici, resta accesa qualche lampada nei tinelli; una donna apparecchia, lui guarda la televisione.»

«Da che cosa nasce la sua forza?» dice Gian Marco.

«Pago. E coi miei.»

Deve pensare che sono furba come una volpe, svelta come una lucertola, che si infila dappertutto. Il mio vero guaio sta invece nella collaudata disponibilità che ho a innamorarmi, nella mia natura appassionata.

«Mi tolga una curiosità, Gian Marco: a che cosa la faccio pensare?»

«Al miele.»

IV

«Quando gli dicevano: "Ma il suo nome non mi è nuovo", Ugo rispondeva, tra l'ironico e il baldanzoso: "Forse lo avrà letto da qualche parte. Figura tutti i giorni nel listino di borsa".

Il suo hobby preferito era far quattrini; poi venivano le donne. Coltivava queste passioni con lo stesso impegno, e procedendo con ordine: aveva idee semplici, direi addirittura banali, ma è il vero segreto di alcune fortune. Secondo Balzac, diceva Piero, all'origine delle grandi ricchezze c'è sempre un delitto; secondo me, molte volte, una stupidità sincera e programmata.

Viaggiava molto per la S.p.A., conosceva tutti i posti dove cucinano spaghetti all'amatriciana o vendono le valigie Samsonite, o i dischi, o le macchine fotografiche, o i maglioni di cachemire con lo sconto.

Qualche volta mi divertivo a chiedergli: "Il mondo com'è?", allora si scatenava in un racconto che aveva già ripetuto all'infinito.

Credo fosse la sua Bibbia anche negli affari.

"Gli americani" spiegava "sono come i bambini: Johnny qui, Johnny lì; e giù robuste manate sulle spalle. Credono a tutto; ma guai se li freghi. Mi piaceva quel Kennedy, adesso hanno scoperto che fotteva come un matto. Faceva bene. Non gli perdono però di aver dato una mano ai comunisti. Tra lui e quel papa han combinato molti casini.

I francesi mi hanno venduto del cattivo champagne, ma io gli ho rifilato del whisky falso. Al Lido ci sono sedici ragazze alte 1,85, hanno delle gambe che fanno venire in mente la Provvidenza. Arrivano dappertutto.

I tedeschi, cosa vuoi che ti dica, mi piacciono. Lasciamo perdere la guerra. A parte tutto, erano anche allora di parola; quando dicevano: 'Non ci si arrende', mica cominciavano subito a correre, come noi altri. A Stalingrado trecentomila: crepati tutti. La più grande sconfitta della storia. Fanno così anche con la vernice; niente trucchi: questo è il campione e questa è la merce. Uguali.

Gli inglesi sono decaduti; in bolletta, come gli italiani. Finiti i bei tempi dell'impero. Conviene comperare le scarpe.

Gli svizzeri speculano sulle disgrazie degli altri.

Le spagnole te lo menano con gli occhi abbassati, perché intanto recitano il rosario. Gli uomini sono coraggiosi, anche se le corride mi sgonfiano. Sarò un sentimentale, ma poi la sera non riesco a mangiare la bistecca.

I russi li ho conosciuti da prigioniero; erano nel mio campo: buoni ragazzi, ma impazzivano per una sveglia. Dei cinesi conosco solo quelli di Formosa: mi piacerebbe avere una fabbrica lì, perché la manodopera la pagano con una tazza di riso. Altro che tredicesima mensilità. Dicono che i giapponesi copiano: i miei coglioni, e sarebbe una idea. Li vedrai tra dieci anni."

Le donne le definiva per categorie, presumo avesse anche uno schedario: patate, paciocche, bonaccione, potenti, facciacce, sensualone, semplicemente belle.»

«Lei in che reparto era?» chiede Gian Marco.

«Non glielo ho mai chiesto. A suo parere, a quale classe appartengo?»

«Potenti.»

Non ho commentato, e ho continuato il discorso.

«Aveva un solo rimpianto: la statura. Piccoletto. Confessava: ”Negli alberghi, mi piacerebbe pisciare nel lavandino come fanno tutti”, ma non si rammaricava troppo. In camera portava gli zoccoli.

Io lo trovavo spiritoso, anche se trascendeva nel pesante; di un suo socio diceva: ”Sarebbe brutto anche in Corea”. I suoi entusiasmi erano semplici e spontanei: ”Ho fatto una barca di soldi”; ”Mai vista una con tante tette e tanto culo”.

Aveva mani grandi, goffo, peloso; la prima idea, sbagliata, era che con un pacchetto di mandorle potevi tirartelo dietro; gli pareva un segno di dirompente virilità. ”Quello lì” diceva di uno che gli ispirava poca fiducia ”vorrei che mi mostrasse il petto.” Sprizzava, insomma, una sana volgarità, ma sapeva anche, a suo modo, essere galante. Raffinato o squisito, direi di no.

Per il mio compleanno mi mandò una torta a forma di cuore, con dentro, mi aveva avvertita, una sorpresa. Un assegno. Si giustificò col fatto che non sempre la memoria lo soccorreva: a una amica aveva regalato quattro orologi, che tra l'altro non andavano mai d'accordo; poi gli era piaciuta molto una scena che aveva vista al cinematografo.

C'era un banchetto, tanti signori in smoking che fumavano il sigaro e bevevano bourbon: spingendo un carrello i camerieri servivano un dolce esorbitante, un timballo alto due metri; tagliavano una fetta, e saltava fuori una allegra brunetta nuda che galoppava, agitando una bandierina sulla quale stava scritto ”W l'amicizia”, attraverso il tavolo.»

«Quel denaro non le pesava?» dice Gian Marco.

«No, perché? Prima di tutto non era molto, poi lui ne

aveva tanto, e qualcosa divideva con me, e anche con altri. Anch'io avrei fatto così. Ugo diceva che le palanche non sono di chi le ha, ma di chi le spende.

Il suo modello era Napoleone; aveva letto tutto, Las Cases, le memorie del fedele mamalucco, quelle del generale Bertrand, ma ricordava in particolare certe regole di vita dell'imperatore: "La donna non si prende col ragionamento e neppure con la preghiera: si prende e basta"; oppure certe confidenze: "Caro Bertrand, Giuseppina aveva il più grazioso culetto immaginabile", o anche, per giustificare certi eccessi scostumati: "Un uomo non si giudica dalla cintola in giù".

Dal suo racconto non ne usciva una figura del grande Corso destinata a piacere alle femministe; mandava dei messi a cavallo alla conturbante creola, con dei messaggi di questo genere: "Signora, cominciate a spogliarvi che arrivo"; pregava Maria Luigia di non lavarsi perché certi effluvi lo inebriavano. "Ma la nemesi" dicevo a Ugo per moderare i suoi entusiasmi "lo colpì: era cornuto."

Ugo mi raccontava che lo sognava spesso, non so se nella gloria di Austerlitz o nell'intimità della Malmaison, e quando si svegliava stringeva i pugni e prometteva a se stesso: "Voglio essere come lui".

Penso fosse, nelle trattative e nei rapporti d'affari, abbastanza disinvolto: "Non gli ho mancato di parola, ho corretto un errore di valutazione", così giustificava, ad esempio, un improvviso voltafaccia.

Aveva le sue teorie commerciali, ispirate forse dall'esperienza.

"Diffida" mi insegnava "delle confezioni tipo famiglia. È sempre roba di merda. Stoffa che non tiene, sardine in olio rancido; che vuol dire un prodotto che deve andar bene per la nonna senza denti e per la famelica prole? Mettiamo i blue-jeans alla vecchia? E vai cauta con le marche che finiscono in 'ital'; è una parola che ha sempre fregato tutti."

Odiava teneramente suo padre, il commendatore: un omino roseo, dalle braccia corte, la pancetta che non gli consentiva di vedere i piedi, con pochi capelli bianchi, e due occhi chiari e sospettosi che non ridevano mai.

Ugo era ancora bambino, quando il papà lo condusse a fare una gita in campagna. "Accontentati" gli disse. "Tua madre e io, appena sposati, non avevamo soldi, e la domenica la passavamo alla Certosa."

Sentirono cantare un uccellino, era minuscolo, ma riuscirono a scoprirlo tra una siepe.

"Che cos'è?" chiese il bimbo.

"È uno scricciolo."

"È molto piccolo."

"Sì, e tu hai la testa come lui."

Ugo ne rimase colpito; trovò quel paragone offensivo e azzardato.

"Ho fatto poi le mie ricerche" diceva. "Invece è intelligentissimo. Nasce tra boscaglie oscure e umide, e scende a basso nell'autunno inoltrato. Pronostica il tempo cattivo: quando canta la neve è imminente. Ha una voce chiara, limpida e forte. I contadini del bolognese lo chiamano 'l'uccellino del freddo'. Sono riuscito a scovare un suo nido: un guanciale di piume, di crini, di tele di ragno, impenetrabile all'umidità, alle intemperie, nascosto alle serpi e alle donnole.

Mi sono segnato quello che dice un ornitologo, uno che studia questi pennuti: 'Potenza di Dio che riunisce in questa creatura l'abilità di un tessitore, il genio di un architetto, il cuore di un capo di famiglia, l'avvedimento di un saggio'."

Non gli piaceva perdere, e voleva rifarsi di antiche umiliazioni. Da ragazzo pigliava qualche soldo portando a spasso il cane di un famoso soprano; d'estate, per le vacanze, andava allo zuccherificio, e risentiva ancora la nausea ripensando al puzzo delle barbabietole in ebollizione, peggio era stato quando lo avevano sistemato da un barbiere;

quel ”Piccolo, spazzola” era proprio servile. Giurava che non avrebbe più lisciato la schiena a nessuno.

Il commendatore non si spostava dai suoi princìpi: ”Devi arrangiarti”. Non gli aveva mai voluto molto bene, poi tutto si era aggravato con la morte della sorella. Giovanna era graziosa, lieta, bravissima a scuola. ”Lei” diceva il commendatore ”doveva essere il maschio.” Poliomielite, e non c'era stato niente da fare.

Ugo sentiva l'ostilità del padre, mentre la madre, di salute perennemente cagionevole ma destinata all'immortalità, non pensava che ai suoi malanni. Aveva fatto un po' di tutto: il cameriere, la comparsa, il bagnino.

Raccontava con spudoratezza: ”Debbo tutto a due signore anziane. Che palestra è la spiaggia. Penso abbiano aiutato la mia carriera. Una mi diede i soldi per farmi operare alle orecchie; le avevo larghe come Clark Gable, ma le mie non incontravano. A scuola mi chiamavano Pinocchio, quando comincia a diventare somaro. Mi sentivo come un tassì che gira con le portiere aperte. Non è gradevole. Alla signora, invece, riuscivo simpatico.

Queste vecchie sporcaccione le battezzavano, con disprezzo, navi scuola: perché? C'è chi nasce ammiraglio? Non svolgono forse una funzione sociale? La seconda educatrice di mozzi era una milanese molto pratica in tutto. Mi insegnò a stare a tavola, a vestirmi. Allora si portavano camicie di seta, quelle che si gonfiano e frusciano. Bene: quel rumore mi incoraggiava”. »

« Uno stallone » dice Gian Marco, continuando a prendere nota. « Ma lei da questo intrallazzo che cosa può avere avuto? »

« Intanto, molta comprensione. Stesse origini, capisce? A me garbano quelli che si son fatti da soli, e non guardo per il sottile se l'esercizio non è riuscito perfettamente. »

« Sì, ma mi domando: una gli ha aggiustato la fisionomia, una ha provveduto per il galateo, altre hanno cercato di tenerlo ilare, e lei? »

« Io ho tentato di capirlo.

C'era qualcosa, oltre lo sbruffone. Se lo sentivi dire: "Con le donne ci si deve regolare come con le tartarughe; bisogna metterle di schiena" ti irritava; poi ti confidava che gli sarebbe piaciuto suonare l'arpa, e ti sbigottiva.

Lo conobbi a una festa, non ricordo l'ospite, ero stanca, avevo cercato rifugio in un angolo, su un divano, per liberarmi delle scarpe.

Questo genere di cerimonie non costituiscono il mio svago preferito; pensavo di andarmene alla svelta. Alle prime manovre, mi corse vicino, si mise in ginocchio, e mi aiutò a rimettere le babbucce dorate di Cenerentola. »

« Adesso quello diventa il Principe? » dice Gian Marco.

« No, è sempre il Lupo; però il cattivo, quando si infila la cuffia e il camicione per papparsi le sciocchine, certe trovate le ha.

C'era in Ugo una crudeltà e una innocenza primitive: ti annusava come una bestiolina. Non perdonava chi si avvicinava al suo osso. Non tirava a farsi compatire; io non sopporto quelli che si lamentano perché da piccoli non hanno avuto il triciclo.

Era anche spudorato: lo sorpresi abbracciato teneramente con una grandona, ce n'era proprio in abbondanza: "È una mia cugina" disse "e il marito l'ha piantata. Era tanto avvilita. Ma si può lasciare una così? Tu lo sai, è vero, che i più forti fisicamente sono i più deboli di carattere?".

Poi si metteva a ridere: "Non ammirarmi troppo. Non sono sempre generoso. Ho infinite debolezze". »

« Perché » dice Gian Marco « anche in amore, come sulla scena, lei si spreca tanto? »

« Perché non mi si addice il ruolo di comparsa.

Abbiamo fatto qualche viaggio insieme. "Voglio portarti" mi diceva "nei posti dove può accadere di tutto."

Di Vienna ho in mente il muro coperto di edera, di

fronte alla nostra stanza, e un tubare di colombi insistenti. Mi portò a colazione in un posto che si chiamava Drei Husaren; aveva una tradizione, ma in quasi tutte le osterie assicurano che ci andava Schubert. ”Qui può sbocciare un amore” diceva Ugo. Fischiettava le note delle operette, io speravo di andare al Burgtheater, lui preferiva le birrerie con l'orchestrina. Era spensierato, contento, insultante e romantico, io mi sentivo infelice.

Mi pareva che tutte le sconfitte del mondo, i fallimenti degli uomini, le memorie di un tempo giudicato, chi sa perché, beato e sicuro, finissero nei grandi viali, sui nobili palazzi, nelle raccolte pasticcerie della vecchia capitale.

Non vorrei essere fraintesa: non sono portata a innaffiare con le lacrime il vasetto di margherite dei miei ricordi. Sensazioni, può capitare a chiunque: basta la pioggia, o anche un fanale, o una stoffa preziosa.

”Il mio divertimento preferito è la lussuria” diceva Ugo e si lasciava coccolare come un bamboccione.

”Qui è nato il dottor Freud” gli dicevo ”ed è proprio la tua piazza. Ha spiegato che è inutile respingere dalla propria coscienza gli impulsi naturali, non si cancellano, ma soltanto si spostano, poi ritornano, e sono pericolosi.”

”È un rischio che non corro; io faccio tutto quello che è proibito: bevo, fumo, gioco, e adesso ti bacio, e ti prego di lasciarmi fare. So io come.”

Andammo a Parigi, ma a me sembra una città costruita per la giovinezza. L'Austria mi pareva calma e indulgente, la Francia ti coinvolge.

”Questa” diceva Ugo ”è la patria della libertà. Guarda quella biondina col negro che si strofinano; qui vai con chi ti pare, e nessuno ti domanda i documenti. È solo negli alberghi italiani che pretendono le carte anche delle signore; ma è l'invidia dei poliziotti, chi sa con chi se la spassa quello lì.”

Parigi è un itinerario per sposi in viaggio di nozze, ma tra me e Ugo di prime notti ce ne sono state molte. Che ti importa del 14 luglio? Non ti aspetti più che cada nessuna Bastiglia. Le ostriche, col vino bianco, i formaggi, col Beaujolais nuovo, quel pane lungo e croccante. "Non basterebbero queste cose" diceva Ugo "per renderti felice?"

Voleva che bevessi anche l'assenzio: "L'hai fatta o no *La signora dalle camelie*?", ma a me quel liquore verdastro non piace, anche se inebriava i raffinati, i licenziosi e gli artisti del secolo scorso.

Andammo a una asta dell'Hôtel Druot; volle regalarmi un libro di preghiere, con la copertina di madreperla, che sarebbe stato sul comodino di Sarah Bernhardt. C'è sul frontespizio la sua firma con degli svolazzi e l'inchiostro è sbiadito. »

« Allora lei è religiosa? » dice Gian Marco.

« Come no? Faccio anche i fioretti, e se sono buona Dio mi aiuta. Contratto. Vede: io sono, nello stesso tempo, aggressiva e insicura. Sono anche egoista, solitaria e fortissima. Ritengo sia un mio diritto pensare come voglio, e agire di conseguenza.

Per spiegarle: non voto per il liberalismo, che secondo me non basta, e neppure per il comunismo, che promette troppo, per cui non posso sedermi sullo sgabello, che tutti mi spintonano; non riesco a piazzarmi come vorrei nel mezzo. Finisco regolarmente per terra. Se non sono indiscreta, lei come si colloca? »

« Io sto con la rivoluzione, se mi libera di questi corrotti, e ripulisce l'aria. »

« E con quelli che verranno dopo, come faremo? Non voglio spegnere la sua speranza. È giusto che lei aspetti l'uomo nuovo. A proposito: quanti anni ha, Gian Marco? »

« Venticinque. »

« Ed è già dottore. Bravo. Io non ho più tempo di attendere. Non ce l'hanno fatta Budda, Cristo o Maometto e il resto della compagnia, non c'è riuscito Lenin. Secondo lei, nella corsa tra Dio e Marx chi è in testa? Naturalmente io tengo per la barba più vecchia. »

Non ha risposto. È un po' violento quando parla, ma il sorriso è mite.

«Nel rievocare qualcosa della mia esistenza, mi pare quasi di osservare un paesaggio dal treno: un istante, e quel campanile, quel castello, quel trattore arancione nella nebbiolina spariscono. Ma quanti sono i luoghi, o i volti, ai quali puoi ripensare con soddisfazione senza affliggerti, senza angosciarti?

Adesso che ci rifletto, andammo anche una settimana a New York. "Non ti impressionare" diceva "è proprio come al cinematografo. Qui ti può capitare qualunque avventura."

Ho in mente una domenica, a bere birra, a guardare i pattinatori al Rockefeller Center, a mangiare hamburger che sanno di carta asciugante e di conserva di pomodoro, a un tratto mi sembrò di perdermi nella malinconia, chi sa poi che cosa dissi, quello che pensai. È certo che piangevo.

Ugo non discuteva mai di sua moglie. Non ne parlava neppure. Solo una volta disse:

"Con le sue amiche, chiacchierano sempre di cameriere". So che era figlia di un notaio, e la immaginavo composta, per bene, magari un po' incolore. Non gli facevo domande, primo: perché teneva banco quasi sempre lui, e poi perché l'argomento non mi appassionava. Ascoltavo le sue vicende furbe e spregiudicate e mi divertivo; non mi pareva che nelle sue peripezie private ci fosse dramma.

"Sai come mi chiamano in ditta?" attaccava. " 'Millemani'. Guarda cosa sono capace di fare mentre telefono."

Appoggiava il microfono sulla spalla, torceva il collo, e intanto mi accarezzava: "Bastano l'orecchio e le labbra, e queste debbono essere libere, e non solo per firmare la posta, o per giocherellare col tagliacarte. Sai, io regalo sempre un buon profumo alle mie segretarie: non essere stupida, non è una proposta, ma quando si chinano per girarmi la pagina, non voglio evocare delle ascelle sudate, ma sentire un buon odore che mi faccia pensare a delle lenzuola fresche, a una pelle che respira salute."

Possedeva un panfilo che aveva battezzato *Sangrilà* perché gli avevano detto di quel mitico posto dove la gente non invecchia e non decade; aveva, nei sotterranei del suo palazzo, anche il cinematografo, e una sala per le feste "molto meglio di un night", non si era mai perdonato certe passate grettezze, come quella di tenere una garçonnière in società con un amico, che usavano a giorni alterni. Un posticino elegante, il giradischi, frigobar, biancheria di Pratesi, ma insomma una soluzione taccagna, e che rivelò anche qualche inconveniente.

Un giorno mi telefonò, sconvolto, forse è eccessivo: certo molto agitato. "Potrei vederti subito?"

Gli sono ancora grata di quella confidenza. Si presentò da sconfitto. Aveva sbagliato turno, e in anticamera, c'era, abbandonata su una poltrona, una pelliccia che assomigliava, in maniera straziante, a quello zibellino regalato alla sua signora.»

«E lo raccontava a lei?» insinua Gian Marco.

«Chi poteva ascoltarlo con maggiore partecipazione? Non avevamo mica fatto un giuramento di fedeltà. Non insidiavo un posto occupato, non mi aspettavo nulla.»

«E che consiglio gli diede?»

«Di non rivolgersi al tribunale perché, con una sentenza, gli rilasciasse un certificato ufficiale che era becco. Di lasciare aperto qualche dubbio: per conoscere le pelli ci vogliono degli esperti. Quegli animaletti della Siberia assomigliano moltissimo alla martora: stessa tinta rossiccia. Questione di sfumature.

Più tardi mi disse che la moglie soffriva di esaurimento nervoso, e che preferiva stabilirsi nella villa che possedevano a Cortina. Lo suggeriva anche il medico: aveva tanto bisogno di tranquillità.

Per lenire il suo affanno (aveva anche dato un obolo a dei mestatori per ricevere l'Ordine dei S.S. Michele e Barbara; poi lesse nel giornale che i due santi erano stati epurati dal calendario perché c'erano motivate perplessità anche sulla loro esistenza), per tenerlo su di giri gli regalai un merlo indiano, le assicuro che parlano come noi.

"Insegnagli quello che vuoi; vedrai che ti fa compagnia" dissi. L'uccellaccio impertinente ripeteva con monotona insistenza a tutti quelli che gli si avvicinavano: "Cosa c'è amore? Ma va' a cagare".

C'è chi sostiene che il passato è senza fondo. È vero. Provi a scavare, o setacci l'acqua del torrente, ma rimane soltanto qualche pagliuzza che brilla. Mancano le certezze.

Ho l'impressione, ad esempio, che da giovani si soffra molto di più. Ogni distacco sembra un congedo, ogni sconfitta ineluttabile e decisiva. Forse per quelli che sono belli tutto è più facile. Ti disperi per un foruncolo, per una piega della sottana che non cade bene. Ti sembra che sulla terra non ci sia nessuno che voglia prendersi cura di te. Col tempo ti adatti, e poi ogni volta che ti innamori è diversa.

Spesso non ricordo nitidamente il primo appuntamento; sono più facili i congedi. Dove l'ho letta? "Ho imparato la scienza degli addii." Il fischio di un treno, e ci sentivamo miserabili, come gli amanti di certi film francesi. Una orchidea in un vaso di Tiffany; il minuetto di una di quelle che si chiamano separazioni "civili". È soltanto disprezzo o indifferenza. Uno disse: "Non vorrei mai essere morto per te". Che pretesa. Si capisce, a forza di ammaccature, che i rimpianti sono inutili; indietro non si torna.

Con Ugo, il rito si svolse in maniera semplice.

"Tu credi che i matrimoni dipendano dall'amore?" cominciò.

"No. Ma la nostra è una relazione. Non ci sono firme."

"Vorrei raccontarti che cosa diceva mia nonna in questi casi."

"Potresti dirmelo tra mezz'ora, o la storia perde di freschezza?"

"Sempre bene non può andare, diceva, sempre male non può durare. È andata ottimamente, no?"

"Ugo, mi insegni come si fa a incastrare un uomo?"

"Ci tieni tanto?"

"Semplicemente una curiosità."

"Non c'è un'altra, te lo giuro."

"Adesso scadi e ti tradisci; mi fai venire in mente quegli oratori improvvisati, che parlano ai funerali, e hanno dimenticato il nome del defunto. Ti ho chiesto perché?"

"Con te, Maria, mi dispiacerebbe apparire villano. Non avere riguardi: c'è una somma che possa farti sentire meno depressa?"

"I produttori dicono che in questo momento sono troppo giovane per il ruolo di mamma, troppo vecchia per quello di figlia; io mi sento anche inadatta alla parte della mantenuta."

"Sei una delle poche donne alle quali il corpo serve per tenere su la testa" disse.

Era il suo elogio. Ne parlo senza rancore. Non è impresa da poco adorare un miliardario. Sono insicuri, come i vincitori delle lotterie: sanno che il numero buono non lo tiri più fuori, e c'è soltanto da rimetterci. Non ho mai detto a Ugo: "Ti apprezzo, perché non sei un fariseo". Ma non è una grave mancanza: dei precedenti della Palestina non ritengo fosse molto informato.»

«Com'è finito?» dice Gian Marco.

«Non è cresciuto, ma è diventato cavaliere del lavoro.»

Guardo il giovanotto: non assomiglia a nessuno. Le domande dei ragazzi sono un po' tristi, o un po' strambe, ma sempre oneste. Ho l'impressione che lui non scavi nella mia vita con cinismo. Fa il suo lavoro, ma non mi ha domandato se mi sono simpatiche le ninfomani, o se apprezzo le lesbiche. Già: o che cosa risponderei del resto? Esistono.

Gian Marco mi ha detto: «Per me, lei è una socialista puritana».

Certo, mi lascio prendere da rabbie irrefrenabili, poi mi passano. Per avere dei lunghi rancori occorre una memoria di ferro. Non sono né sprezzante né insensibile, ma un po' calvinista, sì. Per certi peccati, è ovvio. Ecco: non ho mai fatto giri di propaganda per ammansire i critici, non ho mai stretto l'occhio a chi poteva per avere un fotocolor piazzato giusto, o una recensione generosa. Nella mia contabilità privata, nelle concessioni, manca un impresario.

Quando ascolto le signore far gli elogi del loro compagno, o partner, o amico, o quel tipo conosciuto al tennis, «Ha due spalle così», «Dei fianchi stretti», «Ha due braccia che quando ti stringe», ma che fa? una spremuta?, mi chiedo, non ho abbastanza coraggio per confessare che avrei fatto follie per un pianista cardiopatico, esile, e con una gamba rigida.

Mi indispettiscono le menzogne sulle quali si reggono molte coppie borghesi, rispettabili, anche intellettuali.

Dimenticavo un particolare: Ugo quando mi salutava diceva sempre: «Buonanotte, bambina», quella volta disse: «Ciao».

Le cose più vere, autentiche, sono quelle che accadono ogni giorno: poco romanzo, e magari un velo sottile di noia. Io vorrei che tutto si fermasse in questo momento, perché ho paura di domani.

Quando sono sola, e ho a portata di mano un foglio e una biro, disegno sempre un albero. Un cipresso. Poi un altro, e altri ancora. Chi sa se ha un significato. Sono tutti uguali, e tutti in fila, e non si può capire dove conducono.

Non faccio molti propositi, non mi azzardo in previsioni. Ecco, cosa ho imparato dal teatro: l'imprevisto. «Alla fine del primo atto,» diceva un vecchio suggeritore «non bisogna capire che cosa accadrà nel secondo. E anche il finale dovrebbe essere una sorpresa.»

Mi facevano ridere quelle bellone di Hollywood che si assicuravano per milioni di dollari le gambe. E chi ti garantisce che, pure continuando a correre e a mangiare, non si accorgeranno che sei deficiente?

Nelle mie possibilità interpretative non c'è solo il tragico, posso anche finire non strozzata o maledetta, ma ho sempre visto che non è il caso di escogitare progetti sterminati. Uno sente un lieve bruciore dietro, lo ricoverano, gli sorridono, poi decidono: «Bisogna operare subito». Una crede di essere in menopausa, e le annunciano: «Pancia alta, sarà maschio». Uno è ufficiale nell'aviazione degli Stati Uniti, e una mattina si sveglia che gli spuntano le mammelle, e fa mossette.

«Non si esce dalla vita tutti dalla stessa porta», e io sottoscrivo. Salomone era pronto a tagliare in due il bambino; io prima di giudicare avrei provato ad alzare la spada con le madri. Sono piena di amarezza, e vorrei chiedere scusa al mondo. Si fa presto a emettere sentenze, poi...

Francesco D'Andrea è l'altro giovane di questa compagnia; l'ha imposto lei, quell'altra. Non sono stravolta dalla rivalità: c'è posto per tutte e due.

Francesco D'Andrea ha, come si dice, il fisico. Una presenza che oltrepassa la ribalta. Lei lo chiama Ciccino: tra di noi, Ciccino di merda. Siamo spregiudicati, comprendiamo la debuttante che si fa dare una spinta dal mecenate, ma il giovanottone che si lascia comperare dalla matusa, anche se è Mina Tagliani, disgusta. Bisogna vederlo quando le fa le coccole, e lei che se lo guarda come una belva. Se una si avvicina, azzanna.

Ciccino ha mani irrequiete, le butta via, e per apparire spontaneo si mangia le battute. Asserisce che il suo campione è Marlon Brando; va a nozze quando può presentarsi con una maglietta sgualcita. Fa l'americano. Lo ammetto: è prestante. Dice Stella in *Un tram che si chiama desiderio*: «Sa accendere fuochi d'artificio». Cammina come Robert Mitchum, ogni passo allude a un colpetto. Forse è anche per questo che lo chiamano la fabbrica di ormoni ambulante.

Si tinge i capelli per esigenze artistiche. A me gli uomini che si ossigenano, che si fanno il cachet, sembrano ridicoli. Ne ho visto uno, d'estate, sotto il caldo, la cui chioma sbiadiva a vista. Come se contassero i riccioli bruni.

Ciccino, per darsi una dignità, si è inventato un padre entomologo, invece che fruttivendolo, ma hanno saputo che non cacciava farfalle, preferiva bicchieri di vino. Dice che lui segue l'insegnamento di Stanislavskij: è per il realismo. Se deve essere in palcoscenico un epilettico, va a studiare al pronto soccorso, se gli tocca un cameriere, si applica in trattoria. Gli hanno fatto fare lo scoiattolo, in una parodia di Cenerentola. Credo che al parco non abbia trovato niente.

Ha ricevuto l'offerta di interpretare in «Carosello» un cuoco cinese, pubblicità dei dadi; cinque milioni. Pechino è lontana. Ma si è giustificato: «Mi è mancato il coraggio morale di dire di no».

L'altra sera è accaduto un avvenimento inaudito: ha bussato al mio camerino e portava giacca e cravatta. Lei non ha parte nel lavoro che rappresentiamo, mentre lui fa un soldato tedesco, che però muore quasi subito.

Nel copione che stiamo provando c'è, finalmente, un personaggio che potrebbe dargli una spinta fatale, imporlo al pubblico. Un giovanotto alcolizzato, che sta in scena per un'ora trangugiando whisky e birra, ha una giovane moglie (io), ma deve farsela anche con la cognata più anziana (lei) che li mantiene e per liberarsi delle due sorelle, fugge col capufficio, che è un distinto omosessuale.

Ha cominciato confessandomi che scrive poesie, e me ne ha letta una intitolata *Il compagno*. Gli ho detto che non c'è niente di male, altri lo fanno. C'è anche stata una specie di gara tra autori di versi sconci, e ne hanno parlato i settimanali. Ricordo un lirico così cattivo che l'amata la voleva addirittura mangiare.

Poi mi ha confidato che da bambino credeva di avere la vocazione, e pensava di entrare in seminario. Ho capito che ha sbagliato chiamata e ha confuso la voce di Mina Tagliani con quella del Signore. «Anch'io» ho cercato di confortarlo «volevo diventare crocerossina.»

Infine mi ha rivelato il suo vero problema: anche la madre beveva, e lui aveva giurato che mai e poi mai avrebbe sorseggiato una qualunque bevanda alcolica. Dallo spettacolo di quella degradazione familiare era rimasto sconvolto. Anzi, non aveva più voluto vedere i due vecchi, e li sognava spesso: si presentavano all'albergo, dondolando, come nella realtà quotidiana, per l'eccesso di brindisi, e chiedevano di lui. «Siamo i genitori» dicevano, con orgoglio, al portiere, ma faceva sempre rispondere che era partito.

Ciccino, anch'io ora lo chiamo soltanto così, mi guardava con gli occhi assorti e umili di un bracco che domanda soccorso. «Una occasione così» sospirava «non mi capiterà mai più.» Ma non se la sentiva di tradire né la lezione del grande regista russo, né il voto che aveva fatto con se stesso, e neppure la probabile suscettibilità del suo stomaco.

Gli dissi che in cartellone c'era un'altra commedia, *L'altalena* con una figuretta minore, ma intensissima, un dolcissimo psicopatico, che quando è preso dal raptus strangola conigli e massacra bianchi piccioni, laggiù nello Iowa, ma la domenica canta i salmi, mangia la torta di mele e ama Peggy.

«Come finisce?» ha chiesto Ciccino.

«Benissimo: impallinato dai poliziotti, mentre tenta di torcere il collo alla ragazza, probabilmente perché in quella fattoria non c'erano animali da cortile.»

Se ne è andato soddisfatto, ma come è difficile capirsi. Quando si è giovani si ha paura di morire, più in là con gli anni le cose peggiorano: anche di vivere.

Dice Gian Marco: « Al giornale abbiamo chiesto a diversi personaggi qual è la più bella storia d'amore che conoscono. Un francese ha risposto: Tristano e Isotta. Si spiega. C'è il filtro magico, la passione eterna e irresistibile, contro cui nulla possono le persecuzioni, che li condurrà uniti alla morte. Lei che cosa racconterebbe? ».

« L'ho letta tempo fa, è cronaca, e mi è rimasta impressa. Il protagonista è un cameriere italiano, che lavora in Sudafrica, e si invaghisce di una bambinaia negra. Ogni rapporto è proibito dalla legge. Fuggono nella foresta, e la tribù li accoglie, e lui si tinge, diventa come loro, accetta di restare nel fondo, tra i respinti, poi lo scoprono e finisce in prigione.

Il Grand. Uff. si vantava di un gesto tenero, anche se non lirico. Passeggiava con l'innamorata sulla neve, nella luce accecante di una giornata di sole, sentì il bisogno di orinare e si scusò. Lei era una creatura semplice, rapida glielo prese, e mentre lui si liberava dell'incomodo, scrisse sulla superficie gelata "T'amo".

Io non ci ho creduto; pensi alla difficoltà dell'apostrofo. »

Dice Gian Marco: « E se non pecco di indelicatezza: la sua? Quella vissuta? ».

« È così diverso il valore delle cose e dei minuti della vita. E si possono fare delle classifiche? Forse Carlo. Avevamo diciassette anni tutti e due. Potrei dipingerlo: portava dei maglioni candidi col collo alto, come Robert Taylor, un divo di allora. Una faccia regolare, dei capelli soffici, e ondulati. Dava un grande senso di sicurezza: molto serio, ma per niente pedante. Era il più bravo, tranne che in matematica, ma non ci teneva. Tutta la seconda B del Liceo Galvani, reparto femminile, era innamorata di lui. "Farò il farmacista, come mio padre" diceva. Non si presentava ribelle o originale; forse mi apparve un po' misterioso. Sembrava non avesse bisogno di nessuno.

Mi invitò a casa sua: la cameriera col grembiulino e la

crestina servì il tè; si capiva che le pastiglie rendono, ma i mobili, le tele, gli oggetti non avevano nulla di vistoso o di grossolano, piuttosto solidi, messi in quel posto forse da un secolo.

A un tratto apparve una signora molto bella, indossava una vestaglia da camera a fiori, e pantofole ricamate.

Parlava con impeto: "Mi scusi, signorina, se vi disturbo: Carlo, per caso, hai visto i leoni?".

"No, mamma."

"È da stamattina che fanno i capricci."

Si allontanò compostamente.

"Da quando sono nato è così" disse il ragazzo.

Andammo nel suo studio, a ripassare le lezioni. Leggeva molto, e aveva insoliti interessi. Sapeva, ad esempio, tutto sul cavallo, e mi spiegò che i primi a utilizzarlo erano stati i cinesi, i nomadi della steppa, che lo usarono per la conquista del potere, ma anche nei lavori della campagna, per le cacce, per trainare i carri. Mi mostrò una maiolica del periodo T'ang. "Un lascito di mio nonno" disse. "Certamente falsa."

Stavamo spesso insieme; con lui, tutto diventava naturale, la sua presenza era leggera, così discreto, invitava all'effusione. "Carlo," gli dicevo "qualche volta, quando mi sveglio di notte, provo un senso di freddo, mi piacerebbe avere uno accanto."

Mi accarezzò, timidamente.

Andavamo al laghetto dei Giardini Margherita, con le sponde di false rocce, e le barche a noleggio e il ponticello dalle pretese romantiche. Sulla superficie dell'acqua ronzavano nugoli di insetti. Carlo conosceva le ninfee, diceva che quelle con i fiori azzurri furono trovate nelle corone funebri di Ramses II: affioravano sulle onde del Nilo, c'era qualche loto, qualche iris, delle primule.

Un giorno, al cinema, vedemmo due bambini, un maschio e una femminuccia, che si erano messi sul capo una ghirlandetta di fiori, passeggiavano tra i papaveri, li precedeva un vecchio sorridente che suonava l'armonica, e facevano finta di essere due sposi; un cagnetto gli saltellava attorno, era la sola presenza del corteo.

"Credi" disse " che si possa essere così per sempre? Senza rabbie, senza stanchezza, senza che qualcosa si corrompa? Loro sono innocenti, ma, come dice il professore di filosofia, non c'è virtù senza sforzo."

Un'altra volta davano una pellicola che raccontava la storia di un generale russo scappato in America dopo il 1917, che si guadagnava da campare facendo la comparsa. Doveva recitare se stesso, portava la divisa con molta dignità, ma l'aiuto regista gli spostò le decorazioni: "Non vanno qui". Il generale cercò di spiegargli che sbagliava, ma l'altro lo insultò. Dovevano simulare un attacco, e quel granduca Dmitri ci lasciava la pelle davvero. Diventammo tristi, e Carlo si mise a parlare delle umiliazioni che affliggono l'uomo.

C'era la guerra, ma me ne accorgevo soltanto a tavola, o quando suonava l'allarme. Una volta si presentò con delle salsicce. "Mio padre" spiegò " ha fatto cambio con delle saponette per bambini. Prendile."

Mi piaceva sentirlo parlare, non mi stancavo mai, rispettava anche la mia ignoranza. "Sei così bella" gli scappò detto "che hai sempre ragione tu."

Molte cose lo turbavano, e rifletteva su problemi che io non affrontavo, che erano tanto lontani dalla mia stordita giovinezza. "Pensi mai a Dio, Maria?" mi chiedeva. "Io non riesco a immaginarlo. Se sa tutto, sa anche come andremo a finire. Allora, quello che ci accade, tra la nascita e la morte, due fatti che non dipendono da noi, è uno scherzo. E anche una corsa inutile: primo arriva sempre lui. Ma forse sono domande che non bisogna farsi. Un ragazzo chiese: 'Cammina Iddio?'. E Dio lo punì, e lo costrinse a camminare per tutta la vita."

"Un bambino a me ha detto: 'Dio viene col vento'. Forse è vero."

"Tu preghi?"

"Non sempre, quando è buio, e se mi sento smarrita, o in pericolo. E tu?"

"No, perché mi pare inutile: se la mia miseria merita soccorso, tocca al Signore provvedere a decidere, se sono indegno, tempo sprecato. La carestia, le bombe, il cancro, la follia, rientrano in un disegno divino? Il parto che ha fatto di me un cristiano, ha reso anche mia madre matta. Chi si salverà di noi due?"

"Carlo," gli domandavo "cosa pensi di Gesù Cristo?"

"Non mi importa niente di sapere se è figlio del Padre Eterno, per me ha fatto abbastanza anche come discendente dell'uomo. Ci sono cose che non capisco: il Signore veste i gigli del campo e dà il cibo agli uccelli dell'aria, ma ha lasciato anche morire tanti bambini innocenti."

"Tu credi che noi vivremo anche dopo?"

"Ma ti sembra così importante?"

"Non pensi di possedere, come dice quello di religione, un'anima immortale?"

"Com'è? È quella che mi permette di avere certe sensazioni, certe tristezze, qualche abbandono? Cos'è? Intelligenza, sentimento? Se è la prima cosa, come la mettiamo con l'anima di un cretino? I suoi peccati saranno considerati meno gravi di quelli di un Leonardo?"

Il giorno del suo compleanno mi invitò al ristorante che aveva le pareti coperte dalle fotografie dei più celebri artisti; c'era anche una principessa, per cui un dolce si chiamava Margaret Rose, e un maragià, che aveva cenato con diciotto mogli; adesso c'è anche la mia. Faccio Elettra, in quella posa. Ma molti di questi volti sono scomparsi, e l'esposizione di quegli illustri deceduti prende un mesto sapore cimiteriale che non si addice agli effluvi delle paste ben condite o delle crêpes all'arancia.

Eravamo tutti e due imbarazzati, l'impaccio di chi per la prima volta affronta un ambiente nuovo.

Disse Carlo: "Vedrai che mi chiedono di pagare in anticipo; magari non si fidano".

Invece ci trattarono con deferenza; la mamma aveva voluto che indossassi la giacca marrone con la camicetta gialla a pois, e si era raccomandata: "Cerca di non farmi sfigurare", Carlo era tutto in blu; notai che al polso aveva un orologio d'oro. Una vicina di tavolo disse al marito: "Guarda come sono carini".

Alla fine ci offrirono anche una grappa che sapeva di mandorla, usciva dal becco di un pappagalletto di terracotta. "È piacevole" dissi "essere dei signori."

Quando uscimmo c'era l'oscuramento e mi prese a braccetto. Faceva un buon odore di pulito; si vedeva solo il punto rosso della sigaretta accesa. Mi aspettavo che accadesse qualcosa; anzi lo speravo. Come si leggeva nelle novelle di allora: "Mi ha chiesto una prova e mi ha pregato di cedergli". Adesso la richiesta è più esplicita: "Hai preso la pillola?", la antica maniera era forse retorica, ma anche la forma, non è vero?, ha la sua importanza. Non mi piaceva neppure quell'altra: "Consumare il matrimonio": sa di mensa aziendale, di tavola calda.

Ci fermammo sotto un voltone, quello della Madonna delle Sette Spade, non mettevano più le candeline e avevano portato nella vicina chiesa gli ex voto d'argento. Mi baciò, no: prima me lo chiese: "Posso darti un bacio?". Non tentò altre iniziative, ma rientrando a casa avevo una voglia ragionevole di cantare. Mi girava la testa dalla felicità.

Facemmo anche una gita in bicicletta al fiume; c'era vicino un castello del Cinquecento, che poi fu colpito dai bombardamenti, con all'interno la corte, le botteghe degli artigiani, un mulino, una segheria che mandava un profumo di abete, una grande quercia, e il canto dei galli e gli urli dei bambini.»

«Ricorda proprio tutto» ha detto Gian Marco.

«C'è magari qualcosa che uno non ha il coraggio di risvegliare, e c'è dell'altro, qualcosa di impalpabile che, se apri la bottiglietta, evapora. Ma le favole non si dimenticano.

All'osteria friggevano piccoli pesci e ranocchi, due carrettieri bevevano vino in silenzio, asciugandosi la faccia con fazzolettoni colorati.

Andammo a spasso sulla riva, tra i giunchi, gettammo sassi lucenti nella corrente, osservammo delle formiche rosse che rodevano una cavalletta.

Lo fissai e gli chiesi: "Carlo, sei vergine?".

Era l'ultima domanda che si aspettava. Diventò di fiamma.

"Sì."

"Vuoi che facciamo?" dissi ancora.

"Non posso giurarti che ti sposerò."

"C'è già stato uno che non ha neppure parlato."

"Ti ha aggredita?"

"No, mi piaceva. Ma tu, anche di più."

Ci sdraiammo tra le felci. Si sentiva soltanto lo scorrere dell'acqua e l'abbaiare lontano di un cane, poi lui cominciò a tremare, io lo tenevo stretto, lo baciavo furiosamente, ma diventò pallido e mormorò: "Non posso".

Non mi sentii offesa, non c'era nulla che potesse ferirmi. Si ha sempre paura di trovare se stessi, e Carlo non poteva liberarsi di certe barriere.»

«Un moralista?» chiede Gian Marco.

Ho quasi il dubbio che questo gli somigli.

«O anche uno che teme di far soffrire gli altri, che non sopporta il gioco dell'inganno, che si compromette. Può essere una sensibilità, una delicatezza che dura anche dopo; io non mi preoccupo più dei miei sentimenti: li vivo. Quando uno se ne va, non si può conoscere il male che gli si è fatto né il bene che gli si è voluto. Qualcuno lo ha detto: "Non si può riparare alla vita".

Ci fu, per carnevale, il veglione del nostro liceo, Carlo chiese di accompagnarmi, ma non parlammo di quello che era accaduto. Ricordo che una certa Murgia, che scriveva poesie, era in costume da George Sand, vestita da uomo, strampalata, voglio dire, e ballava con una pupona che forse preferiva altri languori. ”Avrebbe dovuto travestirsi da Saffo” disse Carlo.

In greco ero rimasta indietro; è una allusione che ho capito poi.

Molte donne della mia generazione che sono rimaste zitelle dicono che lui è caduto combattendo, o è finito disperso. La guerra è il loro tenero alibi. Carlo è vivo; ha sposato la mia compagna di banco, Marcella, e hanno avuto una figlia che si chiama Maria. Sono io che l’ho tenuta a battesimo.

Quella sera mi disse: ”Bisogna essere amati non perché lo si merita, ma per una fantasia del cuore”. Studioso com’era, l’avrà pescata da qualche parte. Ma è vero. Poi mi pregò: ”Ogni tanto scrivimi, anche una cartolina. Basta la firma”. L’ho accontentato, quasi sempre.»

«Non è che la tortura le dispiaccia» dice Gian Marco.

«Avevo un’amica che il marito, un massaggiatore, picchiava di santa ragione. Si sono divisi, ma lei una volta mi disse: ”Qualche volta me lo sogno, ed è sempre un risveglio che sa di rimpianto”.

No, io non ho la vocazione alla percossa, alle fruste, e ho le guance troppo scavate per porgerle, sono orgogliosa, lo ripeto, ma penso che molti abbiano sperato di avermi, e qualcuno c’è riuscito, per scoprire che, dopo tutto, non ne valeva la pena.»

Gian Marco mi ha accompagnata a teatro. Ero in anticipo e così abbiamo fatto una passeggiata per i vicoli. Il vento faceva rotolare scatole di conserva, polvere, e sollevava turbini di pezzi di carta.

Ho detto: «Forse lei mi vede su una collina, assediata da branchi di satiri, questi uomini sanguinari inclini alla lussuria. Ma non è stato così. Ho ceduto, o mi sono fatta avanti, quando lo desideravo. Ho sempre avuto bisogno di star sola, di disporre di me. Ho scelto. Diceva la Signora: ”Non credo che una donna che non abbia avuto molte prove amorose sia una grande attrice”. Voleva giustificarsi, ma non è esatto. Io recito perché non so fare altro, ma odio il fascino come mestiere. Ho sempre avuto un timore quasi patologico di legarmi e di legare qualcuno».

«Eppure» dice Gian Marco «per combinare qualcosa, per sentirsi vivi, bisogna essere in due.»

Mi sembra di leggere nei suoi occhi tutta l'inquietudine di questi giorni crudeli. C'è molta solitudine; non so se è una condanna o una ricerca. L'ho preso a braccetto; sono sempre io che mi consento qualche spinta.

«Ha una ragazza?» gli ho chiesto con falsa disinvoltura.

«Tutti ce l'hanno. Anche mio padre.»

Mi ha comperato delle caldarroste, e mi era venuta una gran voglia di correre, di saltare. Anche di non presentarmi in camerino. Tra una settimana ce ne andremo, cambiamo piazza, e sento che mi dispiace.

«Maria,» ha detto Gian Marco «posso chiamarla così?»

C'è qualcosa in lui che è come un incubo, una fissazione: «Non ce l'ha neppure con quelli che si sono comportati male, o con indifferenza?».

Insiste. Vorrebbe quasi proteggermi da me stessa.

«Quello che facevano a me,» gli ho risposto «papà lo faceva alla mamma.»

Lui è convinto che io sia amara, pessimista; invece non vedo il mondo dominato da una cieca e cupa volontà, ma come una grande lotteria. Ogni tanto, viene estratto il tuo numero, e non puoi farci niente.

«Quando scoppia il temporale» ha detto «tutti si bagnano.»

«No, c'è chi ha l'ombrello e chi è senza vestito.»

Ci sono delle mie parole che lo colpiscono, mi fa venire in mente le sparatorie dello schermo, il morto ha sempre una faccia che sta tra lo stupore e la collera. In quel momento sono sicura che ce l'ha con me.

«Le sembra di avere raccolto materiale interessante?» gli ho domandato. «O si aspettava qualcosa di più?»

«Non ho avuto molti contatti con le persone famose, e penso se ne sia resa conto. Io, poi, debbo limitarmi ai fatti. Non posso mica trarre conclusioni.»

«Ci mancherebbe altro. Diceva Piero: "Prima di dare un giudizio su una persona, bisogna aspettare l'ultimo minuto". E se Giuda si fosse pentito? Uno dei due ladroni si salva, e questo è un guaio, perché ha incoraggiato gli altri. Ma posso farle io una domanda avventata?»

«Perché no? Si rifarà delle mie.»

«Dopo tutte queste chiacchiere, che cosa pensa, che cosa sente?»

«Una struggente inquietudine; e anche un po' di pena.»

«Hai paura di me?»

«Sì.»

Gli ho preso la testa fra le mani, e l'ho baciato sfiorandolo: «Non sono cattiva».

C'è chi parla di rapporti senza complicazioni, basati sull'intelligenza e sull'amicizia. Io, anche nell'avventura più stupida, mi sono sempre impegnata. Ho una specie di genio per rendere tutto difficile e complicato. Capisco quegli uomini che dicono: «Mi fidanzavo anche in casino».

Non parlo di seduzione, di innamoramento, ma ho provato sempre un po' di compassione, e per tutti e due. Sarà anche una specie di deformazione professionale questa bramosia di piacere al prossimo. Di solito ci si lascia con un saluto che è una coltellata.

Mi sono fatta delle matte risate su quelli che bevono «la coppa della passione», o arrivano finalmente al «giorno supremo». Non sono vittima di esaltazione e di cadute. So che tutto finisce nella dimenticanza, ed è come uccidere, o nel rimprovero, o nell'accusa. Ho ascoltato i discorsi di vecchi sposi o di vecchi amanti: sembrano delle estorsioni, non c'è pietà.

Da una finestra scendeva il suono di una chitarra.

«Chi sa quanti delitti accadono in queste irreprensibili case» dice Gian Marco.

Mi sembra che avverta in tutto qualcosa di oscuro; è l'insicurezza di chi deve affrontare giorni incerti, di chi cerca anche se stesso. Non ha l'aria di quello che la gente definisce «fortunato con le donne». Avrà il suo daffare a cavarsela anche col resto. Mi pare così diverso dai suoi coetanei, che parlano soprattutto di calcio, e di marche di automobili.

Gli ho chiesto: «Com'è la ragazza?».

«Onesta; ha un bambino, ma me lo ha detto subito. "Perché tu non ti faccia delle illusioni" ha spiegato.»

Avrei anche voluto sapere se la ama, ma mi è sembrata una pretesa impudica.

Siamo entrati in una antica pasticceria, coi mobili scuri e severi, gli specchi un po' appannati, anche le signore che sedevano sui divani rossi, ai tavolini di marmo, si intonavano alla perfezione con l'ambiente.

Parlavano sottovoce, bevevano la cioccolata fumante, erano truccate molto male, e parevano vestite da un costumista per una commedia di carattere, ambiente 1930. Apparivano salde e irremovibili, come il vecchio e ossequioso cameriere. Sembrava che lì dentro si sentissero protette dal rischio di una ventata, che potrebbe travolgere la loro vita comoda e tiepida.

Si è alzata per venirci incontro una piccola dama che aveva al collo una volpe argentata, e minuscole mani coperte da guanti di camoscio, un grosso medaglione pendeva sul petto, con uno smalto che riproduceva il volto di un adolescente: «Gian Marco, sei tu? Quanto è che non ti vedo».

Mi si è presentata, e si è seduta un po' con noi. Mi ha fatto dei complimenti, diceva che mi aveva vista alla tv, in uno sceneggiato dove ero la moglie di un minatore, e anche in quell'altro, non ricordava più il titolo, ma c'era un duello, e io passavo in carrozza in un parco di querce, e avevo un ombrellino da sole con smerli preziosi, e ridevo conversando con un bellissimo ufficiale che naturalmente mi faceva la corte.

«Mio figlio, il mio Roberto,» ha detto «era compagno di scuola di Gian Marco; studiavano insieme, i più bravi, lo posso dire? Roberto era più portato nelle materie scientifiche.»

Gian Marco appariva imbarazzato, poi la signora se ne è andata e mi ha detto congedandosi: «Sono sincera, di persona lei è ancora più affascinante».

«Domani» ha sospirato Gian Marco, ma senza irritazione «lo saprà tutta la città. Se la spassa con un'attrice.»

«Perché, non è vero?» gli ho detto ridendo. «Nella celebrità ci sono momenti in cui si paga, e altri in cui si guadagna. Ti ho esposto anche ai rischi del pettegolezzo; adesso come farai a fuggire?»

Mi accade spesso di dargli del tu, anche se non sono portata alla facile confidenza. E non credo sia, ci ho pensato, un atteggiamento materno. Anche la mia cameriera, scherzando, mi ha avvertita: «Signora, quel giornalista si sta facendo certe idee. Non vede quanti riguardi?».

L'altro giorno ho trovato in portineria un romanzo di uno scrittore polacco; hanno cognomi impossibili pieni di ipsilon e zeta, non c'era nessun biglietto di accompagnamento, ma un personaggio, un certo Stanislao, diceva una frase che era sottolineata: «Sono geloso del sudore della tua pelle, delle guarnizioni del tuo vestito, di qualcosa di confuso che non so più definire, della morte che ci separerà».

Ci siamo lasciati davanti all'ingresso degli artisti dandoci la mano. Mi sono voltata, e ho visto che si allontanava lentamente.

V

Il Grand. Uff. è morto ieri sera in teatro. «Come Molière» ha detto subito qualcuno. C'era la cipria rovesciata sul tavolo del camerino. Da parecchio tempo beveva, barcollava, non ricordava più le battute e la parte. Gli autori svenivano a sentirgli recitare quello che non avevano mai scritto. Nei gabinetti si trovavano spesso bottiglie spaccate.

Faceva il beffardo, lo sfrontato, il diffidente, ma non lo era. «Ricordati, Maria,» diceva «che pensare male è peccato, ma quasi sempre ci si indovina.»

Aveva vissuto, secondo la sua indole, un po' da istrione un po' da assennato epicureo. Lo ricordo, quando facevamo *Re Lear*, dietro le quinte, mentre divorava un piatto fumante di zampone e purea; poi rientrava in scena di scatto, ed era subito ripreso dagli squassanti tormenti shakespeariani.

Si divertiva a parodiare le frasi fatte di certi recensori: prevedibile, risaputo, scontato, una scrittura che lascia il segno o che morde, ma anche le stroncature, un critico sottolineava la vecchia e prepotente maniera di imporsi, il suo gusto per il colore, non lo affliggevano molto. «Quando ero attore giovane,» spiegava «il grande Ermete Zacconi mi insegnava che c'è più saggezza in una donna nuda che in tutte le chiacchiere dei filosofi.»

Appariva chiaro che si era dedicato maggiormente al culto del déshabillé che a quello del pensiero.

Ha vissuto gli ultimi tempi in solitudine, senza amici, senza rimpiangere le occasioni perdute; amò e possedette ogni cosa da lontano, come se avesse guardato il mondo da dietro un vetro appannato.

Ha detto al macchinista che era accorso per soccorrerlo: «Copritemi la faccia». Aveva una sola paura: ricadere nella miseria patita da ragazzo. La cacciava col whisky.

A Roma, mentre eravamo al Quirino, c'era stata la visita della Francesca, una diva del muto. Voleva due biglietti, e chi sa per chi era l'altro. Si erano voluti bene, in un'epoca molto lontana, ed era sorprendente accorgersi che di certi ardori non resta alcun segno; l'onda degli anni cancella le lievi impronte dei sentimenti.

Le chiese: «Ti posso vedere?», e lei gli disse: «Il portiere dell'Excelsior può sempre rintracciarmi».

Non voleva che nessuno sapesse dove alloggiava, come viveva; ogni pomeriggio, alle cinque, si affacciava nella hall, per chiedere se qualcuno per caso l'aveva cercata. Scuotevano sempre la testa. Desiderava tenere in piedi una leggenda che aveva resistito all'usura delle mode e all'incalzare di altri miti; e nascondere una realtà quasi di certo squallida.

Quell'inconsueto riserbo lo aveva immalinconito. «Si nasconde,» mi confidò «vuole continuare a truccarsi, ma è un personaggio che non esiste più. C'è stato il diluvio, ma lei non se ne è accorta.»

Il Grand. Uff. non ha lasciato niente; ha voluto che il suo corredo — palandrane, marsine, abiti di scena — fosse spedito alla casa di riposo per artisti. «Tutto quello che possiedo» diceva «lo posso portare nella valigia, nella memoria e nel cuore.»

Non svelava nessuna preoccupazione per il futuro: «Il domani non esiste». Gli è andata bene.

Ieri notte non riuscivo a prendere sonno, così ho riletto l'ultimo romanzo di Piero. È vero: Lia sono io, ma con parecchie concessioni. Mi ha voluta fare apparire quasi un angelo di purezza, una creatura immacolata. C'è una frase: «Un dono che mi ha offerto la vita». Sembro il buon Samaritano, e scendo continuamente dalla giumenta per soccorrere i bisognosi. È evidente che da quello che ti salva dal naufragio e dalla valanga non puoi pretendere anche il certificato di specchiata condotta.

Mi sono chiesta: che cosa piace agli uomini? Piero forse cercava in me una fanciulla celestiale, la solita Laura, la solita Beatrice, e poi questi poeti affollano il pianeta di bastardi, e le ispiratrici muoiono di parto. Certo, una figura del tutto diversa. Io lo accettavo, mi andava benissimo così com'era, anche con le sue piccole vigliaccherie, ma lui mi tradiva con un'altra, che nascondeva nella fantasia.

È anche vero che nell'attore c'è qualcosa di schizofrenico, perché si dibattono in lui due personalità; agli altri, dunque, andresti forse bene dimezzato e poi, per forza, tu devi essere come la gente ti immagina, altrimenti si disorientano, e non esisti più. Molte volte, questo fantasma che mi hanno gettato addosso mi sopraffà.

L'inclinazione a camuffarmi, che mi porto dietro, non potrebbe anche essere un ambiguo desiderio di nascondermi, per non farmi riconoscere? Al cinema, per un breve periodo, mi hanno appiccicato il cliché della tentatrice; portavo lunghi guanti come Rita Hayworth in *Gilda*, con spaccature nelle sottane che lasciavano intravedere larghe porzioni di coscia, capelli di fiamma mi cadevano sulle spalle scoperte: una specie di vaccona di lusso, che invece di suggerire la perdizione sfondava nel ridicolo. Come i bambini che si mettono un asciugamano sulle spalle e si sentono un prete che celebra la messa.

Ma è sempre il mio eterno vaneggiamento, che comincia da quando ero piccola, e mi buttavo sul letto a far smanie perché avevo visto Norma Shearer in *Maria Antonietta*.

Da grande, pensavo, vorrei essere tanto bella, così tutti si volterebbero a guardarmi. Nuda, a spasso per il mondo: un quadretto innocente, come nel paradiso terrestre, prima della scoperta della malizia e della vergogna.

Non intendo buttarmi giù, mi stimo abbastanza. Forse in questo racconto si avvertiranno anche segni di megalomania, ma ritengo che più di tutto colpirà l'impudicizia con la quale rivelo le mie ambizioni e i miei appetiti. Come tutti, ho cercato qualcosa che mi aiutasse a tirare avanti. Una pagliacciona, che in qualche momento è riuscita a divertire anche se stessa. Non è poco.

Io non volevo cambiare Piero, perché è sempre un errore pensare di convertire una persona, di mutarla, soprattutto quando è impossibile, e non mi sono mai neppure proposta, nella mia svagata follia, di rappresentare per lui e per gli altri l'Ideale. Figuriamoci adesso: in una giornata d'autunno sono così poche le ore di luce.

Non mi considero nemmeno arrivata al punto dei bilanci e dei pentimenti, e mi riferisco ai miei compagni di ventura. Se ci sarà un nuovo capitolo da vivere, non vi rinuncerò. Per vincere l'insonnia, mi sono buttata su una biografia della più grande di tutte, il mio immutato idolo, Greta: comincia con un compatriota che l'inventa, Mauritz Stiller, e fa della commessa la sfinge, e dietro in realtà non c'era niente, molto bislacca, avara, sospettosa, con una voglia matta di distruggersi, ma sullo schermo un'apparizione continua, una malia sottile, poi John Gilbert, l'attore, un altro fallito, come Mauritz, distrutti dall'alcol o dall'insuccesso, e un altro regista, e un dietologo, e un direttore d'orchestra, e un barone Rothschild, e un uomo d'affari di origine russa. Un campionario. Si inciampa negli amori come sui sassi, e qualche volta ci si fa anche male.

Io credo di averlo già detto, sono orgogliosa; mi sono convinta che quando uscivano dal mio letto erano migliori di prima. Se fanno i conti non mi scoprono debitrice. Se mi hanno voltato le spalle, ho confidato la mia infelicità ai cuscini. Ero preparata. Ho sempre detto: «Quando ti pesa, passa parola», e mi sono permessa di fare altrettanto. Questo è il vero femminismo, la raggiunta parità: soddisfatti, o malcontenti, tutti e due. Se penso alla tenerezza, sarà l'età, non mi figuro una giovane coppia abbronzata che si insegue spavalda sulla tiepida rena dei Caraibi, ma i due vecchietti che si vedevano una volta sulle scatole del cacao Talmone.

Quando ero piccola raccontavano che il vizio rovina, e

passavano agli esempi: tappeto verde, oppio, maliarde voluttuose che a colpi di crostacei, spumante, e diamanti distruggevano consolidati patrimoni agricoli, miniere del Congo, retaggio di sovrani, o solidi studi di avvocati di provincia.

Parlavano di un commerciante di spezie che trafficava con l'Oriente e si era fatto mangiare i beni ereditati da una famelica divetta del Café chantant.

Stabilito che i miei amanti gradivano anche due uova al burro, cucinate da me, e i loro omaggi sono stati più che altro simbolici, io capisco di più chi si dissangua dietro una ballerina o una modella che per un calciatore.

Attraverso un momento particolare; non ho voglia di niente, neppure di morire. Il panorama che mi circonda non mi eccita e non mi entusiasma: anche Gesù, dopo avere effettuato alcuni controlli, lasciò il campo per trasferirsi in cielo, nemmeno da morto voleva restare quaggiù; io resisto ancora. Mi sono accorta che, tutto sommato, la felicità è più facile trovarla per sé che darla agli altri. I rischi di ogni tentativo sono molti, il piacere è così minimo e i fastidi così grandi.

Da tutto quello che ho detto, si avverte che non mi sono affacciata alla soglia dell'esistenza da ingenua o da sprovveduta; avevo capito che gli uomini vogliono tutti la stessa cosa, e ho sempre guardato con motivato disprezzo le sceme che predicano: «Quando mi sono sposata, deve credermi, non sapevo neppure come era fatto, e fino a quel momento non gliela ho lasciata toccare».

Piccola scema.

Ho amato la vita, e mi ostino a pensare che anche il modo di perpetuarla non è poi tanto sgradevole. Ho bisogno degli altri, e non per quello che mi danno, ma per curiosità. Il teatro in Italia è in crisi, perché ogni strada è un palcoscenico. Così capita anche a me di stare in platea. I personaggi sono infiniti, e hanno una enorme facilità di cambiare ruolo, basta guardare la politica.

C'era una comprimaria con noi che era l'amica di un onorevole: è stata più fedele lei a lui che lui al partito e alla causa. Prima democristiano, poi cattolico di sinistra, poi di sinistra, semplicemente. Come molte zoccole che finiscono, nella maturità, alle opere pie.

E i copioni si rinnovano di continuo. Il moralizzatore inventa trame sconce e allarmanti per farsi notare; nel gioco dei ladri e delle guardie, non si capisce chi fa una parte e chi l'altra; la Maddalena, quando si pente, scrive subito un memoriale.

Sarebbe anche fuori strada chi pensasse che mi sono fatta travolgere dal delirio, dalla frenesia, dalla febbre. L'immaginazione ha avuto tanto spazio, e sono contate molto le attese. So cos'è l'impazienza, quanto sono lunghe le notti aspettando, e i viaggi che non finiscono mai, come si misura il tempo che è di una lentezza straziante attendendo quel momento. Insomma: l'affetto, il fervore, quei trasporti che si animano di piccoli gesti, di rapide illuminazioni, di teneri abbandoni. Anche questo è amore. «Ho avuto» disse Piero in uno slancio lirico «un pezzetto di eternità per un giorno.»

Nella grande rappresentazione che è stata la mia esistenza, mi sono convinta che gli idilli finivano quando era conclusa la parte. Come se tutto fosse stato previsto. Diventavo leggermente remota, e anche lui, l'altro, mi guardava in maniera diversa. All'inizio mi sentivo disponibile, e gli permettevo di farmi qualcosa, alla fine lo accettavo, quasi rassegnata. Ero remissiva, ma non prendevo iniziative.

Ho avvertito Gian Marco: «Non vorrei che i suoi lettori pensassero alla mia storia come a un western, tutto azione e parecchi morti, o alle memorie di una cameriera, una serie di letti sfondati dall'impeto di una nutrita clientela; ci sono pagine un po' misteriose e anche fatate.

Sono sincera se dico, come certe eroine romantiche, che nel rievocarle mi si serra la gola e mi si chiudono gli occhi.

Le lettere, ad esempio. In questa, manca la prima facciata: "... e appesi il telefono. Poi decisi: ora le racconto tutto. Non ho altro da scrivere di me stesso, e per questo ho così poco da dire".

Per quindici giorni, puntuale, un uomo che non conosco, mentre eravamo al Manzoni di Milano, mi ha indirizzato, sette anni fa, un suo messaggio, qualche volta appena poche righe, altre sfoghi prolissi. Non l'ho mai incontrato, non so come si chiama. Firmava disegnando un cucciolo, eppure lo amo, come si amano soltanto i mai visti. L'ha detto una donna che certe cose le capiva, ma adesso non ricordo chi è.

Doveva essere uno che soffriva di nevrastenie e di sconforti. "Capito che sono un maniaco?" dice in questo foglietto. Non pretendeva una risposta, io lo cercavo in platea, fissavo una poltrona, scrutavo un volto in penombra: forse è quello lì che chiacchiera troppo, ma no, mi seguirebbe con maggiore attenzione, quello laggiù rapato, potrebbe anche essere sensibile come un fringuello, no, troppo anziano: ma c'è forse un'età per il soave vaneggiamento o per la candida furia?

Ecco come comincia: "Ti bacio subito e non aspetto il momento dei saluti. Mi piacerebbe vedere la tua calligrafia, come so tutto delle tue espressioni, del tono della tua voce, ma non importa. Credo, adorata, a questo amore impossibile, che è fatto soltanto di parole, che non avranno mai altre parole, una risposta, ma questo non significa nulla, perché anche se fossi l'erba non la vedresti mai crescere, eppure il germoglio diventa spiga. Io esisto, tu anche, e io ti amo. Che cosa chiedo? Nulla. Che cosa spero? Nulla. Chi sono? Nulla. Sono contento di soffrire per te".

Qui doveva essere molto impegnato, o avere tanta fretta; una sola riga: "Posso sognare di baciarla?", anche quest'altra è sbrigativa: "Dove sei amata, dove, rispondi?" — Majakovskij.

Adesso si lascia andare: "Tra poco è sera. Si accende la luminosa all'ingresso del teatro: il tuo nome è in azzurro. Ti ho vista al caffè, che dà sulla strada: stavi col commendator Rossi, è uno di un'altra scuola, ma l'ho sempre ammirato. In certe cose di Pirandello nessuno lo supera. Era caldo, e tu ridevi cercando di cacciare una mosca fastidiosa e insistente. Io, pensavo, vorrei essere un insetto; magari una zanzara che sale dal parco, sfiora la tenda, e ronza nel buio attorno al tuo corpo: non per pungerti, ma per guardarti dormire".

Non riesco a pensarlo in un lavoro, quale mestiere, che vicenda poteva avere alle spalle. Forse non molta fortuna; ecco un cenno rivelatore: "Non ho raggiunto quella che si definisce una brillante posizione; ma non è vero che i falliti debbono essere di necessità virtuosi. Sono labile, pieno di difetti, cedevole. Non ce l'ho fatta, ma non conta. Non si deve inseguire un quieto rifugio nella vita, ma bisogna lavorare e soffrire. Noi cerchiamo di dimostrare che siamo intelligenti, ma gli altri vorrebbero che fossimo giusti".

Questa lettera mi sembra la più triste, e anche la più commovente; la frase che ho sottolineata, è l'ultima: "Avrei voluto chiederti ogni mattina, per mille mattine, mi vuoi?" e poi finisce: "Tuo con tutta l'anima". »

Dice Gian Marco: « Gli sfoghi sentimentali degli altri fanno sempre un po' ridere ».

« Dipende dai momenti. Da giovani non si leggono i necrologi, più tardi l'occhio ci finisce sopra, e ti guardi attorno. »

« Le sarebbe piaciuto incontrarlo? »

« Molto, ma forse avrebbe rovinato tutto. Così è rimasto quasi un simbolo di una felicità inafferrabile, una allegoria.

Un giorno han suonato il campanello, e io sono corsa

ad aprire. ”È lui” mi sono detta. C’era un signore bruno, con una borsa di plastica finto coccodrillo, la faccia un po’ contrita, molto educato; un biologo, uno che studia l’atomo, o passa le notti al planetario a scrutare il fulgore dell’universo, pensavo.

”Lei non immagina perché sono qui” ha cominciato. ”E la mia visita, tenuto conto della sua notorietà, può anche sembrare paradossale. Ma io credo che l’*Enciclopedia britannica* sia uno strumento di cui, oggi, una persona colta, non può assolutamente fare a meno.” »

Dice Gian Marco: « Non si è più fatto vivo, nemmeno una riga? ».

« No, invece ho ricevuto un mazzo di rose, e un biglietto di Ugo. »

« Per San Valentino? C’è, forse, in lui un aspetto delicato, che mi è sfuggito. »

« Nessuna festa, nessuna ricorrenza. Dice semplicemente: ”Ti desidero ancora”. »

« È davvero insaziabile. »

« Cerca di sfogare un complesso di colpa. Quella di far quattrini è la sua unica occupazione; ogni tanto un diversivo ci vuole. Non desidera sapere la risposta? »

« E se ricomparisse il figliol prodigo, ucciderebbe il vitello grasso? »

« Gian Marco, quanto è credulone. Non sa che il giovanotto, in realtà, disse al padre: ”Ma lo sapete pure che preferisco il pesce”. »

« Senta, Maria, mi ascolti, Maria Berti: riassumendo, lei pensa che si possa scopare un’anima? »

Come mai, in uno così misurato, questa lieve concessione alla volgarità?

« Non isolata; nel complesso, con tutto il resto, direi di sì. È allora che è bellissimo. »

Questo Gian Marco è delizioso, ma tanto debole e disarmato. Mi pare che ragioni sui fatti della vita secondo schemi che definirei scolastici: « Il cane è il migliore amico dell'uomo ». Io penso che i nemici sono inutili, perché ai guai provvedono spesso gli amici. « La vera ricchezza è quella del cuore. » Tutti vorremmo dare agli altri quello che sentiamo, ma spesso l'offerta viene respinta.

« È straordinario » dice Gian Marco « che lei non abbia avuto una civettata con un suo collega. »

« Sono per l'errore, non per lo sproposito. L'aberrazione non mi attrae. Chi non tira al fagiano che passa non sbaglia, e io non sono contraria alla caccia, ma chi affronta l'elefante a schiaffi è un idiota. La sorte mi ha assistita. Sono unioni votate al sacrificio, che quasi mai reggono. O corre troppo lui o corre troppo lei, non si va avanti con lo stesso passo. C'è una concorrenza che li avvilisce, o li perseguita anche tra le lenzuola.

So stare fuori dal giro, non frequento; ebbi la debolezza, per l'insistenza degli inviti, di prendere parte a uno dei soliti convegni su cinema e letteratura. Sentii molte chiacchiere inutili, e fui invitata a letto da un produttore e da un critico.

Conosco un glorioso e vecchio cantante, che ha messo incinta, o qualcuno ha provveduto per lui, una ragazza che voleva fare Rosina: ha trovato la gioia della paternità e ha perduto le scritture. Questa non è una professione, ma una malattia: la mia amica Gina Origoni è stata qualcuno nella commedia musicale. Un autore intelligente le aveva imposto di essere graziosa e pulita. Il visetto, le gambette, il gonnellino, la smorfietta, piccole, garbate porcherie, poi ha sposato l'inventore del caffè espresso tascabile, o della macchinetta per farlo, non lo so più. Sta in provincia. Ha tutto, una villa coi pini, due persone di servizio, tre cani San Bernardo, va a Cortina di febbraio, in crociera d'agosto, si veste in sartoria, è tornata alla televisione per presentare un quiz. Il pubblico della canasta, della cena con le signore dei notabili, del concorso ippico, della sfilata dei carri mascherati, non le bastava più. Come passerà questo anno senza nessuna proposta, senza chiamate?

L'autore che le ha insegnato la leggiadria le ha promesso: "Ti ho già offerto di fare la madre, ma devi avere pazienza. Non ho ancora una idea per il padre, e sono incerto se metterci dentro anche un figlio. Mario Giorgi è impegnato per tre film e senza di lui lo spettacolo non regge". »

Dice Gian Marco: « Scusi se insisto: ma perché ha deciso di parlarmi? ».

« Mi è parso che fosse arrivato il momento: ho dei segni, li vede?, sotto gli occhi, mi sembra che anche la bocca sia diventata più grande. C'è qualcosa da rivangare. Per essere meglio conosciuta; ho sempre desiderato sentirmi amata. Alla fine, avrò anche qualche nemico in più, ma serve. Non tutto apparirà chiaro: ma non è sempre facile mettere d'accordo la propria vita con le proprie idee, e soprattutto con se stessi. »

« Come vorrebbe essere? »

« Invisibile. Ho il difetto, o la qualità, di mostrarmi sempre come sono. »

« Sempre? »

« Quasi. Il pino non cambia colore neppure sotto la neve. La segni. Accidenti, come parlo bene. »

« E come si avvicina al domani? »

« Prima che il pubblico si stanchi, anticiperò la sua volontà. Sono partita che stavo molto in su, non posso fare altro che scendere. Questo, per favore, lo lasci perdere; altrimenti a qualcuno viene la tentazione di darmi una spinta. »

« Pensa spesso alla morte? »

« Me lo aspettavo. Fa parte della tecnica delle interviste, vero? Le piacciono i bambini? Cosa ne dice della moda di quest'anno? E della morte? Niente, ci convivo. Apprezzo anche il lato umoristico e teatrale dei funerali: la gente non sa come salutare i defunti. Non portano più il cappello, e il braccio teso è nostalgico, il pugno chiuso è ideologico, il segno della croce è democristiano, un ciao, anche se sussurrato, è un po' troppo confidenziale e irriverente.»

Dice Gian Marco: «C'è sempre un'ombra di assurdo in quello che lei dice. Nelle sue scelte, nelle sue attese».

«Conosce Samuel Beckett? Due personaggi famosi, Estragon e Vladimir. Un dialogo paradossale, ma contenuto: "Andiamocene". "Non si può." "Perché?" "Si aspetta Godot."»

Dice Gian Marco: «Chi è questo Godot?»

«Nessuno lo saprà mai, neppure Beckett lo sa. Ma esiste, certo che esiste.»

Mi è venuto in mente il professore; recitavamo a Venezia, e la sua villa era lungo lo stradone che porta a Treviso. C'era una serra, un teatrino con le poltrone di raso, gli scenari di cartapesta, le lampade fumanti, gli ori scoloriti. Recitai un monologo, in costume del Settecento, una specie di cavatina sulle delusioni di un ganimede, di un autore ignoto.

Il professore si era arricchito con un brevetto, possedeva fabbriche e imprese, ma non si occupava più degli affari. Era un bel vecchio, alto ma non corpulento, i capelli bianchi molto ordinati, che dovevano essere stati castani, un sorriso che invitava alla confidenza.

Mi disse: «Venga tranquilla. Fino a qualche anno fa, se una donna mi diceva di sì, non mi sgomentava, e se mi diceva di no, non ci pativo. Le farò la corte, perché lei lo merita, ma io non ne sono degno».

Era molto colto; cercai di adeguarmi, e parlai a lungo di Montale. Aveva anche uno spirito sottile e perfido, eredità di un altro tempo; non so come il discorso finì su uno storico che in ogni sermone, in tutte le manifestazioni a cui partecipava, e questa era ormai la sua occupazione principale, non mancava mai di spezzare una lancia per la libertà del pensiero. «È un generoso,» disse il professore «si batte per qualcosa che non ha.»

Mi incantava la sua lontananza, la pacatezza. «C'è in me» spiegò «la rassegnazione ebraica. Poi, la vecchiaia elimina la concorrenza, e ti mette fuori dalla mischia. Ti protegge. È la teoria di un economista. Perché gli altri dovrebbero darsi da fare? Ci penserà il Signore.»

Il suo vestito era un po' eccentrico, una giacca verde con i larghi risvolti, e i bottoni d'argento, e una lieve balbuzie rendeva ancora più bizzarre le sue battute. Mi diceva: «Mariuccia»; nessuno mi ha mai chiamata così.

«La vecchiaia» continuò «estingue il desiderio. Ho rivisto una donna che era stata per me molto importante: una breve emozione, un ritorno al passato. Si affievolisce anche la capacità di soffrire. Eravamo in un negozio di dischi: cercava delle romanze. Qualche volta sogno ancora di fare l'amore, ma anche in quel momento non posso, come nuotare, o camminare nei boschi.»

Mi piaceva tutto della sua casa: i divani coperti di chintz, le stampe a colori inglesi, un orologio di porcellana con putti, foglie, ninfe, il giardino molle sotto la pioggia, la fragranza dell'erba appena tagliata, i vapori che stagnavano sul prato, un martin pescatore che vidi saettare sull'acqua dello stagno, quasi nascosto dalle canne, i mattoni resi grigi dalle intemperie, la nebbia azzurra dei myosotis.

«Sono importanti i giardini» diceva «da quelli dell'Eden, dove accadde il fattaccio, alla prima coppia, a quelli di lady Chatterley, dove si sollazzavano un altro paio di individui, una dama e un guardacaccia. Due scoperte fondamentali per il sesso: nella prima versione porta al dramma, secondo la sbrigativa interpretazione della gente, nella seconda alla gioia, secondo Lawrence.»

Mi fece indossare un impermeabile da nostromo, rigido e ampio, e un paio di scarpe di gomma; mi guardava con indulgenza: «Mariuccia, come sei giovane»; poi volle mostrarmi la sua bravura di floricultore. La rosa primula è gialla, la Cardinale Richelieu ha i petali vermigli, la sua preferita era la Madame Plantier, bianca, dai fiori grandi. Dopo gli acquazzoni, odorano di più.

Aveva anche una collezione di conchiglie. «Afrodite» raccontava «dea della bellezza e dell'amore nasce dal mare e da una valva. Sono un simbolo femminile, che vuol dire rigenerazione, per questo si trovano nelle tombe preistoriche. Servivano anche da moneta, le donne le usavano per cingere il corpo.

Questa *Cypranea gemellata*, con le labbra scannellate, sensuale, è stata trovata al largo delle isole Salomone, nello stomaco di un pesce ingordo.

Questa *Cypranea auruntium* viene dalle Filippine: laggiù è intesa come emblema della regalità, come rifugio delle anime.

Questa è stata trovata nel Pacifico occidentale: così rosea carnicina, suscita pensieri lascivi.»

Aprì un grande armadio; c'erano i vestiti della moglie, ne uscì un leggero sentore di vecchi profumi disusati. C'erano copricapi con la veletta, con uccelli per guarnizione, con lunghissime piume e molte perle. «Questo» disse «Rachele lo metteva per i concerti; erano un punto di ritrovo, un pretesto, le signore si infilavano Wagner nei capelli. Siamo stati insieme quasi mezzo secolo; vuol dire che c'erano molte buone ragioni.

È un istante che decide: quando si incontra lo sguardo della donna amata, e si indovina che ti ama anche lei. Poi ci si distrae, e l'occhio corre anche altrove, ma quel momento può anche essere incancellabile.»

Dice Gian Marco: «Che cosa c'era di eccezionale nel patriarca, oltre ai baiocchi, e al verde paradiso? Perché ne parla tanto?».

«La finezza, la cortesia, il suo modo di essere galante. Sapeva sorridere, aveva la voce giusta. La pazienza nell'ascoltarti. Vorrei non ingenerare confusioni; io non ho mai cercato il marito-padre, l'amico-padre, l'amante-padre; è una teoria intuita da Freud e sostenuta da tutte quelle che si fanno mantenere da un bacucco. Non mi sono mai inginocchiata davanti a una austera chiusura lampo.

Sentiva orrore per il tempo che non si può vincere, provava pena per qualunque cosa viva. Mi raccontò di un eresiarca che considerava gli specchi e l'accoppiamento arnesi e pratiche abominevoli perché moltiplicano il numero degli uomini. Credo avesse sofferto tanto.

"Mariuccia," disse "io potrei aiutarti a vivere, tu potresti aiutarmi a morire. Ma non voglio; hai sentito parlare di Barbara Hutton, la miliardaria? Sai come spiegava, quando era già molto in là, le sue effusioni con un giovane vagabondo? 'I vecchi mi annoiano.' Per dimostrarlo, non occorre rifarsi alla psicoanalisi." »

Dice Gian Marco: « Allora, questo soccorso reciproco c'è stato o no? ».

« L'hanno portato via solo, su un motoscafo, verso il cimitero israelita; tirava molto vento ed era buio. »

VI

Non ho mai avuto bisogno di stendermi sul divano dello psicoanalista, e l'ultima confessione chi sa a quando risale. Eppure mi sono confidata con questo giovanotto di cui non conosco quasi nulla. Diffonde complicità. Mi guarda come se avesse voglia di proteggermi.

Forse non ho detto tutta la verità, perché non voglio coinvolgere gli altri, e in qualche momento, rivangando il passato, è come passeggiare in un cimitero: non si parla a voce alta. Ma non ho complessi di colpa; quando un peccato lo commettono in molti, finisce di essere un errore o un vizio.

Non sono neppure sicura di avere molto amato, mentre ho la certezza che il sesso, come mezzo di comunicazione, è il più forte dei mass-media. Si sta seduti, e le tue mani, e le sue mani, corrono su infiniti e affascinanti itinerari, e dicono molto di più delle telescriventi, dei microfoni, delle telecamere. Le dita percuotono un tam tam che ridesta suoni misteriosi. Il corpo è uno strumento eccezionale per trasmettere messaggi: le labbra lucide, la punta della lingua, quel modo di fissarti, e ogni chiacchiera è superflua.

Probabilmente mi sto avviando al finale della lunga fuga, e vorrei arrivare al traguardo per sentirmi proclamare grande attrice, e per poter ancora disporre di un ritaglio, di uno scampolo di felicità. Ancora un po' di vita prima di morire.

Non respingo, non rifiuto nulla: se una nasce per far la moglie di Garibaldi, non può poi cavarsela dicendo: «Non so niente di questo Giuseppe». Non ho seppellito le mie antiche passioni, per toglierle di mezzo, non le distinguo in una scala di intensità e non le denigro; per quegli uomini sono stata tutto: mamma, angelo, sorella, fidanzata, puttana, svago, rottura di balle. C'è un migliore? Abbiamo mescolato concupiscenza e tenerezza. Resto fedele al tempo che fu, anche perché non so liberarmi di niente; in uno sgabuzzino, alla rinfusa, ho ammucchiato vecchie scarpe, vestiti polverosi appesi a crocette di filo di ferro, una chitarra, delle inutili bomboniere che hanno evitato di trasformarsi in orrendi portacenere, un grosso orso di pezza: chi me lo regalò? Non me la sento di sgomberare.

Ho ricevuto una lettera di Ugo; sua figlia è stata messa incinta dalla guardia del corpo, evidentemente intesa in senso stretto. È disperato, si rivolge a me. Non è, per lui, una offesa alla morale, figuriamoci, ma al decoro. C'è gente che, non avendo mai creduto alla logica del sentimento, non sa accettare neppure quella del capriccio, dell'abitudine o della stanchezza. Chi sa quante volte ho detto di no, e chi sa se è un merito, o se non avevo capito.

Uno scherzo così a lui non lo dovevano fare, come non avrebbe sopportato di essere tradito col maestro di sci, col massaggiatore. Non vorrei che qualcuno capisse a rovescio: non ne gioisco, perché non è una vendetta, ma solo una constatazione.

La mia unica difesa è sentirmi come gli altri; per questo, nel bene e nel male, qualunque cosa accada, c'è un relativo stupore. Lo sento anche da come mi segue il pubblico; c'è sempre una domanda nell'aria: «Possiamo fare qualcosa insieme?». Quella visione alla ribalta, o sul telone bianco, è laggiù: ma se allunghi il braccio, la tocchi.

Non mi annoio, e mi sono abituata a ingannare il vuoto e i giorni. Non so se è vero, come qualcuno afferma, che chi è solo soffre di più, ma va più lontano, perché non mi fisso mai un chilometraggio ideale e un arrivo: mi adeguo; non ho neppure il rimpianto di essere caduta sulla poltrona di uno capace di farmi diventare una diva. Non mi umilia nemmeno sentirmi rispondere da una segretaria tediata, quando cerco un regista, o un cinematografaro, che il dottore è in riunione. E quando la seduta è finita, che cosa lo aspetta? Una bionda, un usciere giudiziario, un infarto?

Mi fanno pena quei potenti dello schermo che sono non soltanto i compagni della moglie, ma anche i valletti, gli amministratori, corrono alle tasse, in farmacia, dai parrucchieri, qualcosa che sta tra il ruffiano e il servo di piazza delle commedie veneziane, ossessionati dalla cellulite, dalle nevrastenie e dalle grinze che inesorabilmente deturpano il patrimonio familiare.

Qualche volta mi sono domandata: chi sa se faccio l'amore nel modo giusto? So benissimo che non esistono manuali o ricette, che si improvvisa, che è perfino sciocco fare programmi: prima faccio così, poi lui mi fa, perché anche in questi casi il vero artista aggiunge sempre un tocco, una inflessione nuova, ma è un interrogativo che nasce dalla mia smania di perfezionismo. Sono come quegli scolaretti che, se prima non fanno il compito, non si divertono. Vorrei che anche lui fosse sempre soddisfatto: il segreto per vivere è fare il pieno di ricordi; non mi dispiace sentirmi ancora sulla pelle l'odore che rimane dopo. « È andato tutto bene, cara? E ora ordiniamo due tè completi, ho molta fame, e due spremute di arancia fresca. »

Eliminiamo ogni possibilità di equivoco: non sono una ammiratrice né una seguace di quello sport che è il pugilato sessuale. Se uno è in grado di concedere il bis, ben venga, ma conta assai il modo di colmare l'intervallo. La ninfomane mi sbigottisce, la sentimentale mi conquista.

Gian Marco mi ha rivelato, ed è la sola notizia che ho della sua famiglia, che il padre, da giovane, se la spassava con una donna diversa ogni notte. Questi sono casi o di esibizionismo o di satiriasi, o di incapacità di amare.

Non ha detto se adesso ricorre ai sonniferi, e ho pensato che non tutti i caratteri, vista la timidezza del ragazzo, sono ereditari. Avrei anche voluto chiedergli quando il papà trovò il modo di dedicare un attimo a sua madre per metterlo al mondo e se è sicuro che nella confusione non abbia sbagliato mamma.

Io non dimenticherò mai quella data; il 21 luglio 1969, alle 4.57, entrammo nell'èra cosmica e Piero mi saltò addosso per la prima volta. Il giornale, la mattina dopo, aveva opportunamente un articolo intitolato: « La notte più lunga del secolo ». Anch'io ero d'accordo.

Piero disse: « Ti vengo a prendere a teatro, andiamo a cena, poi, se credi, a casa tua. Dovrò scriverci un pezzo, ma guarderemo la tv insieme ».

Stavamo sdraiati sul letto, e tutto si svolgeva, come spiegava il telecronista, a quattrocentomila chilometri di distanza. Io avevo una vestaglia di seta, a grandi fiori rossi e blu, e Piero me la tolse. Cominciò a baciarmi una spalla, e quelli di Houston informavano: « In tutte le chiese del mondo stanno pregando per loro », e anch'io rivolsi un pensiero al Signore perché proteggesse quei tre che correvano verso l'ignoto. E anche noi due.

«Maria,» disse Piero «mi sento sospeso nel vuoto, come quelli, fuori dalla legge di gravità. Vedi che non occorre un'astronave?»

Si divertiva a giocherellare coi miei capelli, mi dava piccoli baci, io mi ero rannicchiata nel suo abbraccio, diventavo più piccola.

Un pastore protestante, sul teleschermo, si mise a leggere un brano del *Genesi*: «E in principio Dio creò il Cielo e la Terra». Dalla navicella, giunse la voce di Neil Armstrong, il comandante: «Sto osservandola. È grande, lucente e bella».

Disse Piero: «Perché mi piaci tanto? Sei giovane, attraente, chiara. Sei vera; ed è come se non ti avessi mai vista prima d'ora. Forse non avrei mai dovuto conoscerti, forse sarebbe stato meglio per te».

Mi sfiorava con un dito lungo la schiena, e io mi sentivo stravolta. «Baciarti» disse Piero «è come andare alla deriva.»

Al centro di Houston un tipo con gli occhiali diceva: «Aquila, siete perfetti».

Ci fu una interruzione del collegamento, e apparvero le solite piazze, i soliti castelli, quei borghi romiti che esistono, sparsi bizzarramente per la penisola, ma che non vedrai mai, qualcosa di morto, le immagini dell'intervallo, senza una presenza umana.

Poi ci fu la pubblicità, e ancora i soliti amari, i soliti cognac, e i soliti detersivi, è incredibile la quantità di shampoo messi in commercio, quanti messaggi insinuanti vengono rivolti ai cultori della sbronza o ai bisunti e ai pidocchiosi.

Disse Piero: «La Luna, in questo momento, passa dalla canzonetta alla storia. Fino a oggi è servita soprattutto a far rime. Provaci, Maria».

Non ho molto estro, ma questa mi pare, fu la mia creazione:

« Luna,
mentre dondola una cuna,
una gondola in laguna
voga verso la fortuna. »

« Adesso tocca a te » dissi.

« Non sono al meglio delle mie possibilità, un po' stremato, ma ci proverò:

« Luna,
bacio la mia bimba bruna
come lei non c'è nessuna
che mi possa tanto amar. »

Come ridemmo.

Faceva molto caldo, eravamo assai provati, quando dal veicolo mostruoso lanciarono il loro messaggio: « Qui base della Tranquillità. Aquila ha atterrato ».

Apparve un paesaggio di rocce senza colore, grigio bianco, anzi bianco.

« Sei morbida » disse Piero.

« E tu delicato. »

Poi si vide un grande piede che scendeva lento su una scaletta, cauto, poi l'uomo in tuta candida, col casco che lo proteggeva. Si mise a fare piccoli salti, ed era comico; l'impronta delle sue scarpe pesanti restava impressa nella polvere lunare.

Disse Piero: « Ho la barba ispida e ti arrosserò le guance. Scusami ».

Lunedì non avevamo spettacolo e sono andata a fare una gita al Colle della Guardia. C'è un santuario, con una Madonna nera, che è arrivata fin qui dall'Oriente, e ha la faccia da contadina, e si vede subito che ne ha passate di tutti i colori, e può capire le angustie della gente. Ci andavo da piccola, coi miei genitori, e si saliva recitando il rosario, per devozione, e mi ricordo del profumo di ciambella, nell'unico caffè, affollato dai pellegrini a digiuno, e di pezzetti di guscio d'uovo sull'erba, perché allora non si poteva andare alla comunione con la pancia piena.

Carlo mi raccontò che una volta, con gli altri nostri compagni di scuola, erano andati lassù con le signorine di una casa, una scampagnata.

Era un giorno di primavera, e le ragazze avevano abiti leggeri e colorati, e il sole accendeva le facce non abituate all'aria, ed erano felici, vollero baciare la reliquia, si inginocchiarono molto compite, e certi apprezzamenti volgari parvero disdicevoli, lasciarono offerte generose, poi fecero merenda sul prato, cantarono, ci fu scambio di qualche casta dimostrazione di affetto, ma nulla di sconveniente. Non ci stavano. Erano stordite e un po' stanche.

Ho mandato a Carlo una cartolina, solo con la firma.

Non so se la mia storia tedierà i lettori; mi auguro che ci ritrovino qualcosa della loro. Il veleno del successo, i tradimenti, specie verso se stessi, che comporta, credo non mi rendano poi molto differente dal mio prossimo. Anche le frustrazioni degli sconfitti non escludono le bassezze. Con l'andare degli anni, la vita si trasforma per tutti in una trappola, e io non sono una astuta faina. Insisto: mi compromett0, e non so difendermi dietro le mezze verità e le mezze bugie.

So che hanno discusso la mia amicizia per Vanni Trentini; la consideravano equivoca, supponevano chi sa quali orge, o quali lubrichi e ambigui compromessi. E mai tra due persone, c'è stata tanta temperanza, e tanta comprensione.

Chi è sano?, continuo a chiedermi, chi è malato? E quanti travestimenti tra i «normali», che vogliono sfuggire agli assalti dell'età, alla bellezza che decade, e che nessuna maschera può nascondere, nessuna pappa reale, cura di ormoni, parrucchiere, bisturi può rimediare?

E quell'affabilità, mista a menzogna, per rendere tollerabili ibridi legami, quante affinità dissimulate, o ricercate. La sregolatezza è sempre fuori di noi, e poi muta col tempo. Per la strada, ai tavoli dei locali pubblici, fumavano nei leggendari «Trenta» soltanto le cocottes e le attrici, ed era un facile indizio di perdizione. «Abbi sempre rispetto di te» ammoniva il Grand. Uff. Si capisce, conoscendomi, che se uno mi dà uno schiaffo, io non rispondo: «Ti amo».

Non vorrei ripetermi sul mio mestiere, perché mi sembra di avere teorizzato anche troppo: non è uno sfogo, né un modo di esprimersi. Io non faccio altro che recitare, perché non ho diverse risorse, e perché questa è per me la sola maniera di vivere.

Chi sono, in definitiva? A seconda dei giorni, divento questo, o quell'altro. Ho messo dei limiti al mio orgoglio, perché ho preso atto che ogni uomo dipende dagli altri. E gli altri, ha ragione Sartre, qualche volta sono l'inferno.

In qualche momento le critiche mi hanno addolorata, mentre non ho mai sofferto per le rivalità. Meglio qualche battuta in una rispettabile compagnia che prima attrice in un branco di cani. Ho sgobbato, ce l'ho messa tutta; ma anche se avessi fatto la sarta, o allevato canarini, sarebbe andata così. Mi offendono quando, per attaccarmi, inventano; per dire male di me, non occorre mentire. L'esperienza mi ha insegnato che, se caschi, c'è sempre uno pronto a darti un calcio nella pancia.

Credo che il mio pessimismo sia contagioso, e per questo quando entro nella stanza buia, e ho paura, mi metto a cantare. Se ci fosse uno? mi domando con apprensione. Un malandrino complimentoso, o un delinquente sensibile soltanto a certe seduzioni? O uno qualsiasi, ignoto, finito qui per arcani, enigmatici motivi, ma con cui parlare, parlare, parlare?

Non so se capita a qualcun altro, ma io vado a istanti, a balenii. C'è un'ora in cui pagherei molto per sentire una voce, anche la più banale: «Che caldo», «Ricorda l'anno del terremoto?», «Guariscono quelli che ne hanno voglia», per sentirmi vivere; altri in cui mi piace muovermi ovattata di silenzio, sola con le mie astruserie. Suona il telefono, e io non sento se dall'altra parte uno parla o sta facendo i gargarismi. Oppure sfuggo al maledetto apparecchio. Debbo chiamare. Non mi ci provo neppure; tanto, è sempre occupato. Tenterò stasera. No, domani. Debbo, ma rinvio.

Il telefono, che insidia e che prigionia. Una volta stavo con Ugo, anzi era venuto a trovarmi. Alzai, e sentii una voce femminile, più ironica che aggressiva.

«So che è lì con lei: le dispiace molto passarmelo?»

Gli girai la cornetta: «C'è una che ha qualcosa da dirti».

Non mi sentivo offesa, ma mi veniva da piangere. Di tutti i condomini, quello sentimentale è il peggiore.

Un gorgoglio nervoso, poi Ugo: «Quello che mi pare».

(Gorgoglio.)

Ugo: «Non ho preso un impegno a vita. Siamo tutti e due grandi».

(Gorgoglio.)

Ugo: «Naturalmente».

(Gorgoglio.)

Ugo: «Non vedo questa grande differenza tra di voi. Non ti denigrare».

(Gorgoglio.)

Ugo: «Pazienza».

Riattaccò, e accese una sigaretta. Come se avesse sbrigato una pratica. Non si sentiva un mascalzone; faceva i suoi comodi, e gli pareva anche giusto. Tutti i contratti hanno una scadenza. Quante volte mi ha detto: «Io sono un realista. Ti dispiace, prima di spogliarti, accendere lo scaldabagno?».

Debbo dire che non ho mai dato la caccia ai mariti delle altre; primo, ci sono tanti signori liberi; secondo: non mi considero irreprensibile, ma quando posso evito i fastidi. C'è chi sostiene che in amore e in guerra tutto è permesso, ma si rischia di sparare anche sui bambini, e non me la sento. Se uno invece aveva mollato, tutto bene.

« Che persona ragionevole » dice Gian Marco.

« No, tranquilla. »

Va anche detto, che non mi hanno sempre piantata; qualche volta, lo sfratto l'ho dato io. Con fatica, o con rammarico, perché è sempre duro voltare le spalle a un pezzetto, anche se sbagliato, della tua vita.

Qualcuno l'ha presa male, e io lo rispetto. Piero diceva che non esistono asini tragici, e l'indifferenza mi sembra un morbo inguaribile, meglio la rissa. Ci sono individui che ti hanno graffiato, ma che restano sullo sfondo più intimo, non fosse altro per riapparire, ogni tanto, come un indizio di inquietudine.

Dice Gian Marco: « Lei non sa quante volte si è innamorata? ».

« Se c'è una contabilità impossibile è proprio questa: è un turbamento, un incanto, che può durare anche un solo minuto, o per un giorno. Non si arrossisce sempre nella stessa maniera, non si è allegri nello stesso modo: a volte, basta una parola e il cuore comincia ad agitarsi. Un incontro sull'autobus: che bel viso, chi sa com'era da giovane. Gli anni modellano la faccia, una certa leggiadria se ne va.

Nasce un'attrazione gioiosa e tenera, o anche un senso di vuoto, qualcosa ti manca, e comincia il corteggiamento.

Ho letto che la farfalla, coi suoi effluvi, fa accorrere il maschio da chilometri di distanza; il calabrone lascia un segno sugli alberi con le sue lunghe mandibole, ed è un messaggio profumato per le femmine che, la sera, si presentano all'appuntamento, con buone disposizioni. La elefantessa di un circo si lasciò uccidere dall'inedia perché il suo domatore se ne era andato con una ragazza. »

Dice Gian Marco: «A scuola facevamo lunghe discussioni per stabilire se è possibile l'amicizia tra un uomo e una donna».

«Sì, ma quando? Da giovane, non ne vale la pena. Per la donna, poi, è sempre troppo poco. Io credo anche all'amore platonico; infatti, sono cattolica, ma non praticante. Può essere, ma è una fede senza liturgia.»

Conosco Gian Marco da una settimana, abbiamo fatto lunghe passeggiate, e conversato tanto. Gli sono grata: se non altro, mi ha offerto un pretesto per una revisione quasi generale; ho messo insieme un catalogo dei miei beni. Non sono ricca, ma ho speso con generosità. E pensare che ho sempre evitato l'analista perché non voglio sapere troppo di me.

Ha un volto intelligente e allarmante: vi si disegna sopra ogni sensazione, lo avverti, quando si alternano le emozioni. È come le nuvole a maggio che, spinte dallo zeffiro, lasciano una ombra che fugge sui campi.

Mi piace la discrezione dei suoi omaggi, la sua cortesia; come quella sera, a cena, mi ha preso la mano. Con titubanza, con lievità. Tra noi si è creato qualcosa che gli occhi degli altri non vedono. C'è un gioco degli sguardi, che so decifrare: passa dal sarcasmo al rapimento. Ascolta i miei racconti, e vorrebbe poter cancellare il passato, c'è la rabbia dei ragazzi che pretendono tutto; per poi, penso, conquistarmi o redimermi. L'altro giorno gli ho detto: «Non coltivare con la fantasia le mie infedeltà».

Ho sempre sostenuto che l'età non conta, ma adesso vorrei avere vent'anni, per dargli l'impressione, anzi, la sicurezza che è lui il più forte: eppure mi colpisce la sua fragilità, e vorrei aiutarlo.

È venuto a vedermi in *Zazà*, è rimasto a chiacchierare mentre mi preparavo. Si è creata una certa confidenza.

Io non porto in scena le giarrettiere lunghe, ma tonde,

con un pagliaccetto nero, e lui mi ha detto: «Come Lola-Lola nell'*Angelo azzurro*».

E poi c'è chi non crede nella funzione dei cineclub.

Si è fatto più ardito, e mi ha allungato uno schiaffetto: «Mi piace questa gamba» e subito è avvampato.

«Allegro,» gli ho detto ridendo «ne ho anche un'altra.» Non so se è un verso, e neppure di chi, ma Gian Marco me lo ha fatto venire in mente: «Per favore, non toccate questo abitante del cielo». Deve essere bellissimo un amore che si nutre anche di rispetto e di scoperte fatte insieme.

Una sera è venuto a prendermi, ma col traffico convulso ha tardato un poco.

«È molto che aspetta?» mi ha chiesto.

E io: «Una vita».

Chi sa se si è reso conto che non ero né frizzante né caustica.

C'è in me un opprimente bisogno di normalità, ma finisco sempre con l'imbarcarmi su navi che si avventurano per rotte ingannevoli e oscure. Gian Marco lo considero una elargizione; è arrivato inatteso, ma anche lui porta con sé qualcosa di imprevedibile. Non riesco a stare nella regola, nel comune, nell'ordinario; lo strano o l'inconsueto mi conquistano.

Sarò uno scherzo della sorte, ma anche per necessità di spettacolo, mi hanno sempre chiesto o di essere bionda-oro, o bionda-miele, o bionda-platino, mai semplicemente bionda.

Penso che Gian Marco dovrebbe correre in bicicletta con queste ragazze che mi vedo attorno e che ammiro, e mi piacciono tanto: un maglione, e sotto niente, un paio di pantaloni aderenti sulle gambe lunghe, hanno mangiato, sanno mostrarsi, capelli bagnati, faccia netta, bruciata dal sole, così vere, mi sembra, così sicure; ma le conosco poco, è soltanto una impressione. Nascono libere, io ho faticato tanto per diventarlo. E poi, lo sono?

Gian Marco ha in piedi un flirt, una studentessa, almanacco, ma non chiedo, una segretaria, chi sa, la figlia di un riccone: il padre non sarà molto soddisfatto, i giornalisti, se si sta ai criteri pratici, non godono di molto credito, come noi attori, ma una che parla come lui, che ha le stesse idee, vogliono buttare tutto per aria, gli stessi gusti, si divertono con gli stessi svaghi. Ridono, soprattutto, delle stesse cose.

Io che cosa rappresento per lui? La suggestione della popolarità; l'orgoglio, è possibile, di dire: quella lì che applaudono, che fotografano, che molti hanno vista, o almeno sentita nominare, è stata anche con me, una decorazione da mettere sul pigiama, insomma qualcosa di differente, ci si può scaldare anche con lo spento sole dell'estate di San Martino.

Lo sconcertano, e forse lo irritano, i miei ragionamenti; scommetto che ha avuto in camera il poster di Che Guevara, ma sente il peso dell'educazione borghese.

Mi ha chiesto: «Con chi sta?».

Io ho risposto: «Con il popolo», ma ho capito che la mia scelta gli sembra un po' vaga. Ho pensato, per un attimo, per mettermi alla prova: scapperesti con lui? Ma è una sfida inconsistente: fuggirebbe con me? Non è di quelli che accettano il regalino, e che si appoggiano al tuo braccio, non per galanteria, ma per fare carriera.

In questo ci assomigliamo; nemmeno io sono «la bonona» fredda e ambiziosa, che fa i suoi calcoli, e debbono ad ogni costo tornare.

Mi piaceva il professore, con la sua tenue demenza senile, o forse era soltanto malinconia, l'ossessione della morte che traspariva da ogni gesto, dall'incubo delle memorie: «Aspetto il disastro» disse « e talvolta mi odio. Il mondo è piatto, e non ci si può consolare che cercando di vivere in alto, ma non ce l'ho fatta».

Mentre io ho affrontato l'impossibile per impormi, lui sperava di farsi dimenticare; la sua rassegnazione nasceva anche dalla certezza che ben poco rimane. «Non invecchiano» diceva «solo i tenori e le ballerine, ma anche i poeti.»

Ricordo la sua biblioteca coi bei volumi rilegati, dalle coste di cuoio marrone; mi spiegò che ci sono molti autori stimabili, da ammirare, ma che lo annoiavano, e lui non se la sentiva di affrontarli, e poi il tempo sistema tutto, e Giovan Battista Marino, che sembrava ai contemporanei Omero, è poco più di niente.

«Non conosce Borges?» mi chiese. «Ne vale la pena» e mi regalò un libro, scusandosi dei segni che vi avrei trovato qua e là; poi vidi che aveva annotata soltanto una frase: «Che il mio nome sia Nessuno come quello di Ulisse».

Tutto è accaduto ieri sera, è venuto a casa perché voleva farmi leggere la prima puntata. Io ero stanca perché avevo girato alcune scene di un film, col bellissimo Massimo Nava. Abbiamo dovuto ripetere per undici volte la ripresa di un brindisi. A trangugiare quell'acquetta frizzante, mi veniva da vomitare, perché non ricordava due battute. Gliele scrivono dentro i cassetti, sui paralumi, sui polsi della camicia, per questo si contempla spesso le mani, inutilmente spirituali.

«Com'è?» ha chiesto Gian Marco.

«Un fesso.»

«Ho letto un'intervista, e diceva cose spiritose.»

«Sono sicura che anche quella volta lo hanno doppiato. Non si può essere deficienti tutta la settimana e svelti la domenica.»

Ci siamo messi a chiacchierare, senza un ordine, senza seguire un filo, così, come viene.

Ha detto Gian Marco: «Lei, in fondo, è di tutti e di nessuno. Del regista, del pubblico, dei critici. Che cosa le appartiene? La radio ruba la voce, la tv l'immagine, e se arriva la fama, è quella del francobollo. Una figura ripetuta milioni di volte».

«Secondo me, è la brevità, la precarietà di quello che fai, che rende tutto vano. Quanto dura un film? Invecchia la moda, lo stile, la tecnica. Che senso hanno oggi certi volti spiritati, sullo sfondo di una rarefatta atmosfera boreale? C'è chi, per una di quelle allucinazioni, si è ucciso. E di una recita? La commozione scivola via. Una luce rapida, e basta. Da bambina, mi svegliai una mattina in campagna che i ciliegi erano improvvisamente fioriti: prima nulla, poi una nube bianca e vaporosa, inattesa; è un prodigio che qualche volta si ripete anche al cinema.»

«Allora» ha insistito Gian Marco «cos'è il talento?»

«C'è chi dice pazienza, o paura di affogare, di sparire. Io non credo alla fortuna, che distribuisce a caso mazzate o successi, penso che se non hai dalla tua neppure un po' di buona sorte muori da piccolo, ma nulla ci assicura che combinerai qualcosa di importante da grande. Conosco molti palloni gonfiati: si sollevano, ma non reggono al primo strappo.»

A un tratto, Gian Marco mi ha chiesto: «Francamente, che cosa pensa di me?».

«Forse sei la prima buona parte che mi è capitata.»

Mi ha sfiorato le mani, e io gli ho detto ancora: «Non devi avere paura, non sono cattiva».

Ho visto che rabbrividiva, allora gli ho presa la testa, e l'ho baciato.

Gli ho detto: «Gian Marco, non è mai stato così prima di adesso. Te lo giuro».

È la verità, e io mi sentivo innamorata come capita soltanto una volta nella vita. O due.

Mi sono guardata nello specchio della cornice dorata che ho nel salotto; più luminosa. No, non c'era in me nulla di materno, e io mi sentivo davvero nuova, disponibile, e anche protetta dal mio piccolo mondo; dagli oggetti che vedo sempre e che mi appartengono: il paralume di opaline, il cassettone di noce pesante, con dentro la biancheria, il quadro che comperai da un rigattiere, tre bambini dell'Ottocento, due femminucce sbiadite, il fratellino un po' inebetito; ho sempre pensato: chi sa chi erano, e quale è stato il loro destino.

Ha detto Gian Marco: « Senza far nomi, si intende, ma ho chiesto consiglio a un amico. Ha più esperienza. Insomma come debbo comportarmi? ».

« Lasciati vivere. »

« E poi? »

« Io ho il senso della fatalità. »

« Che cosa rappresento per te? Vuoi scapricciarti? Un'altra avventura? »

È diventato pallido, e io sentivo che era uno di quei momenti che non si dimenticano più. Ha chiuso gli occhi, e ha sospirato: « Chi sa, chi sa che figura. Stringimi ».

C'è stata una scena tipica da cinema, mancavano solo le tende agitate dal vento, che sono sempre simbolo del tormento e del delirio amoroso. Un lampo ha illuminato la cupola verderame della basilica, e il cornicione sfregiato, più di un secolo fa, da una cannonata austriaca. Poi è cominciato lo scroscio della pioggia, tumultuosa. Come guidandolo, l'ho portato verso la mia stanza, si avvertiva uno stanco odore di cipria, ma questi letti gemelli, è tanto che voglio cambiarli, sono poco pratici, non si accostano mai bene, e finisci sempre nel mezzo. Mi sembrava sgomento. « Che donna » ha detto.

Mi sono tolta l'abito di lino a righe, sotto avevo la veste corta, mi sono sfilata le calze, e lui mi osservava, faceva fatica a sciogliere il nodo della cravatta, ha buttato via le scarpe. Mi sono sdraiata, immobile: « Vieni, caro, vieni ».

Lui si è messo in ginocchio a guardarmi. Sembrava ancora spaventato.

« Ascolta, Gian Marco, io la finzione la concepisco solo alla ribalta. Ti ho raccontato tutto, o quasi. Sai che ho fatto degli sbagli, ma li ho pagati. Probabilmente ci ricadrei: non sono né brutta né scema, e ho sempre dovuto guardarmi da sola. Succede che anche le sentinelle si addormentino. Anche un bisbiglio mi sembrava uno squillo di tromba; così accorrevo.»

«Che cosa ti dice il mio flauto?»

«Che c'è uno che mi cerca, che mormora il mio nome.»

«Quanto durerà?»

«Quello che vorrai. Io non desidero saperlo.»

«Il fatto che sei qui, distesa, con me, è un premio per la mia buona condotta?»

«Mi sono sempre sentita alla pari, il che non presuppone ricompense; invece, se volevo castigare qualcuno andavo con un altro.»

È finito il temporale, e io gli ho detto: «Gian Marco, non devi guardare la luna nuova attraverso i vetri, perché dicono che porta male».

Stavamo al buio, e un raggio illuminava un angolo della toletta: barattoli di creme, lozioni, la cornice d'argento con il ritratto della mamma.

Sono convinta che tutto dipende dalla conversazione; gli antichi si trovavano al Foro, e poi in piazza o davanti alla chiesa, e discutevano. Della politica, dei loro affari, e soprattutto, suppongo, di quelli degli altri. Un uomo e una donna dicono molte parole prima, poche durante, qualcuna dopo. Allora, in Gian Marco, il timore si è sciolto in tristezza. Il volto aveva una espressione appagata, ma afflitta. Come se fosse stato colto da un senso di colpa.

«Gian Marco,» gli ho detto «cerchiamo di rimandare l'infelicità; verrà il suo momento.»

Ha sfogliato un album dove sono raccolte molte fotografie che potrebbero servirgli per illustrare i suoi articoli; ce ne è una che mi fecero in un giorno fausto: ho un lungo vestito di mussola bianca, e una cuffietta di pizzo, e stringo un mazzetto di margherite. La prima comunione.

«Hai un musetto da topo» ha detto Gian Marco. «Ma ci vuole anche qualcosa di più eccitante, che si intoni con la storia: dopo sei cresciuta. Questa in costume da bagno.

Chi sa perché, le spiagge sprigionano sensualità: quella distesa di cosce, piedi, schiene brunite, imperlate di sudore. Sembra un invito alla sfrenatezza. Guarda e porta via. Sei riuscita bene nell'istantanea: i piccoli seni alti, i polsi sottili, le natiche solide e nervose. Chi te l'ha fatta?»

«Sembra di leggere» gli ho detto «un racconto pornografico.»

«Non ti offendere; si ammira. Quanti pittori hanno dipinto, compiacendosene, una donna che dorme, discinta e impudica, e spesso è la loro.»

In un'altra foto sono con la Signora, che ha al guinzaglio due pechinesi; non erano simpatici, ma quando è morta, li han portati al canile municipale, e li hanno uccisi.

C'è qualcosa di indecente nel frugare nelle vecchie carte, nel cercare in quelle «pose» che appartengono al passato, le tracce, gli indizi di quello che siamo, che saremmo diventati: è come rovistare nei cassetti, anche gli oggetti più ineccepibili, maglie, corsetti, scatoline rosa, o azzurre, probabilmente vuote, sembrano nascondere piccoli vizi.

«Maria,» ha detto Gian Marco «mi chiedo se, oltre a te stessa, puoi amare qualcuno.»

«Non ne sono certa, mentre di sicuro so perdere. Dimenticami.»

Non ritengo che la verità aiuti; è caduto su di noi un penoso silenzio; dalle finestre entrava spento il rumore delle automobili che scivolavano sull'asfalto bagnato.

Mi angoscia un pensiero: c'è chi si lascia guastare dal denaro; forse io mi faccio corrompere dai sentimenti. È molto peggio. Non so se è in *Anna Karenina*, o nella *Sonata a Kreutzer*, ma è vero: le più grandi tragedie accadono in camera da letto.

«Gian Marco,» gli ho detto «io sono stata la protagonista di una commedia intitolata *Tè e simpatia*. C'è una donna non più giovane, moglie di un insegnante di un college, che pensa di liberare uno studente da ambigui complessi, di farlo maturare.»

«E lo accoglie fra le sue braccia?»

«Appunto. È una specie di missionaria stordita. E quando tutto è appena incominciato e finito, gli dice pressappoco: "E quando tu parlerai della nostra storia, perché ne parlerai, te ne prego, sii gentile con me".»

Gian Marco si è rivestito lentamente.

«Mi mancherai» ha detto. «Ma tu hai bisogno di essere sola.»

Sono sola, e non posso dividere con nessuno queste sensazioni: un rubinetto sgocciola nel bagno, come sono pallida, passa un aereo, altissimo, chi sa dove andranno, mi pettino, mi sembra che i capelli siano diventati più duri.

Gli ho detto: «Non anticiparmi niente, non voglio sapere quello che scriverai. Mi fido di te».

Se potessi, vorrei rivolgere un invito: non giudicate in due ore di lettura tutta la mia vita.

Ventisette racconti

MORTE DEL SOLDATO KRAHL

Gettò lo zaino per terra, si tolse il berretto. Aveva i capelli biondi, occhi celesti.

«Siedi,» dissi «bitte, siediti pure.»

Si gettò sulla sedia, in silenzio.

In cucina un bambino urlava: «C'è un tedesco, i partigiani hanno preso un tedesco». Una donna si affacciò sulla porta.

Io cominciai a interrogarlo; il soldato Hans Krahl rispondeva adagio, gli tremava un poco la voce. Diceva:

«Krieg, guerra niente bona, Germania finita, Deutschland kaputt.»

Diceva:

«Hitler niente bono, Mussolini niente bono, guerra quando finire?»

Io chiedevo:

«Quante compagnie? Qui c'è un nido di mitragliatrici? I cannoni dove sparano?»

Il soldato Krahl raccontava tutto, segnava postazioni sulla carta, era stanco.

C'era la neve sui monti, il soldato Krahl aveva freddo. Parlava di notti di guardia, di aeroplani, «sempre cannonate» diceva, niente notizie da casa. Parlava della Grecia, della Russia, «cinque anni soldato», io «müde», io «stanco». Aveva la barba lunga, era infangato, sporco. Il soldato Krahl puzzava. Gli chiesi i documenti, il «Soldbuch».

«Hattersheim,» disse «nato Hattersheim.»

Davanti agli occhi del tedesco scorrevano le acque del

Meno, forse vedeva la casa lontana. Dal Silla saliva un nebbione cupo, denso.

Tirò fuori una fotografia, volle che la guardassi.

C'era una donna grassa con un bambino, «Mia moglie, mein Sohn». Il figlio stava su un cavallo di legno, brandiva uno spadino di latta.

«Ottantaquattro» dissi.

«Come?» fece il tedesco.

«Ottantaquattro ne avete uccisi, lassù. Donne, bambini. Un prete, anche un prete.»

«Io bono, io bono.»

«Ne avete uccisi milioni, milioni di "Kinder" piccoli e grandi, milioni di bambini piccoli e grandi, milioni di "Söhne".»

Il soldato Krahl taceva, guardava dalla finestra la nebbia salire, lenta e cupa.

Entrò il capitano, mi chiamò da una parte.

«Pagherà lui, per ora» disse.

«Capitano, senta...»

Il soldato Krahl fumava, guardava la nebbia salire, pensava forse alla donna grassa.

Il tedesco guardò la fibbia della cinghia.

«Gott mit uns» lessi. «Dio con noi.»

«Dio non è con noi» disse il tedesco. «Dio ci ha abbandonati.»

Erano andati a chiamare una squadra, nell'aia si era raccolta gente.

Diceva il soldato Krahl: «Dio ci ha lasciati», e pareva dicesse: «Dio ha abbandonato il suo popolo».

Il soldato Krahl aprì lo zaino.

«Puoi mangiare, mangia pure.»

Dallo zaino uscirono calze da donna, biancheria da donna, cadde un reggipetto.

«Trovata,» disse Hans Krahl «trovata lassù.»

Il soldato Krahl cominciò a mangiare, pane e margarina, mangiava adagio. Nella stanza c'era puzza del soldato

Krahl, puzza dei tedeschi: sapone, sego, panno bagnato, che so io.

Cominciò a piovere. La neve si trasformava in fango, il Silla andava ingrossando le acque. Arrivò la squadra, i ragazzi erano bagnati, le facce lustre. Guardarono il tedesco, il soldato Krahl smise di mangiare.

Ivo disse:

« Mia madre, mia sorella » e toccò le calze.

Il soldato Hans Krahl mormorò:

« Kaputt. »

Aveva la faccia bianca, le labbra bianche.

Una donna si affacciò sulla porta e scappò via.

« Andiamo » disse uno.

« Kaputt » disse forte il soldato Krahl.

« Andiamo. No, niente kaputt. »

« Kaputt. »

Guardavo la carta, Ronchidos cercavo, Ronchidos. Ottantaquattro morti. Venne Checco, si grattò la barba.

« È bestiale » disse. « Ma ne hanno fatte tante, ne hanno fatte troppe. »

Vidi più tardi il ragazzo del contadino saltare in due scarpe che gli erano grandi, scarpe ancora in buono stato.

LA FINESTRA DI FRONTE

La madre spingeva la poltrona a rotelle davanti alla finestra. A Vincenzo piaceva guardar fuori. Vedeva tante cose: il cortile squallido e melmoso, le due facciate interne del caseggiato sbiadite e sporche di pioggia, i bambini che giocavano.

«I bambini corrono tutti i giorni» pensava. «Fanno sempre gli stessi giochi. Diventano grandi, ma ne nascono degli altri. E anche questi saltano, si inseguono, cadono. Io non sono mai caduto, perché non ho mai camminato.»

Si toccava le gambe.

«È un di più che Dio mi ha dato. Sono gambe indipendenti, le mie. La testa dice: ”Muovetevi”, ma loro no. Anche il cervello è inutile. Le idee hanno poco valore per chi, come me, è legato. Avrei tante cose da dire. Ma a chi? La gente scappa, non mi ascolta. Gli uomini hanno fretta, corrono sempre. Il tempo a me non serve, ma loro contano le ore. Io debbo stare a sedere e non posso parlare.»

C'era una ragazza alla finestra di fronte. Forse una donna di servizio. Non la vedeva bene. Si affacciava di rado a sbattere i panni.

«Da qui sembra bella» pensava. «Ha i capelli neri. Può darsi che gli occhi siano celesti. Una donna coi capelli neri e gli occhi celesti è bellissima. Chi sa come avrà il seno? Io non ho mai visto il seno di una donna: sarà bianco, molto bianco. Le ragazze hanno i seni candidi... Le vorrei dire tante cose. Che cosa? Signorina Maria, forse non si chiama così, signorina Maria, mi ascolti.»

Ma la finestra di fronte si chiudeva. Al davanzale era rimasto un tappeto rosso che sventolava.

« Perché se ne va? Mi ascolti: sono Vincenzo... »

La testa gli pesava. A un'altra finestra si affacciò un uomo con un bambino di pochi giorni in braccio. Gli era morta la moglie nel partorirlo. Vincenzo lo guardava.

« Quell'uomo è povero. Come farà a dare il latte a suo figlio se non ha i soldi? Come farà? Perché Iddio non dà il seno a quell'uomo? »

Cominciò a urlare: « Dio deve dare il seno agli uomini, un seno gonfio, ampio ».

La madre che stava leggendo il Vangelo alzò il capo, guardò il figlio che urlava, e ricominciò a leggere dove sta scritto: « Signore resta con noi perché ormai si fa sera ».

GLI SCHIAFFI

La signora Carla era molto grassa e si muoveva a fatica. Aveva una pancia enorme e sudava sempre. Stava arricciandosi i capelli e i bambini giocavano per terra, accanto alla stufa. Erano due gemelli: Giorgio e Paolo. Non si distinguevano l'uno dall'altro. Neppure la madre poteva dire con sicurezza chi fosse Paolo, chi fosse Giorgio.

Venne Concetta, una amica, a far visita. Sedette in un angolo.

Disse:

«Che strano odore c'è qui dentro. Sono i capelli che bruciano? O hai fatto il minestrone di verdura, oggi?».

La signora Carla stava per rispondere, ma uno dei figli si mise a piangere. Allora si voltò e diede uno schiaffo a quello che le era più vicino.

Disse:

«I bambini non stanno mai tranquilli, mai zitti. Non sanno parlare, ma hanno sempre la bocca aperta. Che pazienza. Due in una volta, io. Accidenti a giocare con gli uomini.»

Si sentì un colpo. Un fiasco era andato in frantumi e l'acqua correva sul pavimento. La signora Carla andò verso i bambini e al primo che incontrò diede uno schiaffo in faccia. Il punito cominciò a urlare.

«Perché l'hai picchiato? Come fai a sapere se è stato lui? Forse non ne ha colpa» disse Concetta.

«Può darsi. Ma faccio per abituarli. Per quando saranno grandi. A me pare che siamo tutti gemelli: chi rompe il fiasco e chi prende gli schiaffi... Fa bene farci l'abitudine da piccoli.»

Le due donne risero e i bambini ripresero a giocare. La madre diede loro una palla colorata e tutti e due stettero buoni.

I MORTI NON SI MUOVONO

Jones e Alfonso portano la sabbia per il prete a due soldi il sacco. La madre non aveva piacere che i figli facessero delle fatiche, ma bisognava mangiare tutti i giorni. Diceva:

« Jones ha dieci anni e va a finire che si tronca la schiena. E poi due soldi sono pochi. »

Lo disse anche al parroco e lui rispose che la sabbia serviva per la costruzione della cappella di San Giacomo e che non poteva dare di più: ma il Signore ricompensa ogni sacrificio.

I due ragazzi andavano tutto il giorno dal fiume alla chiesa, sempre carichi ma erano contenti. Al mio paese tutti sono felici: le case sono brutte, ma la montagna è verde e la gente canta. Anche i poveri cantano: solo quando il raccolto delle castagne va male allora bestemmiano, ma la domenica vanno tutti a messa.

Quel giorno pioveva, ma Jones e Alfonso portavano la sabbia lo stesso. Avevano un mantello da soldato addosso e i loro capelli gocciolavano.

Le cose andarono così. Passando nell'orto del prete, Jones scivolò su un sasso lucido e finì con la pancia su un paletto di legno che reggeva una pianta di pomodoro. Fece un urlo e Alfonso si voltò e lo vide cadere da una parte con il palo piantato in mezzo alla pancia. Buttò il sacco e gli corse vicino, fece per togliergli il pezzo di legno, ma Jones disse:

« No, lasciamo stare. Sto male. Non dirlo alla mamma: non ho fatto apposta. »

Poi chiuse gli occhi e Alfonso corse a chiamare la gente, e anche il prete arrivò.

«È morto come un angelo» disse «e il Signore lo avrà già accolto fra le sue braccia misericordiose.»

Poi si avviò a dirlo alla madre. Le disse: «Giulia, il ragazzo, Jones...».

Lei rispose: «Ho capito».

Diventò bianca, scappò via, e andò a chiudersi nella sua camera.

«Finché non viene il pretore» disse l'impiegata della posta «non si può muovere. Ho già telefonato: arriverà domattina. Bisognerà che qualcuno resti qui stanotte a badare che i topi non vadano attorno al morto.»

Uomini in paese non ce n'erano e allora a vegliare andammo noi altri ragazzi. Eravamo in tre, i più grandi: mio cugino Olindo, Leonardo e io. Ormai era già notte e continuava a piovere. Ci sedemmo vicino a Jones, sotto un ombrello di tela cerata verde. Olindo disse:

«Stiamo attenti. Delle volte i morti non lo sono davvero. Non si sa mai.»

Allora, in silenzio, ci mettemmo tutti e tre a guardare Jones, ma in tutta la notte non si mosse. Al mattino arrivò il pretore.

ARRIVI E PARTENZE

Chiese il giornalista:

« Il suo programma, eccellenza? »

« Giustizia e carità, » rispose l'uomo politico « carità e fratellanza. Io parto da Betlemme, parto col Bambino. »

« Ma arriva da solo » osservò l'intervistatore.

SENSO DEL DOVERE

« Buonasera, » disse la Morte presentandosi al diligente Funzionario « mi dispiace, ma è l'ora. »

Il diligente Funzionario stava esaminando un incartamento.

Alzò gli occhi dal fascicolo e rispose severo: « Qui si chiude alle sette. Mancano dieci minuti. Non posso venire ».

« Mi dispiace, » ripeté ancora la Morte (e con molto garbo) « ma mi è impossibile attendere. È il regolamento. Le concedo tutt'al più un minuto. Esprima dunque l'ultimo desiderio. »

« Ancora un timbro » mormorò il burocrate.

E cadde sulla copertina grigia delle « Pratiche in evidenza ».

UNA FEDE

Disse il vecchio signore:

« La gioventù d'oggi non ha spirito, non ha ideali. Guardi me: sono trent'anni che, al servizio del Paese, sto sull'attenti. Non le dice nulla? »

« Riposo » sussurrai.

UN PENSIERO

Fu una ragazza bruna dalle sottane corte che indusse il Cavalier Vignudelli all'adulterio. C'era la nebbia, il treno aveva molto ritardo, al ristorante della stazione faceva molto freddo. E il Cavaliere peccò. Più tardi, entrando con la donna in un bar, fu colto dal rimorso. L'uomo, in fondo, è buono.

«Cameriere,» ordinò subito «mi porti una cartolina. Di quelle belle, colorate.»

Pensò un momento e scrisse: «Un pensierino e un bacio».

«Ormai me ne dimenticavo» spiegò alla ragazza. «È per la mia signora. Le mando sempre i saluti.»

LUI NON C'ENTRA

Il signore brizzolato diceva con calore: « È la fine inevitabile. Due imperialismi, due mondi. Da una parte la Russia, dall'altra l'America. Finiranno con lo scontrarsi e noi ci troveremo in mezzo ».

Un vecchietto ascoltava, senza interloquire, quasi indifferente.

« Io sono di Lodi » pensava. « Vivo a Lodi. La Russia e l'America non possono combattersi a Lodi: non sarebbe serio. »

PRECI E PANE

Un pover'uomo andò a raccontare i suoi tristi casi a un pio sacerdote, per averne consigli.

Molti e forti erano i suoi bisogni e poche le sue risorse.

« Io e i miei familiari abbiamo fame » si lamentava il disgraziato.

« Prega, figliolo » lo consigliò il buon prete.

« Ho provato, padre » sospirò il devoto. « Conforta, ma non riempie. »

QUESTIONE DI PRINCIPIO

Il Direttore Generale del Grande Stabilimento ricevette la delegazione femminile. Accolse le dieci donne con un sorriso, si scusò di non avere poltrone a sufficienza per farle sedere.

Disse: « Immagino che avrete qualche miglioramento da chiedermi; coraggio, dunque, parlate ».

Cominciò una, poi un'altra.

Spiegavano: « Non si va avanti, siamo ancora avventizie; perché non ci dà il premio di produzione? ».

In un angolo c'era una donnona dalla pelle rossa, che respirava rumorosamente, a fatica. Stava sempre zitta, sembrava non capisse quei discorsi.

Venne il suo turno e il Direttore la invitò: « E voi, che cosa volete? ».

« Un paio di scarpe per mio figlio, » disse la donna rossa « non so come fare a mandarlo a scuola. »

Quando tutte ebbero esposto le loro richieste, il Direttore fece presente che gli era impossibile accontentarle: « C'è l'organico, » si giustificò « ci sono questioni di principio. »

Poi si rivolse alla donna rossa, con un gesto sconsolato: « Mi dispiace tanto ».

« Lo dirò al bambino » rispose la donna.

NEBBIA

Il vecchio sordo era andato coi ragazzi a raccoglier foglie. Era una mattina fredda e nebbiosa e l'abetaia si era fatta buia. I ragazzi riempivano i sacchi ridendo, e il vecchio girava per conto suo, in mezzo alle macchie, e dopo un poco non lo videro più.

Era ormai ora di far ritorno. I ragazzi chiamavano urlando, ma il vecchio non rispondeva. Si misero a cercarlo. Lo trovarono seduto su un argine, fumava la pipa e guardava due capre che pascolavano.

Staccarono il campano di una bestia e glielo misero al collo. Il vecchio si alzò, dondolò il capo, e li seguì col sacco sulle spalle.

Si sentiva, tra la nebbia, il «don-don» cupo del campano.

«Vedrai che non si perde» disse un ragazzo.

VIAGGIO IN CARROZZA

Io ricordo ancora il fatto. Incontrai la Virginia sulla strada di Fiammineta. Stava seduta vicino alla fontana e aveva in mano un pezzo di legno. Mi disse:

« Bambino, cos'hai nel fiasco? »

« Del latte » risposi.

« Dammene un poco se sei buono... »

« Mia madre non vuole » dissi io. « Costa caro e mio fratello è piccolo. »

Lei mi guardò fisso e si mise a parlar piano.

« Il latte spegne le fiamme » diceva « e i pulcini hanno paura dei falchi. »

Io dissi:

« Mia madre dice che siete una strega ma non mi fate paura. »

« Io ho gli occhi gialli » diceva lei « e nel mio orto i pomodori fioriscono anche d'inverno. Dammi un poco di latte per uccidere il male. »

Io glielo diedi e lei tutti i giorni mi aspettava alla fontana. Anche quando nevicava e pioveva la trovavo sempre lì, in attesa che io passassi. Una volta mi portò un cavallino di legno.

Disse:

« Questo cammina come il vento e se vuoi ti porterà lontano. »

« Dove l'avete preso? Chi ve lo ha dato? » domandai.

« Me lo ha dato un angelo stanotte » rispose. « Aveva le ali d'argento. L'ho incontrato fra gli abeti sotto il cimitero. »

Un giorno c'era tanta neve e la Virginia non era alla fontana. Io pensai che fosse malata. La campana grossa suonava e io dissi a me stesso: « Forse è un incendio o una valanga ha travolto una casa ».

Allora corsi in piazza dove c'era tanta gente. Su di un poggio si vedeva una donna nuda che agitava un pezzo di stoffa. Era la Virginia. Gli uomini cominciarono a inseguirla e lei scappava ridendo. Aveva il seno color celeste.

« È matta » dicevano. Riuscirono poi a prenderla. I carabinieri dissero che bisognava portarla in città. Fecero attaccare il cavallo del prete e la caricarono. Una donna le mise sulle spalle un pastrano perché la Virginia era ancora nuda. Il cavallo si mosse. La neve ricominciò a cadere e la Virginia fra i due carabinieri gridava:

« Evviva! Si va in carrozza. »

Mia madre si fece il segno della croce.

PRIMI PASSI

Il leone Sultano fu presentato al pubblico, la prima volta, la sera del 18 gennaio. Era arrivato da poco dalla foresta.

Il domatore guardava la belva preoccupato:

« È ancora molto selvaggia, » diceva « speriamo ubbidisca. »

Il pubblico si attendeva qualcosa di sensazionale. Suonò la banda, poi si fece silenzio e le belve entrarono: per ultimo Sultano.

Davanti a tutta quella folla il povero leone si sentì perduto e cominciò a tremare. « Freme di ferocia » osservò qualcuno.

Poi gli occhi di Sultano si posarono su una signora grassa che mangiava mele candite e rideva. La bestia ebbe paura, non seppe trattenere una lacrima. Dopo un poco l'odore acuto di selvatico fu soffocato dal puzzo dello sterco.

11. *Due romanzi e ventisette racconti*

IL CAPPOTTINO GRIGIO

Il bimbo cadde dal letto e morì. Non pianse, neppure un lamento. La madre continuò a dormire e se ne accorse solo al mattino. Le sembrava impossibile: «Pasqualino,» gridava «Pasqualino, svegliati!».

«Si faccia coraggio» disse il parroco. «Sarà già in paradiso.»

«Era piccolo, signora, due anni appena» aggiunse la portinaia.

«Ma che cosa dirà mio marito quando ritorna?» chiedeva ogni tanto la madre.

Pasqualino stava disteso sul marmo del comò, un mazzetto di viole tra le mani.

«Bisogna mettergli un cuscino sotto la testa,» disse una inquilina «ma non di penna. La penna dà pena: non dormono tranquilli.»

La mamma di Pasqualino si era calmata e lasciava fare. Misero al bimbo un grembiulino a quadretti bianchi e azzurri e lo pettinarono.

Quando il padre rientrò corse incontro alla moglie e la strinse tra le braccia, senza una lacrima.

Poi guardò Pasqualino, gli accarezzò una mano, si sedette adagio sulla sponda del letto. I visitatori se ne andarono perché ormai era buio. L'uomo aprì una valigia.

«Guarda,» disse alla moglie «gli avevo comprato un cappottino grigio. Ma ora che ne facciamo?»

«È di lana» mormorò la donna, e cominciò a singhiozzare.

L'UDIENZA

L'operaio numero 214 si fece coraggio e chiese di essere ricevuto dal padrone. Da tredici anni lavorava alle dipendenze del signor Gustavo. La segretaria lo fece entrare. Il signor Gustavo alzò la testa dal giornale.

«Di' pure» lo incoraggiò.

«Signor Gustavo,» disse il numero 214 «io dovrei chiederle un favore. Mi vergogno, ma è per me una faccenda importante. Vorrei essere trasferito al reparto spedizioni.»

«Ora dove sei?»

«All'imballaggio. Al reparto spedizioni si guadagnano duecento lire di più; c'è il cottimo.»

«Ritengo la cosa impossibile» disse il signor Gustavo. «Capisci, c'è il regolamento.»

«Ma io» disse il 214 «sono tanto malato, debbo pure curarmi.»

«Cos'hai?» chiese il signor Gustavo.

«Tubercolosi.»

«Non dire questa brutta parola,» disse con un sorriso il signor Gustavo «di' t.b.c.»

«Allora?» chiese il 214.

«Mi dispiace molto, ma te l'ho detto, ci sono le regole. Non debbo creare precedenti.»

«Va bene, signor Gustavo» sospirò il 214. «Buongiorno.»

« Buongiorno e auguri. »

L'operaio si allontanò.

« Senti, » gli gridò dietro il signor Gustavo « senti, metti pure il cappello: fuori fa freddo. »

UNO SCHERZO

Il mio amico Giacomo era cieco. Leggeva con le dita e quando passava una ragazza domandava: «Come ha le gambe?».

Uscivamo spesso assieme. Gli piaceva bere. Si ubriacava anche e diventava triste e qualche volta cattivo. Perché quando uno non ci vede, il mondo è un'altra cosa. Allora Giacomo urlava: «Idioti, sono come voi», ma non era vero, anche lui lo capiva.

Bene: una notte bevemmo più del solito, scherzammo con le puttane della stazione, andammo in giro in carrozza per i giardini.

Trovammo una botte di bitume (stavano facendo dei lavori) e ci mettemmo a rotolarla per una discesa, gridando: facevamo fatica ma ci divertivamo.

A un tratto sbucarono due custodi. Dovevano essere robusti; picchiavano duro. Non si accorsero che Giacomo era cieco.

«Non ci vede» urlai.

«Digli che beva meno.»

Continuarono a menar pugni. Giacomo perdeva sangue, era irriconoscibile. Si mise a ridere forte, disperatamente.

I due uomini fuggirono.

MARIA E LE BAMBOLE

Maria disse:

« Non sta bene che il signor Giulio venga così spesso. »

La madre rispose che a sedici anni le ragazze debbono pensare ancora alla bambola e lei sapeva cosa doveva fare.

« È un anno che il papà è morto » disse Maria « e c'è chi mormora. »

« Il signor Giulio era amico di tuo padre. È una persona per bene. È la gente che è cattiva » rispose la madre.

Anche quella sera arrivò il signor Giulio. Portò il pacchetto di paste. La madre di Maria si era tinta le labbra e aveva una sottana a fiori.

Il signor Giulio regalò a Maria un portacipria e le disse:

« Sarei felice di farti da papà. »

Maria vide che con una mano accarezzava un ginocchio della madre, si alzò senza dir nulla e andò a letto.

Venti giorni dopo ci fu il matrimonio. Una cosa fatta in fretta, in silenzio. Maria andò in chiesa e pensò che tanti anni prima, invece del signor Giulio, c'era suo padre, vestito di nuovo, in ginocchio davanti al prete.

Tornarono a casa tutti e tre. Il signor Giulio avrebbe abitato con loro. Venne la sera. La madre disse:

« Maria, va' a riposare. Anche noi siamo stanchi. »

E col signor Giulio si avviò verso la camera da letto.

Maria non poteva dormire. Sentiva la madre che si spogliava e il signor Giulio che diceva: « Peccato che per te non sia la prima volta ».

Non riusciva a pensare alle bambole.

ALBERGO DELL'OROLOGIO

Si erano fermati davanti all'edicola dei giornali. Lei era bionda, un poco pallida, e aveva le labbra tinte. Lui parlava sottovoce e teneva la ragazza molto stretta. Era alto, aveva le spalle larghe, e portava un vestito a quadretti e una camicia a righe blu col colletto bianco. Puzzava d'acqua di colonia a buon mercato.

Le diceva:

«Andiamo, Anna, dici che mi vuoi bene e allora...»

Lei guardava fisso davanti a sé, ma forse *Il Corriere dei Piccoli* non le interessava.

«Voi uomini fin che non ci avete spogliate non siete contenti.»

«Sei o no la mia fidanzata» diceva lui. «Perdio, che cosa credi che ti faccia? Tanto ti sposo, no? C'è bisogno di un prete per fare certe cose? Poi, se ti dicono che vado con le altre, ti arrabbi e fai le scene. Un uomo innamorato ha pure i suoi diritti...»

La ragazza era pallida e taceva. Lui disse: «Andiamo» e abbracciandola la portò avanti dolcemente.

Andarono all'Albergo dell'Orologio che era in una stradetta fuori mano. Camminavano in silenzio.

Passò del tempo e il portiere borbottò:

«Sono già due ore che quei due sono saliti. Quanta fantasia...»

Loro due stavano scendendo. Lui pagò e uscirono.

Anna si stringeva all'uomo, e lui aveva la sigaretta in bocca e guardava il fumo salire. Anna era ancora più pallida. Anche le labbra erano bianche. Aveva qualche traccia di rossetto sul collo.

APPUNTAMENTO IN PIAZZA

Lo spettacolo era finito. Le insegne luminose si spensero. Il buio e la nebbia piombarono sulla gente che usciva. Un uomo abbassò la serranda del locale. Un altro disse:

«Bisogna tagliare cento metri di pellicola. Basta che resti la scena del bimbo che muore e quel pezzo in cui la donna si spoglia.»

La ragazza camminò un poco, si fermò, guardò attorno. Non trovava la strada. Qualcuno le passò accanto.

«Scusate,» chiese «via Riparbelli dov'è?»

«Bisogna andare diritto per il viale, poi a sinistra.»

«Non sono pratica, non so orizzontarmi. Quando sono entrata nel cinema la nebbia non c'era...»

«Vi accompagno io, se volete» disse ancora una voce di uomo.

La notte era molto scura e i due non riuscivano a vedersi. Sembrava che le parole cadessero dagli ippocastani che fiancheggiavano il viale.

«Forse anche gli alberi hanno freddo» mormorò la donna.

«Gli alberi sono stupidi: con la cattiva stagione si spogliano.»

La ragazza rise. Lui la prese a braccetto e camminarono in silenzio.

«Voi credete che Dio sappia tutto?» domandò l'uomo a un tratto.

«Sì.»

«Allora da migliaia d'anni sapeva che noi questa sera

ci saremmo incontrati. Forse aspettava questo momento... »

« Forse. Dio sa anche i nostri nomi e legge nei cuori. Io mi chiamo Rosa. »

« E io Alberto. Ecco via Riparbelli. »

« Adesso posso andare da sola. » Alberto la prese, la strinse, le dette un bacio.

La ragazza disse:

« Perché? Non sta bene. »

« È un bacio dato a nessuno. Forse alla nebbia o a un albero. Un ricordo. »

« Di che cosa? Potremmo vederci domani. »

« Alle tre? Sotto l'orologio della piazza, non c'è mai nessuno. Va bene? »

La donna scappò correndo.

Il giorno dopo Rosa aveva messo il vestito con la giacca, quello marrone chiaro quasi nuovo che le stava molto bene. Alberto aveva la camicia pulita e una cravatta a righe celesti e oro assai intonata. Giunsero puntuali. Ma sotto l'orologio della piazza un mercante vendeva delle stoffe. C'era tanta gente attorno, uomini e donne. I due si cercarono, scrutarono ogni volto, si passarono accanto e non si riconobbero.

IL SIGNOR CORRADO

Il signor Corrado portava le ghette, camicie dal collo inamidato, e una gardenia all'occhiello. Forse si tingeva i baffi. Abitava all'Albergo del Sole, dove andavano le ballerine di passaggio, dietro la piazza. Sapeva a memoria la musica di tutte le operette, e anche pezzi di commedie. Il teatro era la sua passione. Diceva che i grandi attori erano tutti morti e, quando discuteva al caffè, ogni tanto gridava:

«Salvini, Salvini!»

Tutti sapevano che lui, Salvini, non l'aveva mai sentito. Dimenticavo di dire che il signor Corrado aveva quarant'anni, e un bastone col pomo di falso avorio. Per lui, dopo la guerra mondiale, non c'era stato più nulla: il mondo era finito. Possedeva un cane, un barboncino maschio, che chiamava Eleonora. Con le donne non se l'intendeva e il suo pensiero correva a un altro tempo.

«La musica in piazza,» diceva «il caffè concerto, la passeggiata ai giardini, il re di Spagna...»

Diceva anche:

«Le cocottes, i signori in landò, Vienna...»

Diceva Vienna, e cantava arie delle operette.

Quando camminava per la strada tutti si voltavano a guardarlo e le ragazze gli ridevano dietro. I fattorini urlavano: «Corrado il matto! Corrado il matto!». Eleonora abbaiava, ma il signor Corrado non ci faceva caso perché nella sua mente correvano i landò dei signori e frusciavano le sottane delle cocottes.

Solo le ballerine dell'albergo lo trattavano con rispetto,

perché era gentile e non chiedeva nulla. Ascoltavano i suoi discorsi, le sue risate strane, e non si accorgevano delle ghette e dei baffi tinti.

« Noi gentiluomini » diceva « non possiamo più vivere. È tutto finito. Non ci sono più nobili. Il re di Spagna è morto... »

Prese una polmonite e si mise a letto, con Eleonora accanto, e le ragazze del « Balletto Aurora » gli facevano compagnia.

Disse il dottore:

« Non c'è niente da fare. »

Il signor Corrado non sentiva più nulla, le ragazze gli facevano impacchi freddi sulla fronte e lui, immobile, mormorava:

« Le cocottes, i landò dei signori coi cavalli neri, Vienna... »

E canticchiava con un sospiro: « Vo da Maxim, allor ».

Non disse altro. Lo vestirono con una camicia pulita, gli misero anche le ghette, e il cameriere andò a comprare la gardenia, come tutte le mattine. Gliela appuntarono all'occhiello. Poi fecero il funerale: carro di prima classe, trainato da due cavalli neri. Dietro c'erano le ballerine (qualcuna piangeva), ed Eleonora rimasta sola.

NOTTE ALLA BARACCA

Non c'era nessuno. Enrico si tolse il cappello, fece un inchino e disse:

«Signore, perdonate il mio ardire. Sapreste gentilmente indicarmi un luogo per riposare?»

Provò ancora.

«Scusate, signore. Sono solo e povero. Fa freddo, la notte è scura. Forse pioverà. Ditemi dove posso mettermi al coperto. In nome di Dio, signore.»

Disse forte: «Bene» e si mise a sedere sulla sponda del ponte in attesa del passaggio di qualcuno. Vide arrivare un uomo. Si avvicinò.

«Signore, sono solo e povero» mormorò con gli occhi fissi sulle scarpe.

«Anch'io» rispose l'uomo.

Enrico lo guardò sorpreso.

«Fa freddo, la notte è buia. Forse pioverà...»

«È probabile. Cielo nuvoloso, tira vento.»

«Indicatemi, per carità, un posto per mettermi al coperto.»

«È quello che sto cercando. Vicino alla centrale elettrica c'era un capannone per gli arnesi. Chi lo sa se c'è ancora. Bella costruzione: coperta e arieggiata.»

Camminavano vicini. Per la strada non passava nessuno. L'uomo disse:

«Cosa fai? Come te la cavi?»

«Canto» rispose Enrico. «Canzoni. La sapete l'ultima? *Ascolta, è il vento*: bella, piena d'amore. Alla gente piace.»

«Canti con quella faccia: sembri un prete, una persona per bene. E strapazzi canzonette. Quanti anni hai?»

«Trenta.»

«Trent'anni e sta a cantare. Adesso che ci penso hai la faccia da scemo...»

Enrico sorrise.

«Mia madre diceva che ho la faccia da dottore dei bambini...»

«È morta?»

«Non lo so. Scappai da casa molti anni fa.»

Arrivarono alla baracca. Il tetto era coperto di una lamiera fatta con latte da benzina. Dentro c'erano tanti arnesi e in un angolo un monte di sacchi. Enrico si distese sopra.

«A casa mia avevo un bel letto» disse. «Con due materassi. Forse mia madre lo farà tutte le mattine. "Chi sa che non torni" dirà.»

L'uomo disse:

«Quel posto è mio. Sono io che ti ho condotto. Alzati.»

«Lasciami qui, per favore. L'ho visto per primo, sono stanco.»

«Levati, ti ho detto.»

«No, non è giusto. Io resto.»

L'uomo gli fu sopra. Enrico si accorse solo allora che aveva le spalle larghe ed era molto grosso. L'uomo cominciò a picchiarlo. Sentiva la faccia di Enrico che sudava, poi le mani gli si riscaldarono e qualcosa gli colò per le braccia, qualcosa di liquido e di tiepido. «Sanguina» pensò. E continuò a picchiare.

Enrico non reagiva e non si lamentava. A un tratto l'uomo smise, senza dir nulla. Si mise da una parte, si sdraiò, appoggiò il capo su un rotolo di filo di ferro e si addormentò. Dopo un poco russava.

I GIOCATTOLI DI PARPIGNOL

L'uomo teneva il bambino per mano. Disse: «Angiolino, togliti il cappello. Non avere paura».

Angiolino guardava due ragazze che passavano. Avevano la faccia lustra, ridevano, e battevano i piedi per scuotere la neve. L'impiegato mise a posto una carta, poi si accorse che aspettavano.

«Che volete?» domandò.

«Ci hanno detto che cercate comparse» rispose l'uomo. «Siamo in due: il bambino ha una bella vocina, potrebbe anche cantare. Ci accontentiamo di poco.»

«Il bambino va bene: quattro lire per sera. Ma per voi non c'è niente. A meno che non siate pratico di asini...»

L'uomo disse:

«Al paese avevo un asino e anche due vacche.»

L'impiegato si arrabbiò.

«Questo non mi interessa. C'è solo da condurre un somaro, ecco tutto. Per voi sono sette lire. Vi va?»

«Non è molto, ma è qualcosa. Undici in tutto, allora? E quando dobbiamo venire?»

«Alle otto, e puntuali. Datemi il nome.»

Scrisse in un registro.

«E adesso potete andare.»

Quando furono usciti, Angiolino disse:

«Papà, chi erano quelle ragazze?»

«Credo ballerine. Si vestono di seta e ballano. Sentirai che bella musica. Anche noi recitiamo nell'opera. Io conduco il somaro e tu canterai. Sono undici lire, tutte le sere.»

Il bambino disse:

« Ma io sono stonato. A scuola la maestra mi fa stare sempre zitto quando c'è da cantare. »

« Non importa, Angiolino. Tu apri la bocca e non fiati. Fai finta, hai capito? »

Angiolino diceva di sì e stringeva forte la mano a suo padre.

« Adesso andiamo a casa. Mangiamo e via a teatro. Venti lire le guadagno io di giorno, e undici le portiamo a casa tutte le sere. Per Natale faremo un bel pranzo. »

« Come quando eravamo a P.? » chiese Angiolino.

« Di più, molto di più. Compreremo l'anguilla. Tu non l'hai mai sentita, vero? A P. si mangia solo baccalà. Ma quaggiù è un'altra cosa. Guarda quante luci, Angiolino, quanta gente. »

Il bambino guardava in silenzio.

La sera cominciarono le prove. L'opera si intitolava *La Bohème*. Angiolino doveva cantare con altri ragazzi un pezzo che dice: « Parpignol, Parpignol, Parpignol, col carretto tutto a fior... ». Parpignol era suo padre che guidava un vecchio asino e faceva finta di vendere giocattoli. Erano giocattoli di cartone: c'era una tromba, un tamburello, e un cavallino che sembrava vero perché aveva attaccato un biroccino con le ruote che giravano. C'era anche un fucile, di quelli che a metterci un nastro rosa pregno di zolfo fanno il colpo e pare che sparino proprio. Piaceva ad Angiolino.

Suo padre gli disse:

« Forse te lo comprerò. Se le recite durano molto, si intende. L'ho visto in vetrina, vendono anche le cartucce. »

Quando venne la sera della recita li vestirono in costume. Erano vestiti colorati e a metterli faceva freddo.

« Papà, pare di andare in maschera » disse Angiolino. « Se ci vedesse la mamma, o quelli del paese, come riderebbero. »

Suo padre aveva la faccia seria e stava seduto in un angolo.

«Sono undici lire tutte le sere. Ci tengono anche per le altre opere...»

E si guardava la giacca verde coi bottoni d'oro e il cappello largo color marrone.

«Angiolino, questa roba ti sta bene. Ma io sono vecchio.»

Ogni tanto diceva:

«Come si fa? Sono undici lire tutte le sere.»

In teatro c'era tanta gente. Ad Angiolino piaceva di sentire la musica. Andava a guardare da un buco la sala che si riempiva. Le signore avevano le spalle nude («Chi sa che freddo» pensava Angiolino) e gli uomini erano vestiti di nero con le camicie bianche, pulite, come quella che si metteva suo padre, la domenica. Le donne avevano anche dei gioielli che facevano tanta luce («Se le vedesse la mamma» pensava Angiolino. «La mamma si ferma sempre all'edicola a guardare i vestiti disegnati sui giornali, ma questi sono più belli.») Poi stava attento a quando suo padre entrava in scena e gli andava vicino. Gli dispiaceva di non potergli dir nulla, di non poter parlare, ma si guardavano e suo padre gli toccava una mano. La musica si faceva forte e il coro cantava: sembrava una festa per davvero, e l'asino era vivo e anche nelle case di cartone pareva ad Angiolino che dovesse starci proprio della gente.

Anche la notte di Natale ci fu la recita.

Angiolino diceva:

«L'anno scorso, al paese, a quest'ora andavamo tutti a messa.»

«Non ci pensare, Angiolino» diceva suo padre. «Andremo domani, nella chiesa grande, in piazza. Suonano anche l'organo.»

«Io, l'anno scorso,» diceva Angiolino «avevo una bella faggella, secca secca, che bruciava bene. A mezzanotte le diedi fuoco. Ce n'erano tante in paese: tutte le case luccicavano.»

«Qui non si usa, Angiolino. Nessuno brucia un pezzo di faggio, in città...»

«E il falò lo fanno? Vanno in campagna a raccogliere il ginepro?»

«Non si può, qui. Siamo in città, Angiolino. Quando usciamo dal teatro andiamo a comprare l'anguilla arrostita. È buona, sentirai.»

Comprarono l'anguilla, e anche un fiasco di vino. Andarono a casa e c'era la madre che aspettava.

«Guarda, Angiolino,» disse «eccoti il fucile. Te lo abbiamo comperato. Sei contento?»

Angiolino diceva di sì con la testa, ma non aveva voglia di sparare.

Cominciarono a mangiare. Il padre diceva:

«Sù, Angiolino, un altro poco di anguilla.»

Ma Angiolino non aveva molta fame. Suo padre beveva e il fiasco era ormai vuoto. La madre guardava con gli occhi pieni di sonno.

«A quest'ora a P. suonano le campane» disse Angiolino «e il falò brucia ancora.»

Suo padre aveva appoggiato la testa sulla tavola e dormiva.

Angiolino guardò suo padre che respirava forte e mormorò: «Chi sa quanta neve c'è a P. Olindo e Fonso faranno le pallate dietro la chiesa».

COSÌ PER GIOCO

Suonarono alla porta. La signora Giulia infilò la veste da camera rosa e corse ad aprire. Era Antonio.

« Buongiorno, signora » disse. « Disturbo? »

« Affatto. Sono in casa sola. Ha bisogno? »

« Sì. Sono venuto a chiederle di fare l'amore. »

La donna lo guardava senza capire.

« Mi ha chiesto se ho bisogno. Voglio fare l'amore con lei. Anche per un minuto: per scherzo. Non sono matto: è tanto che l'amo. Lei darebbe da bere a un uomo che ha sete? Io ho bisogno di amare. È l'unica cosa che desidero, che sogno. Non farà nulla di male. È un gesto di bontà, un atto di cuore. Mi dirà ciò che le donne dicono all'uomo che amano. Un gioco, signora, cerchi di capirmi. »

La donna sorrise. Sedettero sul divano. Lui le prese le mani.

« Giulia, » disse Antonio « amore. »

« Tesoro » rispose la signora.

« Mi ami tanto? »

« Tanto, Antonio, più di ogni altra cosa, più della vita. »

« Avremo dei bimbi, vero, Giulia? Due, tre: due bimbe e un maschietto... »

La donna diede in una chiassosa risata. Antonio diventò pallido, disse: « Buongiorno » e uscì.

Era notte. Corse a casa e per la strada non pensò a nulla. Si coricò e si svegliò nel cuore della notte. Sentiva in cucina degli strani rumori. Sembravano il pianto lamentoso di un bimbo disperato. Tutto attorno era silenzio, il silenzio un po' cupo di certe serate nebbiose e fredde di gennaio.

« Che cosa sarà? » pensava nel dormiveglia.

Poi s'accorse che quegli strani urli li faceva Ciuppi, il gatto, probabilmente innamorato. Quel miagolio aveva qualcosa d'umano e gli dava fastidio. Andò in cucina e vide la bestiola su una sedia che continuava a miagolare. « Smettila, » disse « falla finita. »

Ma il gatto continuava. Allora lui ricorse a uno strano rimedio. Si inginocchiò per terra, inarcò la schiena, sbuffò e si mise a miagolare, imitando il gatto. Ciuppi lo guardava senza capire. Poi si arrabbiò a sentirsi imitare così malamente e uscì dalla stanza in silenzio.

La madre di Antonio stava sulla porta, senza dir parola, a guardare il figlio che, in ginocchio, con la schiena inarcata, continuava a miagolare. E aveva tanta voglia di piangere.

VISITA ALLA FELICINA

Andai a trovare la Felicina. Abitava all'ultimo piano di una casa popolare. Sui muri delle scale, gocciolanti per l'umidità, i ragazzi avevano scritto col carbone brutte parole. A una porta era inchiodata una stampa che rappresentava Gesù con in mano un cuore. Sotto c'era scritto: « Signore, salvaci e benedici questa famiglia ».

La Felicina era vecchia e povera. Viveva da sola. Qualche giorno, forse, non mangiava. Il che, ai vecchi, non fa molto male. Soffriva per le artriti, ma cantava sempre e pregava Dio. Mi disse:

« Voglio offrirti qualcosa. »

« Non importa » risposi. « Sono venuto per vedervi, per stare un po' con voi. »

« Ti piace il tè? » mi chiese.

« Sì, ma non importa. »

Allora preparò due tazzine dall'orlo color oro, un poco sbiadito. Una era anche crepata. Le mise su un tavolino. Poi si accorse che la zuccheriera era vuota.

« Il tè è buono anche senza zucchero » dissi io. « Per me fa lo stesso. »

« Anche per me. Bisogna sempre adattarsi. »

Poi disse:

« Ma guarda, non mi ricordavo, santo Dio, anche il tè è finito. Capirai, venti grammi, si fa presto. »

« Capisco, » dissi « ma non preoccupatevi. Fa lo stesso. »

Allora presi il cucchiaino e misi nelle tazzine lo zucchero che non c'era.

« Due? » chiesi.
« Sì » disse la Felicina.
Lei alzò la teiera e fece il gesto di versare.
« Basta » dissi « e che profumo. »
« Un po' leggero » osservò la Felicina. « A me piace anche così, però. »
« Fa bene » dissi io. « Riscalda e dà forza. »
« Ne vuoi un'altra tazzina? » mi chiese la vecchia.
« No, grazie. Una mi basta. »
Salutai e ringraziai la Felicina che era molto contenta. Anch'io ero contento.
« Vieni a trovarmi » disse.
« Non mancherò. E grazie di tutto. »
Rimase un poco sul pianerottolo a guardarmi scendere. Nel passare davanti a una porta mi accorsi che Gesù, in quella stampa, aveva in mano un cuore molto rosso.

LA LIBERTÀ

Cominciò a piovere. «Andiamo sotto il ponte» propose il mendicante che aveva le scarpe sfondate.

«Forse è anche possibile accendere il fuoco» mormorò l'amico che non mangiava da due giorni.

Trovarono un posticino comodo, tranquillo, riparato dal vento. Si sedettero accanto a una piccola montagna di rifiuti: barattoli da conserva, bottigliette vuote, cartaccia.

Quello dalle scarpe sfondate raccolse la pagina di un giornale, ancora in buone condizioni, e si mise a leggere. Sul suo volto si disegnavano lo stupore e il disgusto. A un certo momento non seppe trattenersi.

«Senti, senti» disse. «Senti che roba. In Svezia è tutto regolato, stabilito, preciso: han vinto la miseria, ma scarseggia la libertà. Pensa che non ci son nemmeno cani bastardi: un barboncino non può far l'amore con un lupo. Proibito.»

«Che tristezza!» disse quello che digiunava da due giorni.

LA PREGHIERA

Il piccolo Toni andava a scuola, come tutti gli altri bambini. Perché anche i necrofori, i becchini, pensano di dare alla loro prole una adeguata istruzione. Toni non diceva mai ai compagni il mestiere che faceva suo padre. Non gli piaceva raccontare che in casa sua mangiavano a seconda della maggiore o minore mortalità cittadina. Perché il babbo di Toni lavorava a cottimo.

Solo una volta la maestra gli domandò: «Che mestiere fa il tuo papà?». Allora Toni diventò tutto rosso e rispose con un filo di voce: «Porta via i morti».

I compagni lo guardarono, qualcuno rise, i più piccoli ebbero come un senso di paura.

Toni si sentì triste. La sera, quando la mamma gli disse: «Chiedi al Signore che conservi il lavoro a tuo padre» il piccolo Toni pregò con minor devozione.

Indice

VENTISETTE RACCONTI

Finito di stampare nel mese di marzo 1991
dalla RCS Rizzoli Libri S.p.A. - Via A. Scarsellini, 17 - 20161 Milano

Printed in Italy